Martin Böcker | Larsen Kempf | Felix Springer (Hg.)

Soldatentum

Martin Böcker I Larsen Kempf
Felix Springer (Hg.)

Soldatentum

Auf der Suche nach
Identität und Berufung
der Bundeswehr heute

OLZOG

Bibliographische Information der Deutschen Nationalbibliothek
Die Deutsche Nationalbibliothek verzeichnet diese Publikation in der
Deutschen Nationalbibliographie; detaillierte bibliographische Daten
sind im Internet über http://dnb.d-nb.de abrufbar.

Gedruckt mit Unterstützung der
Karl-Theodor-Molinari-Stiftung

ISBN 978-3-7892-8346-8
© 2013 Olzog Verlag GmbH, München
Internet: http://www.olzog.de

Umschlagentwurf: Atelier Versen, Bad Aibling
Satz: EDV-Fotosatz Huber / Verlagsservice G. Pfeifer, Germering
Druck- und Bindearbeiten: CPI – Ebner & Spiegel, Ulm
Printed in Germany

Inhalt

ULRICH KIRSCH

Geleitwort des Vorsitzenden des BundeswehrVerbandes

Liebe Leserinnen und Leser,

wer heute Soldatin oder Soldat der Bundeswehr wird, muss für sich die wichtige Frage beantworten, welches Selbstbild er damit verbindet. Ist es der archaische Krieger, der für die Verteidigung von Volk und Vaterland sein Leben gibt, oder ist es der Brunnenbauer in der Dritten Welt, der nebenher kleinen Kindern Bonbons in die Hand drückt? Ist es der bezahlte Söldner, der für den Auslandsverwendungszuschlag von steuerfreien 110 Euro pro Tag in den Einsatz zieht, oder der uneigennützige „Dienst-Leister" an der deutschen Gesellschaft und am Gemeinwohl?

Die Wahrheit wird wie so oft irgendwo in der Mitte liegen. Aber allein diese Pole waren und sind Anlass für viele Versuche, das Selbstbild und die Identität der deutschen Soldaten im 21. Jahrhundert zu beschreiben. Die Kampagne „Wir. Dienen. Deutschland.", die der Bundesminister der Verteidigung Thomas de Maizière ins Leben gerufen hat, stellt das Verhältnis von „Beruf und Berufung" in den Vordergrund. Das Selbstverständnis des „Staatsbürgers in Uniform" ist ebenso richtig und erhaltenswert wie abstrakt und schwer in einen Satz zu fassen.

Eines ist sicher: Das „Soldat-Sein" in der Bundeswehr hat sich in den letzten 20 Jahren grundlegend verändert. Die Entwicklung von der Landesverteidigungs- zur Einsatzarmee, die Verwandlung der Wehrpflicht- in eine Freiwilligenarmee – beides hat auch die Soldatinnen und Soldaten der Bundeswehr nicht unberührt gelassen.

Die Herausgeber des vorliegenden Buches „Soldatentum – Auf der Suche nach Identität und Berufung der Bundeswehr heute" beleuchten dieses Selbstverständnis hauptsächlich von drei Seiten. Im ersten Teil „Selbstbild" geht es um die Sicht auf das eigene Berufsbild, das sich zwischen den eingangs genannten Polen bewegen mag. Es ist also der Blick des Soldaten in den Spiegel mit all seinen Verzerrungen und internen Facetten. Der zweite Teil „Fremdbild" behandelt das Bild der Soldatinnen und Soldaten in der Öffentlichkeit und die Interaktion, die dieses

Bild mit der eigenen Betrachtung auslöst. Der interessierte Leser kann also den Soldaten durch die Augen der Öffentlichkeit betrachten. Für den Soldaten mag dieser Blick „auf sich selbst" ganz besondere Rückschlüsse erlauben. Schließlich geht es im dritten Teil um „Feindbilder" in verschiedenen Ausprägungen.

Der Deutsche BundeswehrVerband und sein Bildungswerk, die Karl-Theodor-Molinari-Stiftung, haben dieses Buchprojekt gerne unterstützt – nicht nur, weil es den Herausgebern gelungen ist, eine Vielzahl von namhaften Autoren quer durch etliche Fachgebiete zu gewinnen. Unsere Unterstützung galt vor allem der wichtigen Unternehmung, in Zeiten der Neuausrichtung und immer neuen Einsatzgebieten für die Bundeswehr ein so abstraktes Thema wie das Selbstverständnis der Soldatinnen und Soldaten anzupacken – die Suche nach einer „lebbaren, soldatischen Identität". Und das Ergebnis spricht für sich. Ihnen, den Leserinnen und Lesern, wünsche ich viel wissenschaftliche Spannung und Freude bei der Entdeckung von Neuem, Altbekanntem und auch Kontroversem in diesem Buch.

KLAUS NAUMANN

Geleitwort
Soldatentum?! Zur Notwendigkeit einer Debatte

Die Bundeswehr ist seit Ende des Kalten Krieges 1990 niemals zur Ruhe gekommen. Sie ist seit 1992 mit einzelnen Truppenteilen im Einsatz, hat sich in all ihren Einsätzen bewährt und war gleichzeitig anhaltendem Wandel ausgesetzt. Ich habe 1992 als Generalinspekteur der Truppe gesagt, dass mit der deutschen Einheit das Motto des Kalten Krieges „Kämpfen können, um nicht kämpfen zu müssen" seine Gültigkeit verloren hat und ich habe damals die Soldatinnen und Soldaten aufgefordert, sich auf die neue Wirklichkeit einzustellen, in Einsätzen fern der Heimat kämpfen zu müssen. Bei der Kommandeurtagung in München 1995 habe ich dann als Leitbild des Soldaten vorgegeben: Schützen, Helfen, Kämpfen. Doch reicht dies nun nach dem tief greifendsten Wandel seit Ende des Zweiten Weltkrieges, in der Wandlung der Bundeswehr zu einer Freiwilligenarmee, noch aus?

Der Generalinspekteur hat 2012 Leitgedanken zu „Soldat sein heute" herausgegeben und deren breite Diskussion in der Bundeswehr gefordert. Doch die Diskussion muss noch weiter greifen, sie muss die ganze Gesellschaft erfassen, auch weil das durch die Wehrpflicht gebildete starke und stets junge Band zwischen Bundeswehr und Gesellschaft nicht mehr besteht, und weil die Bundeswehr durch die weitere Verringerung der Truppenstärke und die Aufgabe vieler Garnisonen in der Fläche und damit aus dem Blick der Menschen in Deutschland verschwindet. Diese Diskussion muss in einer Welt geführt werden, deren weitere Entwicklung immer schwerer vorhersehbar geworden ist, in der Ungewissheit und Unsicherheit zunehmen, diese aber von den Menschen, getrieben vom Streben nach Sicherheit, vielfach verdrängt wird. Vielleicht geschieht dies auch, weil die Gewissheit zunimmt, dass trotz vieler offener Fragen in Europa Krieg zwischen den europäischen Staaten so unwahrscheinlich geworden ist, dass man diese Geisel Europas als gebannt ansehen kann. Damit entfällt jedoch weitgehend die für Jedermann einsichtige Begründung von Streitkräften, ihre Aufgabe nämlich, die Menschen und das Gebiet des eigenen Staates wie der Bündnispartner durch Verteidigung zu schützen.

Dieser Schutz findet heute fern der Heimat statt, denn es gilt, die Gefahren durch Einsatz in der Fremde von der Heimat abzuhalten. In diesen Einsätzen hat sich die Bundeswehr seit 1992 in vielen Teilen der Welt bewährt, sie hat geholfen, geschützt und gekämpft, und sie kämpft noch immer in Afghanistan. Deutsche Soldaten leisten und leisteten in diesen Einsätzen Vorzügliches, doch unsere Gesellschaft nimmt das kaum wahr, allenfalls wenn Negatives zu berichten ist. Das Verhältnis der Gesellschaft zu den Soldaten bleibt so ein distanziertes: Aus dem notwendigen Übel des Kalten Krieges wurde die ungeliebte Nebensache, die Gefahr läuft – sollte eine Mehrheit der Deutschen der Deutschland in der Welt isolierenden Illusion eines utopischen Pazifismus erliegen – zur überflüssigen Unbekannten zu werden.

Dem gilt es durch eine breite Diskussion über die Notwendigkeit von Streitkräften und deren Aufgaben im 21. Jahrhundert entgegenzutreten. Dazu will dieses Buch, herausgegeben von jungen Soldaten, einen Anstoß liefern, obwohl dies an sich Sache aller Bürger wäre, denn die Bundeswehr ist eine Parlamentsarmee. Das heißt doch nichts anderes als: Die Bundeswehr besteht, weil die Bürger ihre Existenz mehrheitlich bejahen und weil sie es doch letztlich sind, die Truppenteile durch das Mehrheitsvotum im Bundestag in bewaffnete Einsätze schicken. In diesen Einsätzen müssen die Soldaten im Auftrag der Deutschen im äußersten Fall auch töten, und sie haben das Risiko auf sich zu nehmen, in Erfüllung ihres vom Bundestag erteilten Auftrages möglicherweise getötet zu werden. Es sind somit letztlich alle Deutschen, die zu verantworten haben, was diese Bundeswehr tut und was in ihr geschieht. Desinteresse ist deshalb nicht angesagt, sondern das Gegenteil: Die Menschen in Deutschland müssen wissen, was Soldatentum in unserer Zeit heißt. Es genügt nicht, wie es der Generalinspekteur fordert, dass die Gesellschaft die Leistung der Bundeswehr anerkennt, nein, sie muss mehrheitlich bejahen, was die Truppe tut. Es wäre ein Zeichen demokratischer Reife, wenn man sich hierzulande zu der Haltung der großen angelsächsischen Demokratien durchringen könnte: Es wird erbittert um die Entscheidung über den Einsatz gerungen, fällt sie aber, dann muss die überwältigende Mehrheit unseres Volkes hinter den Soldaten und ihren Familien stehen.

Bewaffnete Einsätze bleiben wahrscheinlich; deswegen ist diese Auseinandersetzung geboten, denn in den Einsätzen müssen die Soldaten im äußersten Falle etwas tun, was westliche Gesellschaften mehrheitlich ablehnen: Sie wenden tödliche Gewalt an, weil es zum Beruf des Soldaten gehört, dieses äußerste Mittel autorisierter und rechtmäßiger (Gegen-) Gewalt anzuwenden. Der Soldat wird deshalb in letzter Konsequenz immer Kämpfer sein müssen, das ist das unverändert beständige Element des Soldatenberufs. Verändert hat sich nur die Legitimierung der Gewalt, deren Anwendung in Angriffskriegen unter Verfassungsverbot steht, die aber in Selbstverteidigung oder auf der Grundlage eines internationalen Mandates erlaubt ist. Der Soldat muss somit etwas tun, was große Teile der Gesellschaft als archaisch ansehen und am liebsten ächten würden: Er übt Gewalt im Auftrag dieser Gesellschaft aus, um anderen den Willen dieser Gesellschaft aufzuzwingen. Das ist die dunkle Seite des Soldatentums und über sie muss man sprechen, nicht über die von der Wohlfühl-Gesellschaft akzeptierten Einsätze zur Hilfeleistung in Notlagen oder zum Schutz bedrohten Lebens. Man muss darüber sprechen, weil der Soldat nach seinem Einsatz wieder respektierter Bürger einer Gesellschaft sein muss und will, die am liebsten totschweigen würde, dass Soldaten kämpfen müssen.

Auf den gesellschaftlichen Konsens in diesen Fragen hinzuwirken, wäre die Pflicht der Abgeordneten des Deutschen Bundestages. Sie haben durch den Parlamentsvorbehalt nicht nur das Recht über den Einsatz der Bundeswehr zu entscheiden und dessen Ausführung zu überwachen, sie haben auch die Pflicht, sich um die Menschen und deren Achtung durch die Gesellschaft zu kümmern, die für Deutschland in Einsätze gehen und dort kämpfen. Die neue Dimension des Soldatenberufes ist somit der Kampf ohne direkten und leicht erkennbaren Bezug zur Heimatverteidigung, während die Gesellschaft, aus der die Soldaten kommen und für die sie die Gefahren fern halten, daheim im tiefsten Frieden lebt. Es ist zu hoffen, dass es diesem Buch gelingen möge, eine solche längst überfällige Diskussion über Soldatentum in unserer Zeit anzustoßen.

JOCHEN BOHN

Soldatentum im Rechtsstaat

1. Eine weltanschauliche Lagefeststellung in politischer Absicht

> Was ich erzähle, ist die Geschichte
> der nächsten zwei Jahrhunderte.
> Ich beschreibe, was kommt,
> was nicht mehr anders kommen kann:
> die Heraufkunft des Nihilismus.
>
> Friedrich Nietzsche (1844–1900)

Im modernen Rechtsstaat gelten Soldaten nicht bloß als willfährige Werkzeuge der Politik. Sie werden vielmehr als „Staatsbürger in Waffen" (Immanuel Kant, 1724–1804) begriffen, als gerüstete Repräsentanten eines selbstgegebenen politischen Systems. Sie vertreten eine Rechtsgemeinschaft von Menschen, der sie selbst angehören und zu der sie sich gemeinsam mit anderen autonom verbunden haben. Indem bewaffnete Bürger kämpfend dienen, repräsentieren sie sich also selbst. Mit dieser Idee ist zugleich ein besonderer Anspruch formuliert: Von Soldaten im Rechtsstaat wird erwartet, dass sie aus Überzeugung dienen. Sie sollen die Weltanschauung, der sich Rechtsstaatlichkeit verdankt, nicht allein anerkennen. Diese Weltanschauung soll die Triebfeder, der „subjektive Bestimmungsgrund" (Kant) ihres Dienstes sein. Andere Triebfedern wie materielle Interessen oder persönliche Neigungen dürfen hinzutreten, müssen sich aber der weltanschaulichen Triebfeder unterordnen.

Hier liegt der wesentliche, moralische Unterschied zwischen Bürgern mit und ohne Waffen. Unbewaffnete Staatsbürger müssen die rechtsstaatlichen Institutionen und Verfahren allein äußerlich achten, sie müssen lediglich ihr Handeln danach richten. Für das Gelingen des Rechtsstaates ist ihre weltanschauliche Zustimmung zwar wünschenswert, jedoch nicht notwendig. Die Triebfeder ihres Handelns muss dem Rechtsstaat gleichgültig sein. Andernfalls würde er seiner freiheitlichen Begründung nicht gerecht. Seine Soldaten hingegen nimmt er moralisch

13

in die Pflicht. Soldaten will der Rechtsstaat durch ein weltanschauliches Motiv bewegt und geleitet wissen. Die Gesinnung des Soldaten ist relevant, weil sich in seinem Amt Repräsentation und Gewalt vereinigen. Die weltanschauliche Bindung soll gewährleisten, dass Gewalt stets recht motiviert bleibt, und dass Grenzen der Gewalt, die mit der Weltanschauung gezogen sind, nicht überschritten werden. Der soldatische Dienst soll kontinuierlich repräsentativ sein für den Rechtsstaat und die ihn tragende Weltanschauung.

Die eigentümliche Zumutung, die dem rechtsstaatlichen Soldatentum beigegeben ist, bewirkt im Soldaten selbst die Forderung nach weltanschaulicher Aufklärung. Soldaten im Rechtsstaat wollen wissen, welche Weltanschauung sie repräsentieren, und ob diese Anschauung überzeugend und belastbar ist. Die Sache, für die sie zu kämpfen, zu töten und zu sterben bereit sein müssen, soll möglichst zweifelsfrei eine gute Sache sein. Was aber ist die Sache des Rechtsstaates, was ist damit auch die Sache seiner Soldaten? Und lässt sich diese Sache als gut erweisen? Spätestens seit 1989, dem Ende des Kalten Krieges, haben die weltanschaulichen Selbstverständlichkeiten des Rechtsstaates ihre erste Leichtigkeit verloren. Unter veränderten Dienstbedingungen kann das soldatische Bedürfnis nach Gesinnungsrückhalt kaum noch mit alten Gewissheiten befriedigt werden. Mit guten Gründen verlangen Soldaten heute erneut nach Aufklärung, nach grundlegender Orientierung über das, was Triebfeder ihres Dienstes sein soll. Um den Rechtsstaat weiterhin überzeugt und überzeugend repräsentieren zu können, fordern sie zu Recht eine aktualisierte Feststellung ihrer weltanschaulichen Lage. Zu diesem Befund wird hier ein Beitrag angeboten. Damit der diagnostische Sprung, der dabei zuletzt gewagt werden soll, halbwegs gelingen kann, bedarf es zunächst eines verlängerten, notgedrungen grob ausgeführten anamnestischen Anlaufs.

2. Nominalistische Aufklärung

Nach allem, was wir wissen, ist der Mensch das einzige Wesen, das eine Weltanschauung hat. Er allein vermag die Welt zu vernehmen, er allein hat Vernunft. Ihm sind die Erscheinungen der Wirklichkeit bewusst, er kann sie durch Begriffe ergreifen und zu einem Bild zusammenfügen. Der Mensch ist also das einzige Wesen, das sich über die Wirklichkeit orientieren kann. Seine Fähigkeit ist Eigenart und Beschwernis zugleich.

Der Mensch kann nicht unbelästigt existieren. Seine Vernunft belastet ihn, konfrontiert ihn mit etwas, das anderen Wesen erspart bleibt: Vernunft stellt Fragen, die beantwortet werden wollen. Der Mensch kann sich also nicht bloß, er muss sich in der Welt orientieren, er muss eine Haltung zur Welt ausbilden.

Aus dieser Haltung muss er entscheiden, was zu tun und was zu lassen ist. Er muss sich verhalten, muss handeln. Anders formuliert: Durch seine Weltanschauung muss der Mensch Macht zu gewinnen versuchen – Macht über sich selbst, über andere, über den Lauf der Dinge. Seine Vernunft nötigt den Menschen zur Machtergreifung und stellt ihm zugleich in Aussicht, dass das durch sie entworfene Bild von Wirklichkeit mit der Wirklichkeit selbst übereinstimmt oder mit ihr zur Deckung gebracht werden kann.

Üblicherweise wird der Mensch in Weltanschauungen hineingeboren, die ihm als wahr und verlässlich entgegentreten. Die Wahrheit jeder Weltanschauung ist aber stets vorläufiger Stand eines verschlungenen weltanschaulichen Aufklärungsprozesses, dessen Abläufe und Stationen rückblickend kaum zu entwirren sind und dessen Zukunft sich allenfalls vermuten lässt. Jede gegebene weltanschauliche Selbstverständlichkeit ist immer abhängig von vergangenen, überwundenen Selbstverständlichkeiten. Diese Einsicht zu gewinnen, ist für den Menschen ein Akt der Selbstaufklärung, ein oft beschwerlicher Akt des Mündig-Werdens. Mündig werden heißt, sich über Herkunft und Haltbarkeit weltanschaulicher Selbstverständlichkeiten Aufklärung zu verschaffen und anschließend darüber zu befinden, ob ihnen weiter gefolgt werden soll, ob sie transformiert oder gar kritisch verworfen werden müssen.

Die weltanschauliche Selbstverständlichkeit, durch die sich das abendländische Denken im Zusammenfluss griechischer, römischer und jüdisch-christlicher Motive zunächst der Welt bemächtigt, ist die Vorstellung der Wirklichkeit als Kosmos, als harmonisch geordnetes, einheitliches Ganzes. Die Einheit der Wirklichkeit ist nicht unmittelbar zugänglich. Sie ist göttlich, verschleiert, nur schwer zu entziffern. Mit ein wenig Aufwand lässt sich das göttliche Ganze jedoch im Vernehmen der Vernunft rekonstruieren und verfügbar machen. Es kann durch Begriffe erfasst, systematisch organisiert und allgemein vermittelt werden. Dabei sieht das platonische Denken die Einheit der Wirklichkeit eher in der Vernunft selbst gegeben, im aristotelischen Denken dagegen wird das göttliche Ganze vor allem in den Erscheinungen vermutet.

15

So oder so gilt der Mensch als metaphysisches Wesen, dessen Vernunft die vorgegebene Harmonie der Wirklichkeit aufnehmen und zur Darstellung bringen kann. In der Vernunft ist die göttliche Hinter- oder Überphysik präsent, durch seine Vernunft kann der Mensch das Göttliche rekonstruieren und repräsentieren. Als metaphysisches Wesen ist der Mensch allerdings immer auch Bedrohung des Kosmos. Er ist Gefahr für das Ganze, weil er das Göttliche repräsentieren kann, dies jedoch nicht quasi-automatisch tut. Das Wesen Mensch wird als metaphysisches zugleich als frei begriffen. Seine Vernunft verschafft ihm die Freiheit, sich der göttlichen Harmonie zu verweigern. Um den Kosmos zu schützen, muss daher das Göttliche, das in der Vernunft vernommen wird, zur Pflicht gemacht werden. Das Vernünftige wird zur bindenden Vorgabe für Denken und Handeln. Der Mensch wird verpflichtet, das Göttliche zu erkennen, zu objektivieren, zu universalisieren und handelnd zu realisieren.

Theoretische und praktische Repräsentation des Kosmos wird zur Norm für den Einzelnen, vor allem aber auch für die politische Gemeinschaft. Der Einzelne ist immer nur Teil des Ganzen, und das Ganze steht immer über dem Einzelnen. Nur dann, wenn der gegebene Kosmos politisch repräsentiert wird, kann Harmonie Wirklichkeit werden. Allein durch eine weitgehende, an Identität grenzende Annäherung von Vernunft und Wirklichkeit lässt sich ein Zustand hervorbringen, in dem menschliche Existenz in politischer Gemeinschaft gelingen kann. Ihren ideologischen und historischen Höhepunkt erreicht diese Weltanschauung im Umfeld der philosophischen Theologie Thomas von Aquins (um 1225–1274).

Spätestens im Laufe des 14. Jahrhunderts lässt sich jedoch beobachten, dass dem abendländischen Denken betagte Selbstverständlichkeiten entgleiten. Die *Via Antiqua*, der alte Weg, Wirklichkeit zu vernehmen, wird immer häufiger verlassen. Die Irritationen des Spätmittelalters haben zahlreiche Ursachen. Einen wesentlichen Beitrag leistet der nominalistische Aufklärungsakt Wilhelm von Ockhams (um 1288–1347), der eine *Via Moderna*, einen neuen Weg des Vernehmens vorzeichnet und zu betreten nötigt. Ockham gelingt es, zwei Einsichten plausibel zu machen: Zum einen sind Vernunft und Wirklichkeit different. Die Vernunft und ihre Begriffe einerseits, die Wirklichkeit und ihre Erscheinungen andererseits lassen sich nicht identifizieren. Ein kosmologisches Ganzes und eine Verpflichtung zur Identität lassen sich damit nicht mehr zweifelsfrei als rekonstruierbar und repräsentationsfähig behaupten. Zum anderen ist die Vernunft verschiedener Menschen different. Was verschiedene Menschen vernehmen und begreifen, lässt sich nicht identifizieren. Eine mögliche Identität vernunftbegabter Wesen, die Objektivierbarkeit und Universalisierbarkeit des Vernünftigen sind damit sichtlich gefährdet.

Ockhams Kritik legt eine glimmende Lunte in das Weltbild der kosmologischen Vorgabe. Plötzlich ist wieder offen, was denn die Vernunft überhaupt vernimmt, was sie begrifflich zu fassen und in praktischer Hinsicht anzuordnen vermag. Die Annahme, es gäbe eine göttliche Tiefe der Wirklichkeit, die sich als harmonisches Ganzes zur Darstellung bringen und handelnd realisieren ließe, entpuppt sich als gewagte dogmatische Setzung. Und selbst wenn göttliche Tiefe weiterhin behauptet werden könnte, so wäre sie doch bloß noch im Vernehmen des Einzelnen, in Begriffen des Individuums zu repräsentieren – nicht mehr in objektiven und universalen Wahrheiten.

Nominalistische Aufklärung erschüttert das vertraute metaphysische Weltbild. Kosmologische Vorgabe und rekonstruktiver Vernunftbegriff werden fragil. Was bislang in Theorie und Praxis, in Weltanschauung und Weltgestaltung als sicher, als metaphysisch abgesichert galt, ist nun entsichert, entzieht sich, lässt sich nicht mehr festhalten. Zugleich verflüchtigt sich aber auch die durch metaphysische Annahmen bereitgestellte Wirklichkeitsmacht. Was der Mensch zu tun und zu lassen, wie er sich zu halten und zu verhalten hat, kann er nun kaum noch einer bevollmächtigenden Hinterwelt entlehnen. Wahrheit, Verpflichtung und Verheißung der alten Metaphysik gehen verloren. Dem Menschen bleibt allein noch die eine, die vernünftig vernommene Welt, in der er sich neu orientieren, der er sich neu bemächtigen muss.

Halt und Macht lassen sich nun aber nicht mehr gemeinschaftlich finden. Gemeinschaft ist nicht mehr vorgegeben, kann also nicht mehr verlässlich entlasten und stützen. Der Mensch wird Einzelner, er wird Individuum. Die Last der Weltbemächtigung liegt jetzt ganz bei ihm. Ausdrucksstarke Krisenphänomene dieser Belastung sind Renaissance und Reformation. In ihnen äußert sich der Verlust gesicherter Vorgaben, die Kritik überkommener Vernunft- und Wirklichkeitsdeutungen, zugleich aber auch die verzweifelte Suche nach einem veränderten Zugriff auf die Welt. Mit gutem Grund schauen Renaissance und Reformation noch einmal zurück, vergewissern sich ihrer Herkunft und eignen sich diese in veränderter Interpretation neu an. Die einen halten sich dabei an die antike Rationalität und Ästhetik, die anderen an die frühchristliche Offenbarung und Dogmatik.

Begleitet werden diese Phänomene von einer zunehmend planvollen Untersuchung der noch verbliebenen Wirklichkeit, von den Anfängen der modernen Wissenschaften. Beharrlich werden jetzt die Funktionen des Wirklichen ermittelt. Mechanismen sollen ausfindig gemacht, Gesetze sollen identifiziert werden, die zuverlässig und nützlich erscheinen, deren Verwertung neue Möglichkeiten der Weltbeherrschung eröffnet. Allmählich wird die Bindung an kosmologische Vorgaben überwunden, metaphysische Begrenzungen werden aufgegeben. Es wächst die Einsicht heran, dass sich die Vernunft bei der Deutung und Gestaltung der Wirklichkeit nicht auf eine wie auch immer gestiftete Vorgabe stützen kann, sondern dass sie sich selbst als stiftende und vorgebende Instanz begreifen lernen muss. Sie muss sich selbst ein Bild der Welt entwerfen und dann die Welt nach diesem Bild zu entwerfen versuchen.

Vernunft und Wirklichkeit sind damit kritisch reduziert. Sie sind verflacht und säkularisiert. Vernunft hält nun nicht mehr nach einem hintergründigen Kosmos Ausschau. Sie vernimmt allein noch das, was ihr als Erscheinung entgegentritt und vollzieht an dieser Erscheinung allererst den kosmologischen Akt. Vernunft wird vom vernehmenden Empfänger zum vereinnahmenden Konstrukteur. Wirklichkeit ist nun nicht mehr gegebene Harmonie, sondern das, was harmonisiert werden muss. Macht über die Wirklichkeit wird nicht mehr heteronom verliehen, sondern autonom angeeignet. Der Mensch ist nicht mehr Objekt, sondern Subjekt. Die Wirklichkeit ist nicht mehr Subjekt, sondern Objekt.

Diese „kopernikanische Wendung" (Kant) in der Weltanschauung, die unvermeidliche Begründung neuer Weltbemächtigung kulminiert in der idealistischen Philosophie, insbesondere bei Immanuel Kant, mit einer veränderten Pointe schließlich bei Georg W. F. Hegel (1770–1831). Beide entwickeln unter neuen Vorzeichen eine kosmologische Perspektive, beide behaupten neu die Objektivierbarkeit und Universalisierbarkeit des Vernünftigen, beide sehen die mögliche Zukunft eines harmonischen Ganzen, eine mögliche Identität von Vernunft und Wirklichkeit. Beide verstehen diese Möglichkeit nicht mehr als (göttliche) Vorgabe, die zu rekonstruieren und zu repräsentieren wäre, sondern als konstruktive historische Leistung vernunftbegabter Wesen.

Die Wege, die Kant und Hegel zur möglichen Identität vorzeichnen, sind allerdings verschieden: Kant entwirft eine neue, säkulare Metaphysik, in der die Vernunft als vor aller Wirklichkeit gegebene Form auftritt. Sie muss, um etwas zu vernehmen, die Wirklichkeit in sich aufnehmen, diese aber im Vernehmen zugleich als solche entwerfen und kosmologisch bearbeiten. Bei Hegel dagegen kommt das metaphysische Denken an sein Ende. Er entwirft eine neue, säkulare Mystik, in der die Unterscheidung von Vernunft und Wirklichkeit aufgehoben wird. Hegel lässt beide ineinander aufgehen, indem er die Wirklichkeit als dialektisches Werden des Vernünftigen vorstellt. Identität von Vernunft und Wirklichkeit, von Subjekt und Objekt ist nun ein historischer Prozess, an dem Mensch und Wirklichkeit jeweils als Konstrukteur und Instrument zugleich mitwirken.

3. Nihilistische Aufklärung

Nominalistische Kritik verschließt im Abendland den Zugang zum herkömmlichen Ort der Macht, zum metaphysischen, göttlichen Kosmos. Der erste nominalistische Vorstoß destruiert die Macht des Vorgegeben. Er ist das Ende möglicher Ermächtigung durch Vorgegebenes. Zugleich unterbindet er jede gemeinschaftliche Rekonstruktion und Repräsentation. Nominalistische Kritik zwingt zur Vereinzelung, nötigt den Menschen dazu, mit der Wirklichkeit alleine fertig zu werden, sie selbstständig anzuschauen, sich ihrer selbstständig zu bemächtigen und sie schließlich selbstständig zu entwerfen. Das ist das große Projekt, das unabwendbare und unhintergehbare Wagnis jener Epoche, die heute Aufklärung genannt wird. In dieser Epoche erreicht die gerade auch durch Ockham angestoßene Aufklärung ihr Zwischenziel.

Der nominalistische Stachel sitzt jedoch tief, gönnt keinen Frieden, treibt die Kritik auch unter Bedingungen der Säkularität voran. Musste soeben erst zugestanden werden, dass die Vernunft keinen metaphysischen Kosmos rekonstruieren und durch Begriffe repräsentieren kann, musste eingestanden werden, dass die Vernunft nichts Vorgegebenes objektivieren und universalisieren kann, so steht nach der kopernikanischen Wendung hin zum Kosmos als Konstruktion die nächste Ernüchterung bevor: Die Vernunft und ihre Begriffe können keine objektive und universal gültige Anschauung von Wirklichkeit entwerfen. Und die Begriffe der Vernunft sind nicht fähig, die Wirklichkeit zu vereinnahmen. Sie können die Wirklichkeit nicht in ihre Form zwingen.

Es ist Friedrich Nietzsche (1844–1900), der die Hoffnungen der konstruktiven Vernunft zunichtemacht. Er formuliert die schlichte, vielfach variierte Einsicht: „Tatsachen gibt es nicht, nur Interpretationen". Damit ist zunächst gesagt, dass der Mensch seiner Vernunft nicht mächtig ist, dass er nicht über sie herrschen kann. Was Vernunft genannt, was als Vernunft vernommen wird, lässt sich nicht aus der Wirklichkeit herauslösen. Vernunft ist bloß eine von unzähligen Erscheinungen des Wirklichen. Indem der Mensch Vernunft als solche benennt und in ein Gegenüber zur Wirklichkeit setzt, bemüht er sich darum, eine bestimmte Erscheinung des Wirklichen zu isolieren. Ein Wirklichkeitsphänomen wird willkürlich abgespalten, um mit diesem dann Wirklichkeit anzuordnen und zu formen.

Vernunft als Wirklichkeitsphänomen ist jedoch selbst bloß Produkt eines verworrenen Netzes aus Dispositionen, Antrieben, Kontexten, Erfahrungen und Prägungen. Was im Vertrauen auf dieses Produkt als Wirklichkeit entworfen wird, kann daher nichts anderes sein als voraussetzungsreiche Interpretation. Sicher kann der Mensch versuchen, die Voraussetzungen seiner Interpretationen aufzudecken und zu reflektieren. Große Teile dieser Voraussetzungen bleiben jedoch dauerhaft unverfügbar im Unbewussten und Verborgenen. Und selbst das, was bewusst gemacht und vermeintlich begriffen wird, ist wiederum vielfältig bedingte Interpretation. Vernunft ist ein geschlossener Zirkel wirklichkeitsabhängiger Deutungen, aus dem auszubrechen unmöglich ist. Alles, was das Wirklichkeitsphänomen Vernunft zusammensetzen und sinnvoll erscheinen lassen kann, ist ausweglose und stets vorläufige Interpretation. Und selbst dieser Befund ist Auslegung.

Nietzsches Aufklärung entlarvt jeden Wirklichkeitsentwurf als vereinzelte, nicht zu objektivierende und nicht zu universalisierende Setzung. Jede Weltanschauung hängt an komplexen, je individuellen Voraussetzungen. Weltanschauungen verschiedener Menschen sind damit unendlich differente Weltinterpretationen, denen unendlich differente Welthaltungen und Weltgestaltungen entwachsen müssen. Die Anzahl der Weltentwürfe nähert sich unvermeidlich der Anzahl der Menschen. Zahllose Welten werden gezeugt, die sich immer weniger und zunehmend flüchtig als mögliches Ganzes interpretieren und realisieren lassen. Keine Wirklichkeitsinterpretation kann noch den Anspruch anmelden, allgemein wahr, beständig und verbindlich zu sein.

Nietzsches Aufklärung entlarvt jeden Wirklichkeitsentwurf aber auch als entsicherte Setzung. Keine Wirklichkeitsbemächtigung kann sich ihrer selbst noch sicher sein. Alle Interpretationen speisen sich aus Voraussetzungen, die nicht oder bloß interpretierend verfügbar gemacht werden können. Alle Interpretationen sind nicht mehr abzusichernde, daher immer rascher verfallende und sich der individuellen Kontrolle entziehende Phänomene der Wirklichkeit. Indem der Mensch interpretierend auf die Wirklichkeit zuzugreifen versucht, lehnt er sich auf individuelle Setzungen, deren stützende Kraft selbst wiederum abhängig ist von ungesicherten Annahmen. Jede Wirklichkeitsinterpretation ist also nichts anderes als der berühmte Schopf des Barons von Münchhausen.

„Tatsachen gibt es nicht, nur Interpretationen": Damit sind Weltanschauungen als individuelle, differente, entsicherte und unzuverlässige Erscheinungen der Wirklichkeit durchschaut. Der Mensch weiß nun von sich selbst, dass er über seine Weltanschauungen nicht nur nicht herrschen kann. Er kann mit ihrer Hilfe schon gar nicht über die Wirklichkeit herrschen. Das, wozu die Vernunft nötigt und was sie als möglich verheißt, ist pure Illusion. Weltanschauungen verleihen nicht Macht über die Wirklichkeit. Im Gegenteil: Die Wirklichkeit hat sich durch die Interpretationen der Vernunft immer schon des Menschen bemächtigt. Mit ihrer Macht führt sie ihn aber nicht hinein in die harmonische Einheit eines Kosmos. Vielmehr treibt sie ihn in die totale, nicht mehr zu bewältigende Kontingenz.

„Tatsachen gibt es nicht, nur Interpretationen": Mit dieser Einsicht formuliert Nietzsche die letzte, nihilistische Pointe nominalistischer Aufklärung. Dem Ende der Metaphysik als Vorgabe folgt das Ende der Metaphysik als Konstruktion. Der Mensch lässt sich nicht länger als metaphysisches, damit aber auch nicht mehr als freies Wesen behaupten. Endgültig wird er mit seiner Vernunft und ihren Begriffen einsortiert in den historischen Prozess der physischen Wirklichkeit. Dieser Prozess kann nun nicht mehr als ein Werden des Kosmos, sondern bloß noch als ein Werden der Kontingenz begriffen werden. Immer deutlicher lässt sich das wahre Gesicht der Wirklichkeit vernehmen: Hinter dem täuschenden Schleier der Vernunft offenbart sich ihre kontingente Nichtigkeit.

Indem die Vernunft sich selbst aufklärt, entdeckt und fördert sie die Heraufkunft des Nihilismus, die Dämmerung jenes Zeitalters, in dem mit Nietzsche der Tod Gottes festgestellt und ausgehalten werden muss – der Tod jener kosmologischen Illusion, die vermeintlich vorgegeben oder durch die der Mensch sich vorzugeben versucht hat, was zu denken, was zu tun und zu lassen wäre, damit Wirklichkeit gelingen, damit sie ein harmonisches Ganzes werden kann. Nach dem Tod Gottes wird alle Macht über die Wirklichkeit nichtig, die Wirklichkeit selbst wird nichtig. Und da sich der Mensch nun nicht mehr metaphysisch über die Wirklichkeit erheben kann, wird er mit hineingezogen in den Strom des Nichts. Menschliche Existenz wird total entgründet, total mobilisiert und total dynamisiert. Das Differenzierungspotenzial menschlicher Gemeinschaft steigt ins Unermessliche. Gemeinschaft wird zum unkontrollierbaren Patchwork, dessen Nahtstellen sich bereits aufzulösen beginnen, während sie noch geknüpft werden.

4. Politik im Rechtsstaat

Selbstaufklärungen der Vernunft sagen nichts Neues über die Wirklichkeit. Sie verändern die Wirklichkeit nicht, bringen auch keine neue Wirklichkeit hervor. Sie leisten lediglich eine „Entzauberung der Welt" (Max Weber, 1864–1920), sind also mit anderen Prozessen ein Beitrag zur ernüchternden Wirklichkeitsdiagnose. Allerdings hinterlassen Selbstaufklärungen an den Stationen, die sie abschreiten, immer auch eine sich aufladende Atmosphäre des Zweifels, in der sich gewohnte Weisen der Wirklichkeitsgestaltung irgendwann nicht mehr bruchlos fortführen lassen. Über Jahrhunderte hinweg fallen die Schleier der Vernunft, und nachdem sie gefallen sind, verlieren alte Einrichtungen des Wirklichen ihre Selbstverständlichkeit. Dies gilt wohl vor allem für politische Einrichtungen, für die Ordnung und Praxis des raum-zeitlichen Miteinanders von Menschen.

Nach der nihilistischen Selbstaufklärung der Vernunft lässt sich auch der Lauf des Politischen als Heraufkunft des Nihilismus interpretieren. Unter einer rekonstruktiven Metaphysik sind politische Form und Praxis notwendig repräsentativ und hierarchisch. Es gilt, die kosmologische Vorgabe in der politischen Realität wirkmächtig zu vertreten und alle denkbaren Bedrohungen abzuwehren. Konstruktive Metaphysik dagegen konserviert zwar das Motiv der Repräsentation, bemüht sich aber nun um ein politisches System, das einen leeren Raum für autonome Wirklichkeitsentwürfe bereitstellen kann. Dabei müssen Hierarchien flacher, die Macht der Institutionen muss auf ihre formende Leistung konzentriert und moderativ gebändigt werden.

Es ist der freiheitliche säkulare Rechtsstaat, den die konstruktive Metaphysik als Ergebnis ihrer Bemühungen empfiehlt. Im Abendland des

20. Jahrhunderts setzt sich diese Form politischer Gemeinschaft praktisch durch – obwohl etwa im Umfeld und Gefolge Martin Heideggers (1889–1976) die nihilistische Aufklärung weiter voranschreitet. Freilich trägt der Rechtsstaat den Samen der Interpretation und damit den Samen des Nihilismus bereits in sich: die Idee des Menschenrechts auf Freiheit, das die Selbstkonstruktion der Wirklichkeit in den Status eines gewaltbewährten Rechts erhebt. Während dieser Same auskeimt, verbindet sich der Rechtsstaat immer häufiger mit der Regierungstechnik der Demokratie. Darin äußert sich die konstruktive Hoffnung, die Addition der Wirklichkeitsentwürfe repräsentiere so etwas wie eine universale Vernunft, mit Hilfe demokratischer Regierungsverfahren, eingefasst in die rechtsstaatliche Form, lasse sich also langfristig die kosmologische Absicht realisieren.

Im Halbdunkel des Nihilismus wird jedoch etwas Universales, das die politische Wirklichkeit auf einen Kosmos hin harmonisieren könnte, immer weniger greifbar. Stattdessen zieht das nicht mehr Repräsentierbare herauf. Weltanschauungsadditionen repräsentieren nun kein Ganzes mehr. In ihnen äußern sich bloß noch zufällige und kurzlebige Mehrheitsinterpretationen. Demokratisch erzeugte Politik kann damit nichts mehr repräsentieren. Jede halbwegs repräsentative Materie, mit der sie den Rechtsstaat notdürftig zu füllen versucht, muss sich als ein willkürliches und vorläufiges *Als Ob* erweisen. Das Zentrum des demokratischen Apparates leert sich. Demokratie wird zur nihilistischen Maschinerie. Im Übergang leistet demokratische Politik vielleicht noch so etwas wie Wirklichkeitsmanagement. Zuletzt ist sie aber bloß noch ohnmächtiges Instrument einer nichtigen Wirklichkeitsmechanik. Unter demokratischen Bedingungen verfällt jede politische Wirklichkeitsmacht. Und je direkter und radikaler die Demokratie, desto unmittelbarer ihr Nihilismus.

Der Rechtsstaat gerät damit in eine prekäre Lage – und in der gegenwärtigen Politik des Abendlandes scheint sich diese Lage anzukündigen: Der Rechtsstaat wird im Inneren nihilistisch zerfressen durch demokratische Prozesse. Die rechtsstaatliche Form wird rissig, Institutionen verlieren ihre formende Kraft. Immer ungehemmter prallen die sich wild vermehrenden Weltentwürfe aufeinander – aufgewiegelt auch und gerade durch das Menschenrecht auf Freiheit, das den Rechtsstaat theoretisch konstituiert, ihn aber in seinem Vollzug destruiert. Wenn die Saat des Menschenrechts praktisch aufgeht, dann erweist sich dieses Recht als nihilistisch wucherndes Krebsgeschwür.

Brüchige politische Systeme sehen sich nicht selten dazu veranlasst, ihren Abgang spektakulär anzukündigen. Derzeit häufen sich im Abendland die Anzeichen, dass Rechtsstaat und Demokratie ihr Ende vorbereiten. Feldzeichen der sich ereignenden Selbstdestruktion ist wiederum das Menschenrecht. Im Inneren der Rechtsstaaten nötigt es zur Eskalation von Sicherheit und öffentlicher Gewalt. Nach außen verleitet es immer häufiger zur Entgrenzung rechtsstaatlicher Konstruktionen und zur Atomisierung politischer Gemeinschaften. Mittlerweile trägt die Idee des Menschenrechts weltweit dazu bei, Gemeinwesen aufzubrechen, zu zerteilen und zu entleeren – und dies gar nicht so sehr durch den Einsatz militärischer, sondern, deutlich subtiler, auch und gerade durch den Gebrauch ziviler Gewaltmittel.

Weniger der politischen Öffentlichkeit, umso mehr aber der jüngeren politischen Philosophie ist die durchaus dramatische Lage des demokratischen Rechtsstaates bewusst. Seit einigen Jahren wird hier angestrengt nach Möglichkeiten gesucht, der Heraufkunft des Nihilismus zu begegnen. Während in Deutschland zumeist noch auf eine Wiederkehr metaphysischer Vorgaben oder auf eine Transformation säkularer Konstruktionen gesetzt wird, ist etwa das französische und italienische Denken im Anschluss an Nietzsche und Heidegger deutlich illusionsloser und daher erheblich weiter. Hier wird nüchtern gesehen, dass hinter Aufklärungen kein Weg zurück führt, und dass politische Aufklärungseffekte allenfalls abgefedert, nicht aber verhindert werden können.

Verheißungsvolle Abhilfe haben freilich selbst die Illusionslosen nicht zu bieten. Noch ist die politische Welt der unangenehmen Heraufkunft des Nihilismus ausgeliefert. Noch trudelt sie in einen Zustand, in dem alle Mächte und Gewalten ihrer Macht entkleidet und öffentlich zur Schau gestellt werden (Kol 2,15). Noch lässt sich kein Jenseits des Nihilismus absehen. Aber nur dort, jenseits dessen, was die Vernunft vernehmen oder vereinnahmen kann, nur jenseits der Repräsentationen kann Hilfe erwartet werden. Mit Heidegger muss wohl gesagt werden: „Nur noch ein Gott kann uns retten." Aber dieser Gott wird kein metaphysischer mehr sein können, kein Gott kosmologischer Vorgaben oder Konstruktionen. Noch ist dieser Gott unbekannt, noch muss er wachsam erwartet werden. In dieser Lage wäre es nach der nihilistischen Selbstaufklärung der Vernunft jedoch geradezu töricht, noch einmal auf alte Götter zu setzen oder neue Götter zu erdichten. Kontingenz und Kälte des Nihilismus wollen zunächst einmal erduldet sein.

Und „lieber noch ein wenig Zähneklappern, als Götzen anbeten"
(Nietzsche).

5. Soldatentum im Rechtsstaat

Nach dem verlängerten anamnestischen Anlauf, nun der kräftige diagnostische Sprung. Wenn Soldaten heute eine weltanschauliche Lagefeststellung einfordern, wenn sie wissen wollen, was sie tatsächlich repräsentieren, wofür sie zu kämpfen, zu töten und zu sterben bereit sein sollen,
so kann ihnen nach dem gegenwärtigen Stand der Selbstaufklärung wohl
nur gesagt werden: Soldaten im Rechtsstaat repräsentieren ein abtreten-
des System politischer Weltkonstruktion. Sie sind Gewaltfunktionäre
einer Politik, die als Wirklichkeitsmechanik nichts anderes vorantreiben
kann als die Heraufkunft des globalen Nihilismus. Dabei gebraucht die
nihilistische Mechanik Soldaten als Sicherungskräfte eines menschenrechtlichen Spektakels, das weltweit politische Gemeinschaften ent-
grenzt und atomisiert. Soldaten sind heute Teil eines kosmopolitischen
Programms, das alles destruiert, was repräsentationsfähig wäre. So gesehen repräsentieren Soldaten des Rechtsstaates zunehmend das nicht
mehr Repräsentierbare, sie kämpfen, töten und sterben also letztlich für
– Nichts.

Seit dem weltanschaulichen Beben von 1989 breiten sich die Wellen
des nihilistischen Tsunamis aus. An den Küsten widerstrebender Gemeinwesen werden sie gestaucht, stellen sich auf und schlagen zu. Wenig
später ziehen sich die Fluten saugend zurück und lassen im Landesinne-
ren kaum einen Stein auf dem anderen. Am globalen Tsunami des Nihilismus trägt niemand die Schuld. Er lässt sich nicht verhindern und
gegen seine destruktive Kraft lassen sich keine Dämme errichten. In ihm
zeigt die Wirklichkeit lediglich ihr wahres Gesicht. Diese Entschleierung
muss allerdings nicht als Katastrophe begriffen werden. Vielleicht wirkt
sie sogar Gutes: Sie könnte ein Beitrag sein zur Entmachtung und Demü-
tigung des metaphysisch selbstmächtigen Menschen. Vom allgemeinen
Menschen*recht* ist es nur noch ein kleiner Aufklärungsschritt zum allgemeinen Menschen*unrecht*. Die nihilistische Rechthaberei aller Menschen
setzt zuletzt alle Menschen ins Unrecht. Theologisch formuliert: Nihilismus nötigt den Menschen zur Einsicht, dass er Sünder ist – und dies im
existenzialen, nicht im moralischen Sinne. Eine Umwertung aller Werte,
ein gewendeter Optimismus könnte diese Einsicht vielleicht als notwen-

dig und aussichtsreich demonstrieren. Optimismus läge dann nicht darin, ein halb gefülltes Glas als Versprechen der Fülle, sondern dasselbe Glas als erfreuliche Verheißung des Nichts wahrzunehmen. Optimistischer Nihilismus ist jedoch kontraintuitiv, lässt sich nur schwer gewinnen und noch schwerer vermitteln. Spontan erscheint Nihilismus nicht als gut, sondern als trostlos. Der nihilistischen Trostlosigkeit sehen sich seit nunmehr zwei Jahrzehnten auch deutsche Soldaten ausgesetzt. Sicher ist selbst den Reflektierten unter ihnen nur selten zugänglich, was sie tatsächlich beschwert. Und doch sind sich nicht wenige zumindest eines weltanschaulichen Unbehagens bewusst. Wer als deutscher Soldat nicht auf Alternativen zur weltanschaulichen Triebfeder seines Dienstes ausweichen will, kommt kaum umhin, an der menschenrechtlichen Front in Afghanistan oder anderswo eine beunruhigende Rechtfertigungslücke zu vernehmen. Was hier zu vollziehen ist, lässt sich mit der vertrauten rechtsstaatlichen Begründungslogik nicht mehr verteidigen. Und die neue, menschenrechtliche Logik kann ihr destruktives Potenzial bloß notdürftig verdecken.

Dem Unbehagen deutscher Soldaten will das hier vorgelegte Buch eine öffentliche Stimme verleihen. Die einzelnen Beiträge sind zunächst Symptom weltanschaulicher Entgründung. Dann sind sie aber auch diagnostisches Hilfsmittel zur Bezeichnung wichtiger Sphären und Effekte dieser Entgründung. Und schließlich verfolgen sie eine politische Absicht: Sie appellieren, die weltanschauliche Lage neu zu reflektieren, sich neu Aufklärung darüber zu verschaffen, was die politische Logik derzeit eigentlich betreibt. Warum dieser Appell? Aus soldatischer Perspektive vor allem deshalb, weil heute auch deutsche Politik wieder tödlich enden kann – für die gewalttätigen Repräsentanten wie für die Betroffenen dieser Politik. Und wer für Politik Leben nehmen oder hergeben soll, dem stellt sich die Frage nach ihrer guten Sache. Die gute Sache der Politik jedoch lässt sich im nihilistischen Zwielicht der Gegenwart kaum noch fassen.

I. Selbstbild

FELIX SPRINGER

Der Soldat als Gestalt

1. Der Wesenskern des Staates: Gewalt

Die Geschichte der Menschheit kennt nur wenige Konstanten. Eine davon ist die Existenz von roher, nackter Gewalt, mit der Menschen gegen andere Menschen wirken. Es ist heute zwar Gewohnheit geworden, von Gewalt in physischer wie auch in psychischer Hinsicht zu sprechen – als roh und nackt jedoch, also unverfälscht, direkt und urtümlich kann nur die körperliche Gewalt gelten. Als Phänomen des Handelns hat der Mensch sie aus dem Tierreich geerbt und mitgebracht, gewissermaßen war der Mensch bereits gewaltsam, bevor er menschlich wurde. So ist die physische Gewalt auch substanzieller: Während Gewaltakte der Psyche sich gegen den Menschen als Person und als soziales Wesen richten, stellt der physische Angriff stets den Menschen als biologisches Wesen, sein Leben, ja seine Existenz als Mensch selbst zur Disposition. Es bietet sich an, wenigstens zwei mal zwei Kategorien dieser Gewalt zu sehen. So ist zwischen affektueller, emotional getriebener und systematischer, verstandgetriebener Gewalt zu unterscheiden, folglich auch zwischen solcher Gewalt, die allein oder im Rahmen vertraulichen Schweigens und solcher, die kollektiv ausgeübt wird.

Alle diese Ausprägungen der Gewalt sind unserer Spezies inhärent, sie durchziehen sämtliche Epochen der Geschichte. Die einsame Gewalt, wo sie tödlich ist, kennen wir in ihrer verstandgeleiteten Form als Mord, ihre affektuelle Form nennen wir Totschlag. Beides gilt seit eh und je als hochgradig legitimationsbedürftig, mehrheitlich sogar als kriminell und dem menschlichen Zusammenleben zuwider. Der wütende Mob, der den Ausgestoßenen verjagt oder der fackelschwingend in ihm ethnisch fremde Nachbarschaften eindringt ist das deutlichste Bild eruptiver, gemeinschaftlich verübter Gewalt. Ihr Motiv ist älter als der Mensch – auch freie Primatenhorden, die schreiend über andere Gruppen herfallen oder gemeinschaftlich Eindringlinge vertreiben, kennen diese Phänomene, ebenso Wolfsrudel und Ameisen- oder Bienenstaaten. Anders jedoch verhält es sich mit der systematischen, kalt berechneten und planmäßig exekutierten Gewalt von Gemeinschaften. Ihre Entstehung markiert den Beginn der politischen Geschichte der Welt.

Es gibt, für sich genommen, weder eine Weltgeschichte des Krieges noch der Staatlichkeit. Jedoch steht beides in enger Beziehung zueinander. Die Existenz jeder auf Dauer angelegten menschlichen Gemeinschaft ist über die Bedürfnisse des allgemeinen Lebenserhalts hinaus durch zwei Notwendigkeiten bedingt: im Inneren ein Minimum an Zusammenhalt und im Äußeren die Verteidigung. Allgemein betrachtet gilt das für die wenige Dutzend Personen zählende Dorfgemeinschaft der Jungsteinzeit genauso wie für eine Republik unserer Zeit mit vielen Millionen Bewohnern. Der Zusammenhalt im Inneren einer Gemeinschaft ist wiederum davon abhängig, dass ihre Mitglieder einen minimalen Konsens bezüglich ihrer Lebensart herstellen und beibehalten, also eine einmal mehr, einmal weniger strenge Rechtsgemeinschaft bilden, eine Gemeinschaft sozialer, kultureller oder wenigstens gesetzlicher Verbindlichkeiten. Die Normen, die diese Rechtsgemeinschaft definieren und ausmachen, sind, wie alle sozialen Normen, stets bedroht, sei es durch ihre aktive Infragestellung oder durch die Konkurrenz anderer, ihnen entgegenstehender Normen. Für ihren Bestand müssen sie also Bestätigung und Durchsetzung erfahren.

Ab einem gewissen Grad der Abweichung von der Norm ist Gewalt das Mittel der Korrektur und Normkonsolidierung: So werden Mörder vielleicht hingerichtet, Verräter aus dem Land verbannt, Diebe eingesperrt oder verjagt. An dieser Stelle tritt neben den Unterschied von Zahl und Größe auch ein qualitativer Unterschied zwischen großen und kleinen Gemeinschaften zutage: Je größer und umfangreicher eine Gemeinschaft von Menschen ist, desto schwieriger wird die Verbreitung und Durchsetzung allgemein gültiger Regeln. Die Bewohner des jungsteinzeitlichen Dorfes können sich noch versammeln und einen Viehdieb gemeinschaftlich verjagen oder totschlagen. Durch diese Sanktion des Normverstoßes versichert sich die Gemeinschaft der Gültigkeit ihrer Norm, die beispielsweise das Stehlen von Vieh verbietet. Eine zahlenmäßig stärkere Rechtsgemeinschaft jedoch kann diese direkt erfahrbare Normkonsolidierung nicht mehr betreiben, mit ihrer Größe wächst die Notwendigkeit einer systematischen, abstrakt legitimierten Sanktionierung des Regelbruchs, also einer planmäßigen und verstandesmäßig nachvollziehbaren Anwendung von Gewalt. Diese Hinwendung von der affektuellen zur systematischen Kollektivgewalt ist das Prinzip der Staatlichkeit. Der Zweck seiner Anwendung im Inneren liegt in der Ermöglichung seiner Anwendung im Äußeren: Nur Menschen, die sich untereinander verbunden und einander zugehörig fühlen, verteidigen sich gemeinsam und gegenseitig. Die Rede von „Waffenbruderschaft", von „Brothers in Arms" verdeutlicht, wie Krieg und Kampf situativ gebundene Gemeinschaften schaffen – ihre konkrete Grundlage ist selten ein abstrakter Gedanke oder ein hohes Ideal, sondern die Empfindung von Gemeinsamkeit, von gemeinsamem Erleben und gemeinsamem Schicksal. Das Gefühl von einem kollektiven Schicksal und gegenseitiger Bedingtheit findet sich prototypisch in der kleinen Kampfgemeinschaft, in der sich der Einzelne auch dann selbst verteidigt, wenn er eine auf seinen Nebenmann gerichtete Bedrohung abwehrt. Wo der Kämpfer nicht nur Teil seiner Kampfgemeinschaft, sondern auch Teil einer größeren Rechtsgemeinschaft ist, ist dieser Vorgang nahezu beliebig erweiterbar, nämlich um jeden Menschen, der der gleichen Gemeinschaft des Rechts angehört. Indem sich das Erlebnis von Zusammengehörigkeit nicht mehr direkt auf den Nebenmann im Gefecht, sondern zuerst auf eine Reihe als schützenswert empfundener sozialer und kultureller Verbindlichkeiten richtet (gleich, welcher Art diese sind), erweitert es sich um eine abstrakte Ebene. So können sehr große Kampfgemeinschaften entstehen. Die Symbole ihrer Normen sind Wappen und Fahnen, Uniformen und Hoheitsabzeichen. Es ist diese abstrakte Ebene der Zusammengehörigkeit, die die Hinwendung zur systematischen Kollektivgewalt ausmacht: Die Männer des jungsteinzeitlichen Dorfes gehörten zueinander, weil sie verwandt waren, weil sie den gleichen Acker bewirtschafteten und weil einer von der Arbeits- und Kampfkraft des anderen profitierte, vielleicht gar davon abhing. Was sie verteidigten, war direkt erfahrbar: Frau, Acker und Haus. Schon die Krieger der Pharaonen hingegen gehörten zueinander, weil sie den gleichen Herren und Glauben, vielleicht auch die gleiche Sprache und Prägung hatten. Wo sie den Machtbereich ihres Herren verteidigten oder erweiterten, brauchte es bereits eine abstrakte Idee von Herrschaft, Befehlen und Zusammengehörigkeit, kein Gefühl, sondern einen Begriff dessen, was die Männer zusammenbrachte, und sei es Zwang und Sklaverei.

Nach innen wie nach außen besteht menschliche Gemeinschaft aus Gewalt und durch Gewalt, nicht als notwendiges Übel, sondern als konstituierendes Element ersten Ranges. Alles, was Kultur ist, ist gewaltsam konsolidierter Normzusammenhang.

Der Staat ist die stärkste, konsequenteste Verwirklichung dieses Prinzips. Seine erste Funktion ist die der Staatsgewalt. Zwar haben die Verwaltungen der Staaten über die Jahrhunderte hinweg einige weitere Aufgaben sozialer oder ökonomischer Art übernommen, aber diese bedingen den Staat nicht. Bedingt ist er allein durch seine Gewalttätigkeit, genauer: durch seine Fähigkeit dazu. Diese ist heute in den entwickelten, gefestigten Staaten oftmals in zweierlei Form organisiert, nach innen als Polizeigewalt, nach außen als militärische Gewalt. Die organisatorische und formale Aufteilung der Staatsgewalt bedeutet vor allem eine künstliche Beschneidung der Fähigkeit zur Gewaltanwendung im Inneren, die nicht durch Einsicht oder höhere Erkenntnis, sondern überhaupt erst durch eine relative, innerstaatliche Befriedung möglich wurde. Im Europa der Neuzeit stellt diese innere Befriedung eine allgemeine Tendenz der Entwicklung von Staatlichkeit dar. Sie äußert sich einerseits durch das Bestreben staatlicher Macht nach möglichst gründlicher Beseitigung innerer Konflikte, deren Lösung militärische Mittel erfordern würde und andererseits durch die Konzentration der Machtmittel unter der Verfügbarkeit des Staates bis hin zum behaupteten Gewaltmonopol des Staates. Es war also nicht der Verzicht auf Gewalt, sondern ihre Anwendung, die die innere Befriedung moderner Staatlichkeit vollzog, und wo sie vollzogen war, blieb es die reale Möglichkeit der staatlichen Gewaltanwendung, die sie erhielt. Nicht seine Harmlosigkeit, sondern seine Gewaltfähigkeit macht den Staat potenziell zur friedenssichernden Maßnahme, nicht das Postulat der Gewaltlosigkeit, sondern die Macht zur Ausübung physischer Gewalt. Anders als die affektuelle Gewalt oder die einsam-verstandesgeleitete Gewalt kann die kollektive, systematische Gewalt also dauerhaft gegen die Phänomene der Gewalt wirken. Das ist das Prinzip der Macht. Gewalt gewaltsam durch Macht zu ersetzen ist der Kern der Staatlichkeit, hierin liegt ihre Begründung und Legitimation zugleich.

2. Soldat und Staat

Der Soldat ist das Sinnbild der Staatsmacht. Es ist die soldatische Tat, die ihren Begriff zur Wirklichkeit macht. Die Staatwerdung der menschlichen Gewaltsamkeit findet im Soldaten ihre höchste Ausprägung; es war der Soldat, der diesen Prozess vollzogen hat und zugleich ist er sein Ergebnis. „Die Hauptstütze aller Staaten, der neuen wie der alten und der vermischten, sind gute Gesetze und gute Streitkräfte, und da gute Gesetze nicht ohne gute Streitkräfte bestehen können und da, wo gute Streitkräfte sind, auch gute Gesetze sein müssen, so übergehe ich die Gesetze und rede von den Streitkräften"[1], heißt es bei Machiavelli. Im Italien seiner Zeit fand dieser jedoch weniger Soldaten im modernen Sinne, sondern die Wehrform des Söldnertums vorherrschend. Für den Söldner steht im Italienischen das Wort *mercenario*, verwandt dem lateinischen *mercator*, das den Händler bezeichnet. Denn nichts anderes ist der Söldner als der Händler seines Kampfwertes, Teilnehmer am Gewaltmarkt, dessen Preis sich nach den Gesetzen von Angebot und Nachfrage bestimmt. Die Motivation seines Kämpfens liegt im Geld, er folgt keiner tief empfundenen Pflicht, sondern erbringt eine vertragsgemäße, einvernehmlich mit einem Geschäftspartner ausgehandelte Dienstleistung. Der Söldner ist zuerst ökonomisches Subjekt, ideologisch bindungslos und potenziell unter jedermanns Kommando. Sein Einsatz kennt hauptsächlich zwei Grenzen. Die erste liegt in der Risikoaversion des Söldners: Für unkalkulierbare Risiken ist er nicht zu haben und je höher sein Risiko, desto höher sein Preis. Dieser ist die zweite Begrenzung des Söldnereinsatzes: Anzahl und Qualität mobilisierbarer Söldner hängen von der verfügbaren Geldmenge eines Machthabers ab. Die Folge ist, dass Söldner vor allem bei Bedarf angeheuert, ausgerüstet und in Marsch gesetzt werden und zwar möglichst in dem Umfang und der Qualität, wie es gerade dringend notwendig ist. Schwindet der Bedarf, werden Söldnerheere aufgelöst. Dies ist kein exklusives Modell der Stadtstaaten der italienischen Renaissance, sondern ein überzeitliches Phänomen: Der Söldner ist eine Erscheinung aller geschichtlichen Zeiten und jeder einzelne Söldner ist über sein individuelles Dasein hinaus ein Abbild des Söldnerprinzips. Er ist, nach einem Wort Ernst Jüngers, *Gestalt*.

„Als Gestalt umfaßt der Einzelne mehr als die Summe seiner Kräfte und Fähigkeiten; er ist tiefer, als er es in seinen tiefsten Gedanken zu erraten vermag, und mächtiger, als er es in seiner mächtigsten Tat zum Ausdruck bringen kann. [...] In diesem Sinne wird sein Leben zu einem Gleichnis der Gestalt. Darüber hinaus aber ist der Einzelne einer großen Rangordnung von Gestalten eingefügt – Mächten, die man sich nicht wirklich, leibhaftig und notwendig genug vorstellen kann. Ihnen gegenüber wird der Einzelne selbst zum Gleichnis, zum Vertreter, und die Wucht, der

---

1 Machiavelli, Niccolò: Der Fürst, Frankfurt a.M. 1990, S.64.

Reichtum, der Sinn seines Lebens hängt von dem Maße ab, in dem er an der Ordnung und am Streit der Gestalten beteiligt ist."[2]

Die Gestalt, so auch die des Söldners, hat eine über das Individuum hinausreichende Bedeutung, nicht als politisches Ereignis, nicht als ökonomische Notwendigkeit und nicht als soziale Funktion, sondern als eigene geschichtliche Kraft und Richtung. Der einzelne Söldner ist Krieger des Geldes und zugleich Vertreter dieser Kraft, die mal als reißender Strom, mal als schwerlich sichtbares Rinnsal ihre Spuren in den Jahrhunderten der Vergangenheit hinterließ.

Zu Beginn der Neuzeit war die Gestalt des Söldners hauptsächlicher Träger der kriegerischen Gewalt. Entsprechend ihres ökonomischen und ethischen Kategorien entfremdeten Wesens vollzog sie nahezu keine Trennung innerer und äußerer Gewalt. Die Gewaltexzesse des Dreißigjährigen Krieges sind ein deutliches Beispiel für einen Prozess des Form- und Kontrollverlustes, den Gewalt und Staatlichkeit in dieser Zeit gleichermaßen erlitten. Die operative Führung der Söldnerheere dieser Zeit hatte zwar die formale Kommandogewalt über ihre Truppen, kontrollierte jedoch oftmals nicht die tatsächliche Anwendung von Gewalt. Vielfach genügte allein die Anwesenheit eines Heeres zur völligen Ausplünderung ganzer Landstriche, stets mussten die Söldnerhaufen neuem Plündergut zugeführt werden. Der einzelne Söldnerkrieger rang im Felde nicht um seine Ideale und Überzeugungen, vielleicht hatte er nicht einmal welche. Mit dem Ende dieses Krieges jedoch ging der Söldner langsam in eine Phase des geschichtlichen Bedeutungsverlustes ein. Ständig Männer unter Waffen zu halten, ganz gleich, ob sie gerade benötigt wurden oder nicht, war prägendes Kennzeichen der frühmodernen Staaten der absolutistischen Monarchien. Ihr Gewaltpotenzial allein barg bereits politischen Wert genug, nicht nur nach außen, sondern auch gegenüber Konkurrenten im Inneren, die sich dieses Mittel nicht zu eigen machen konnten. Die Aufstellung dieser ersten Soldaten war ein entscheidendes Element der Festigung staatlicher Herrschaft überhaupt.

Mit der Zeit entfernten sich diese Waffenträger der Krone ihrem Wesen nach immer mehr von der Gestalt des Söldners, indem sie immer verbindlicher im Dienst des Staates standen. Je konsolidierter die Herrschaft

---

2 Jünger, Ernst: Der Arbeiter. Herrschaft und Gestalt, Stuttgart 2007, S. 37 f.

beispielsweise des französischen Königs war, je weniger Konkurrenz in der Anwendung systematischer, kollektiver Gewalt im Inneren Bestand hatte und je weniger wahrscheinlich also ein schneller Wechsel des Dienstherren wurde, desto enger wurde die Bindung zwischen dem Handwerker des Krieges und der Idee des Staates. Die Truppen Ludwig XIV. waren dessen persönliches Instrument der Politik, sie unterstanden nicht nur strategisch, sondern vor allem der Legitimation ihres Einsatzes nach seiner Person und seinem Amt. Anders als die Söldnerhaufen Wallensteins und Tillys unterstanden sie auch bereits einem wirksamen Prozess der Angleichung und Systematisierung ihrer äußeren Form, sie trugen Uniformen mit gestickten Wappen, trugen Dienstgradabzeichen, durchliefen Laufbahnen und die höhere Führung bemühte sich um Einheitlichkeit der Ausbildung und Ausrüstung und erfand dabei aufs Neue die Prinzipien der doktrinär kodifizierten Ausbildung und der zentralen Beschaffung. Ihre Kleidung und ihre Waffen waren die des Königs, nicht die, die sie mitbrachten und die Generalität war nicht des Staates Geschäftspartner, sondern des Königs Diener. Neben den Prozess der Angleichung in der äußeren Form trat, was vielleicht entscheidender ist, ein Prozess der Angleichung auch der inneren Form, der Geisteshaltung und der gedanklichen Ausrichtung des Dienstes. Gewissermaßen wurde seit dieser Zeit der Waffenträger über Jahrhunderte mit Staatsdenken angereichert, mit Begriffen des „Wofür" und „Wogegen". Nicht im Sinne einer rasch exekutierten Reform geschah diese Anreicherung, sondern ist zu begreifen als Teil jener richtenden Ströme des Denkens, die durch die Zeiten hindurch fließen und den geschichtlichen Erscheinungen ihre Form aufzwingen.

Am Beginn der Neuzeit steht also der Prozess der Zentralisierung der Gewalt unter der Staatsmacht oder anders gesagt, die Integration aller verbleibenden Gewaltakteure in den Staat. Die Betrachtung der sogenannten Kabinettskriege zeigt uns die monarchische Staatlichkeit Europas in einem Zustand, in dem alle Kriegsgewalt einer Staatsmacht unterworfen war, die beherrschten Völker aber, also die zivilen Gemeinschaften, an dieser keinen Anteil haben. Die zivile und die militärische Welt kannten wenige Berührungspunkte: Von der Gewalt des Krieges direkt betroffen sind Zivilisten in dieser Zeit nur, wenn sie das Pech haben, sich in unmittelbarer Nähe der Kampfhandlungen aufzuhalten, sonst jedoch nehmen sie weder als Subjekt noch als Objekt Anteil an ihr. Die integrative Kraft des Staates beschränkte sich auf das, was am Staat

Gewalt war, die Idee des Staates vollzog der Bürger nur durch seine Nichtteilnahme, der Soldat hingegen bereits als Handelnder und Repräsentant der Form.

Es war die Zäsur der Französischen Revolution, die das änderte. Sie erweiterte den Geltungsbereich des Staates ins Totale. Sie dehnte die Idee des Staates von der des leviathanischen Gewaltakteurs in den Bereich des Sittlichen und machte ihn zum Instrument im Kampf des Guten gegen das Böse, ein Anspruch, der Staat und Gesellschaft gleichermaßen einbezog. Das Wehrwesen als gesamtgesellschaftlicher Auftrag war die konsequente Folge, und so gebar die Französische Revolution ein Volksheer, das mehr seine Staatsidee als seine Machthaber zu verteidigen hatte. Der Soldat dieser Streitkraft trug mehr Staat in sich als derselbe Mann, der zuvor im Dienst des Königs stand, er schrieb nun den Prozess der Zentralisierung von Gewalt in Verbindung mit gesamtgesellschaftlicher Integration weiter fort. War der Soldat des Königs noch dessen Diener und insofern zuerst praktikables Instrument des Staates, war der Soldat des Volksheeres nun selbst ein kleiner Teil des Staates, er war nicht mehr nur derjenige, der die Staatsgewalt zur Wirkung brachte, sondern zu einem gewissen Anteil selbst Staat, Gesellschaft und Idee. Anders herum war das Kriegshandwerk, das Töten und Sterben nun nicht mehr den Soldaten vorbehalten. Wo die Verteidigung der Staatsidee zur sittlichen Frage erhoben wurde, stand jedermann in der Pflicht, dazu einen Beitrag zu leisten.

Auch in Deutschland vollzog sich dieser Prozess, jedoch in anderer Form. Der Befreiungskampf gegen die französische Okkupation speiste sich weniger aus der Treue zur Monarchie als aus dem Empfinden einer unterdrückten deutschen Nation. Im Widerstand gegen Napoleon wurde die deutsche Nation als sittliche Idee geboren – für sie zur Waffe zu greifen war dem Einzelnen kein Akt der politischen Opportunität, sondern ein Dienst am Guten. Friedrich II. hatte um Schlesien noch mit Soldaten der Krone gekämpft, die kämpften, weil man sie zwang und der König sie bezahlte – Theodor Körner trug sein Eisernes Kreuz schon nicht mehr als Diener seines Herren, sondern als freier Deutscher. „Doch wer für Schand und Tande ficht, den hauen wir in Scherben", schrieb Ernst Moritz Arndt und brachte damit die sittliche Idee des Befreiungskampfes zum Ausdruck. Gekämpft wurde gegen das, was als schlecht empfunden wurde und für das, was sich als gut ansehen ließ, für „Deutschland heil'ges Vaterland."

Dahingestellt sei, wie viel Vaterlandsliebe der einfache Soldat aufbrachte. Die Idee war in der Welt, und sie hatte Bestand. Mit dem Aufkommen sittlich verbindlicher Ideen des Kampfes gewann die Gewalt des Staates an integrativer Kraft und gliederte immer mehr Bereiche des gemeinschaftlichen Lebens dem Staatswesen an, angefangen bei Dingen wie zentralen Bauvorschriften und der staatlichen Eheschließung über das Zivilrecht und die dazugehörige Gerichtsbarkeit bis zur staatlichen Sozial- und Gesundheitsfürsorge. Den Höhepunkt dieser Entwicklung bilden die totalitären Staaten der politischen Moderne. Deren Anspruch ließ überhaupt keinen staatsfreien Raum mehr, sie durchdrangen den Alltag mit Herrschaft, begleiteten und regulierten den Menschen vom Mutterleib bis auf sein Sterbebett. Alles sollte in die Staatsgewalt integriert sein, kein Element des Handelns war mehr zulässig, das nicht ihrem Zugriff unterstand. Die Staatsideen der politischen Moderne waren hochintegrative Erzählungen, schon allein die Verweigerung der Zugehörigkeit zu ihnen konnte die sofortige physische Vernichtung bedeuten. Entsprechend durchdrungen von der Idee waren die Streitkräfte totalitärer Staaten. Ihre Uniformen waren geschmückt mit der Symbolik weltanschaulicher Bekenntnisse, ihre ganze Erscheinung wurde zum Gleichnis des Staatswesens. Als Symbole der Staatsidee erschienen die Soldaten in der Ikonografie der politischen Propaganda, ihr Bild verschmolz mit dem Bild der Idee. Nicht zufällig ist das die Blütezeit der großen Militärparaden: Bis ins letzte Glied vereinheitlicht als eine Masse purer Ideologie und Staatsgewalt schoben sich Paradeformationen durch die Innenstädte, gegossen aus wehrpflichtigen „Krieger-Bürgern", jeder gleichermaßen Träger wie Verteidiger einer starken Staatsidee. Ihr Kampf war der Kampf der Weltanschauungen, die Soldaten der Weltkriege hatten das ökonomische Element des Söldners hinter sich gelassen. In den totalitären Staaten der politischen Moderne vollendeten sich jahrhundertelange Prozesse der Zentralisierung von Gewalt, der gesellschaftlichen Integration in den Staat und der Anreicherung des Kriegers mit Idee.

Das ist die Gestalt des Soldaten. Er ist Krieger in geistiger Form, die Gewalt einer Idee, die seinen Staat trägt und ihn um ihretwillen im Felde antreten lässt. Die Gestalt des Soldaten kann mächtige geschichtliche Wirkungen für sich beanspruchen, schließlich bestanden die größten und erfolgreichsten Streitkräfte der Menschheitsgeschichte aus Männern, die ein tiefer Glaube ihr Leben einsetzen ließ. Politische Systeme, Nationen, Religionen oder verschiedene Synthesen dieser Elemente waren Gegenstand ihres Glaubens – und wo das Empfinden dieser Männer aus zeitlichem Abstand als unfrei oder unvernünftig erscheint, kann angemerkt werden, dass unterschiedlichste Begriffe von Freiheit und Vernunft auch zu diesen Zeiten stets als weitere Glaubenssätze daneben traten und nicht weniger zur Rüstung beitrugen.

3. Unsere Lage

Der Soldat als Gestalt findet durch das kollektive Wissen um einen geschichtlichen Auftrag des Kämpfenden zu seiner konkreten Form. Schon seit den Debatten um die Wiederbewaffnung Westdeutschlands zeigt sich, dass es der Bundesrepublik Deutschland schwer fällt, die Erzählung des politisch Notwendigen mit den Empfindungen der Bevölkerung vereinbar zu halten. Der langsam einsetzende, dennoch tief greifende Wandel der deutschen Streitkräfte nach der nationalen Wiedervereinigung und der Auflösung der bipolaren Weltordnung hat daran nichts geändert. Im Gegenteil zwingt der nüchterne Blick zu der Einsicht, dass das Nichtverständnis der Zivilbevölkerung gegenüber dem eigenen Militär- und Kriegswesen noch niemals in der Geschichte ein solches Ausmaß erreicht hat, insbesondere seit der Beteiligung Deutschlands am Afghanistan-Krieg.

Dass der Ernst militärischer Maßstäbe von der zivilen Welt in regelmäßigen Abständen öffentlich-medial als skandalös dargestellt und empfunden wird, ist nur eines der Symptome gegenseitiger Entfremdung. Daneben tritt die Tatsache, dass mit der faktischen Abschaffung der Wehrpflicht die Mobilmachung des Volkes aus dem Verteidigungsgedanken verschwunden ist. Beide Umstände, die Entfremdung von ziviler und militärischer Welt und die Aufgabe der Wehrpflicht stehen der oben diagnostizierten geschichtlichen Tendenz der fortschreitenden Einbeziehung der Gesellschaften in Staatsgewalt und Staatsidee unvereinbar entgegen, es handelt sich um Prozesse der staatlich-gesellschaftlichen Desintegration. Auf diese Weise kommt der Krieg zurück zum Soldaten, ähnlich der Zeit der sogenannten Kabinettskriege verliert die zivile Welt ihren Anteil am aktiven Kriegsgeschehen. Wäre aus dem Kalten Krieg ein heißer geworden, so hätte nicht die Armee, sondern die ganze Gesellschaft im Kriege gestanden und der Bäckergeselle hätte das Schicksal des Zeitsoldaten geteilt. Folglich nahm der Soldat gar keine besondere Bürde auf sich und konsequenterweise sank sein öffentliches Ansehen. Nunmehr hat der Soldat die Exklusivität des militärischen Dienstes zurückerlangt, erstmals seit Aufstellung der europäischen Volksheere. Tatsächlich verhält es sich so, dass sich der gesamte soeben skizzierte Prozess, der die europäische Staatlichkeit in die politische Moderne führte, in wesentlichen Punkten umgekehrt hat. Der Soldat als Gestalt ist auf dem Rückmarsch. Der einzelne Bundeswehrsoldat tötet und stirbt weniger als Instrument einer Weltanschauung denn als Untergebener des politischen Tagesgeschäfts. Der Stolz auf den Dienst an Republik und Volk und der Stolz auf ein professionell betriebenes Kriegshandwerk mögen sich hier und dort die Waage halten, nicht selten jedoch überwiegt Letzteres.

Sicherlich: Die Überzeugung, für etwas Gutes und gegen etwas Schlechtes im Einsatz zu stehen, ist, wenn auch manchmal in diffuser Form, verbreitet. Gleichzeitig schwindet jedoch in einer Welt, in der jede Meinung ein Medium findet und die militärische Führung sich der weltanschaulichen Erziehung weitgehend enthält, die Fähigkeit, dies mit ganzer Sicherheit und tiefer Überzeugung zu empfinden – eine Unsicherheit, die nicht selten zu Indifferenz führt. Im Ausrüstungswesen sind bereits einige Prinzipien der Einheitlichkeit Vergangenheit, die lange prägendes Kennzeichen stehender Armeen waren. Längst herrscht im Einsatz ein ganz anderer Standard als im Inland – die dort aktiven Truppen werden, oftmals nur für die Dauer des Einsatzes, mit Ausrüstung versorgt, deren allgemeine Einführung nicht finanzierbar wäre – ein Verfahren von ambivalenter Zweckmäßigkeit, das aber dem Wesen eines stehenden Heeres entgegensteht.

Dieser große Paradigmenwechsel, die Umkehrung des Prozesses, der die Staatsgewalt konstituiert: Das ist die Lage. Sie verweist nicht nur auf die Streitkräfte, sondern auf den Staat als Ganzes und auf die Form, die er zukünftig einnehmen soll. Die dazugehörigen Fragen beantworten nicht Soldaten allein. Als Gestalt jedoch, als geschichtliches Phänomen muss der Soldat an exponierter Stelle stehen, nicht nur als Symptom der Verhältnisse, sondern als Prinzip des Handelns.

STEFAN GERBER

Selbstblockaden

1. Erinnern und Vergessen in der Bundeswehr

Erinnern und *Vergessen* sind „zwei Seiten – oder verschiedene Prozesse –
desselben Phänomens"[1]. Nicht nur die Ökonomie des menschlichen
Gedächtnisses[2], sondern vor allem die Struktur historisch-kulturellen
Erinnerns bedingt dieses nur scheinbar paradoxe Zusammenspiel: Sich
im historisch-kulturellen Sinne erinnern heißt, im Kontext der eigenen
Gegenwart – nicht im Kontext des Erinnerten – eine Entscheidung darüber zu fällen, was zum Inhalt kultureller Erinnerung gemacht werden,
was in die so geschaffene *Erinnerungskultur* Eingang finden, und was von
ihr ausgeschlossen bleiben, vergessen werden soll. Der Gegenwartsbe-
zug, der die Entwicklung von Erinnerungskulturen durchgängig charakterisiert und die Entscheidung, die treffen muss, wer gesellschaftlich relevant erinnern will, machen das Feld der Erinnerung zur Kampfzone: Die
Behauptung, es gebe auf die Dauer eine gleichberechtigte *Pluralität* von
Erinnerungskulturen, ist eine naive oder absichtsvolle Harmonisierung.
In jeder Gesellschaft – auch und ganz besonders in der massendemokra-
tisch-massenmedial verfassten – wird tagtäglich ein Kampf um die Erin-
nerungshoheit ausgetragen, der bisweilen für längere Frist einen labilen
Zustand konkurrierender Erinnerungskulturen erlauben kann, letzt-

---

1 So z.B. Erll, Astrid: Kollektives Gedächtnis und Erinnerungskulturen. Eine Einführung, Stuttgart/Weimar 2005, S.7. Vgl. zum Problembereich u.a. auch: Assmann,
Aleida: Erinnerungsräume. Formen und Wandlungen des kulturellen Gedächtnisses, München 1999; Assmann, Aleida/Harth, Dietrich (Hg.): Mnemosyne. Formen
und Funktionen der kulturellen Erinnerung, Frankfurt a.M. 1991; Assmann, Alei-
da/Hölscher, Tonio (Hg.): Kultur und Gedächtnis, Frankfurt a.M. 1988; Butzer,
Günter/Günter, Manuela (Hg.): Kulturelles Vergessen. Medien – Rituale – Orte,
Göttingen 2004; Weinrich, Harald: Lethe. Kunst und Kritik des Vergessens, München ³2000.

2 Auf diesen Aspekt der Ökonomie und „Schematisierung" verweisen aus kulturwis-
senschaftlicher Sicht knapp z.B. Erll, Astrid: Kollektives Gedächtnis und Erinnerungskulturen. Eine Einführung, Stuttgart/Weimar 2005, S.7; Fried, Johannes: Der
Schleier der Erinnerung. Grundzüge einer historischen Memorik, S.112–115.

endlich aber zumeist zum Hervortreten einer *hegemonialen Erinnerungskultur* führt: Alles andere kulturelle Erinnern wird zurückgedrängt, marginalisiert, der Herrschaft des Verdachts[3] unterworfen oder stigmatisiert. Das Narrativ pluralen Erinnerns, das jeder *Erinnerungsgemeinschaft* ihre Erinnerung zu lassen vorgibt, erweist sich als kommunikative Deckformel einer Hegemonie, die es für notwendig hält, sich als *Vielfalt* zu tarnen oder entspringt der herablassenden Generosität des erinnerungskulturellen Siegers: Die Sicherheit politisch-gesellschaftlicher Irrelevanz lässt den Erhalt gleichsam *folkloristischer* Spielwiesen marginalisierter Erinnerungskulturen als ungefährlich erscheinen. Wo aber diese Irrelevanz zu schwinden, wo die konkurrierende Erinnerung an sozialer und politischer Plausibilität zu gewinnen scheint und nicht mehr als Skurrilität oder Ignoranz abgetan werden kann, da feuert der erinnerungskulturelle Hegemon aus allen kommunikativen Rohren, nutzt jede mediale Kriegslist, um seine Vormachtstellung zu erhalten. Vielbeschworene, vom erinnerungskulturellen Konkurrenten stets lautstark eingeforderte kommunikative Tugenden der *offenen Gesellschaft* wie Diskursivität, (Selbst-) Reflexivität oder die Bereitschaft zur Korrektur bisheriger Sichtweisen gelten dann nichts: Denn hier geht es, ganz kahl gesprochen, um die Macht, oder, mit Max Weber präzisiert, um den „Machtanteil", die „Machtverteilung"[4], die – ungeachtet aller Projektionen an der Außenseite politischer Entscheidungsprozesse – den Kern aller Politik bilden.

---

3 Die Verwendung der von Hegel in der „Phänomenologie des Geistes" und den „Vorlesungen über die Philosophie der Geschichte" zur Kritik des jakobinischen Terrors in der Französischen Revolution entwickelten Argumentationsfigur ist für die Konkurrenz von Erinnerungskulturen dort durchaus gerechtfertigt, wo das vermeintlich „richtige", politisch und sozial allein akzeptable Erinnern als „Tugend" verstanden wird, die nur noch „solche" unterscheidet, „die in der Gesinnung sind, und solche, die es nicht sind. Die Gesinnung aber kann nur von der Gesinnung erkannt und beurteilt werden. Es herrscht somit der Verdacht; die Tugend aber, sobald sie verdächtigt wird, ist schon verurteilt." Hegel, Georg Friedrich Wilhelm: Vorlesungen über die Philosophie der Geschichte, Frankfurt a. M. [4]1995, S. 532 f.

4 Vgl. Max Webers vielzitierte Definition in „Wirtschaft und Gesellschaft": „„Politik' würde für uns also heißen: Streben nach Machtanteil oder nach Beeinflussung der Machtverteilung, sei es zwischen Staaten, sei es innerhalb eines Staates zwischen den Menschengruppen, die er umschließt." Weber, Max: Wirtschaft und Gesellschaft. Grundriß der verstehenden Soziologie, besorgt von J. Winckelmann, Tübingen [5]1980, S. 822. Ähnlich auch in: Weber, Max: Politik als Beruf, in: Ders.: Schriften zur Sozialgeschichte und Politik, hrsg. von M. Sukale, Stuttgart 1997, S. 279. Gegenüber

Erinnerungskultur, und noch mehr ihr Sonderfall *Tradition*, die den Bestand des als erinnerungswürdig Ausgewählten unter den Gesichtspunkten der Vorbildlichkeit und Beispielhaftigkeit gruppiert, sind also im letzten keine Angebote, sondern Setzungen, die mitbestimmen, welche Einstellungen und Weltbilder Relevanz für die politischen Entscheidungsträger eines Gemeinwesens besitzen sollen. Dass dieser dezisiv-normierende Charakter hegemonialer Erinnerungskulturen oder Traditionen einer permissiv-relativistischen Grundhaltung verdächtig sein muss und sie jeden Versuch erinnerungskultureller Sinnstiftung mit prinzipieller Skepsis betrachten wird, kann hier vernachlässigt werden: Ungeachtet solch fundamentaler Bedenken kommen Institutionen und Gruppen, Staaten und Gesellschaften nicht ohne die Selbstvergewisserung durch kulturelles Erinnern aus. Auch wenn eine beständige Selbstthematisierung dem Wesen lebendiger Tradition widerspricht, sollten doch gerade die *Arbeiter* an Erinnerungskulturen und Traditionen selbstbewusst klarlegen, dass ihre Auswahl nicht einfach *sachgerechter* ist, sondern auf einer Entscheidung darüber beruht, wie eine Gesellschaft, ein Staat, eine Institution, eine Organisation in Zukunft aussehen sollen, und wie nicht. Solche Klarstellungen müssen die Bereitschaft einschließen, diese Entscheidung nicht zu verschleiern oder zu relativieren, sondern mit Nachdruck zu verteidigen.

Für eine Armee, konkret für die Bundeswehr, gilt alles eben Gesagte in besonderem Maße: Sie kann als staatlicher Hoheits- und Funktionsträger – zumindest auf der normativen Ebene – keine erinnerungskulturelle Pluralität, keine *Vielfalt* verbindlicher Traditionen zulassen, sondern muss Entscheidungen über das Erinnern und Weitergeben treffen. Und weil sie nicht nur eine der Organisationen ist, an die das Gewaltmonopol des Staates delegiert wird, sondern von ihren Angehörigen auch grund-

---

der bei Weber zunächst zu konstatierenden Begrenzung der Protagonisten von „Politik" auf die Angehörigen von legislativen und exekutiven Institutionen weist z. B. Graf, Rüdiger: Die Zukunft der Weimarer Republik. Krisen und Zukunftsaneignungen in Deutschland 1918–1933, S. 25 darauf hin, dass diese Begriffsbestimmung offen genug ist, auch andere soziale Akteure (z. B. Publizisten und Intellektuelle) als Beteiligte des Kampfes um einen „Machtanteil" mit einzuschließen. Vgl. zum Wortgebrauch insgesamt die aufschlussreichen Darstellungen: Steinmetz, Willibald: Neue Wege einer historischen Semantik des Politischen, in: Ders. (Hg.): „Politik". Stationen eines Wortgebrauchs im Europa der Neuzeit, Frankfurt a.M. / New York 2007, S. 9–40.

sätzlich die Bereitschaft einfordert, ihr Leben für den Staat einzusetzen, muss ihr Bedürfnis nach Apologie der aktuellen politischen Ordnung wie nach historisch-erinnerungskultureller Sinnstiftung und Tradition besonders ausgeprägt sein. Sie muss deutlich machen, warum sie das einzige wirkliche Opfer – das des eigenen Lebens – nicht nur legal, sondern auch legitim verlangen kann, muss die Frage (mit)beantworten, wofür es sich im äußersten Fall zu sterben lohnt. Daran zu erinnern, kann, seit die Bundeswehr sich als *Armee im Einsatz* neu definiert, niemand mehr als Dramatisierung bezeichnen oder mit politischen Ausweichmanövern parieren: Wer die Notwendigkeit von Streitkräften für diese Republik einräumt und ihre Beteiligung an *Kampfeinsätzen* – mit weniger semantischer Schonung gesagt: an Kriegen – befürwortet, muss auch die mögliche Konsequenz des Soldatentodes akzeptieren.

Dass die Schaffung einer militärischen Erinnerungskultur als verbindliche Traditionsbildung für die Armee der zweiten deutschen Republik nach Nationalsozialismus, Krieg und Kriegsniederlage mit spezifischen Schwierigkeiten verbunden war und ist, muss an dieser Stelle nicht erneut nachgezeichnet werden. Das Ringen um die Tradition zieht sich als roter Faden von der Vereidigung der ersten Bundeswehrrekruten an Scharnhorsts 200. Geburtstag 1955, über die Diskussionen um die *Innere Führung* und das Leitbild des *Staatsbürgers in Uniform*, bis zum Traditionserlass von 1965 und den Traditionsrichtlinien Hans Apels aus der Spätphase der Bonner sozialliberalen Koalition 1982. Diese „Tradition' der Traditionsdiskussionen"[5] in der Bundeswehr bringt es mit sich, dass in den zurückliegenden Jahrzehnten eine Vielzahl von Untersuchungen zum Problemkreis entstanden ist, die entweder reflektierte Selbst- und Fremdeinordnung oder grundsätzliche Kritik an militärischer Traditionsbildung bzw. der Bundeswehr als ganzer zum Ziel haben.[6] Und auch

---

5 Köster, Burkhard: Tradition der Traditionsdiskussionen? Zwischen kühler Ratio und emotionalem Anspruch, in: Birk, Eberhard / Heinemann, Winfried / Lange, Sven (Hg.): Tradition für die Bundeswehr. Neue Aspekte einer alten Debatte, Berlin 2012, S. 105–121.

6 Vgl. u. a. Abenheim, Donald: Bundeswehr und Tradition. Die Suche nach einem gültigen Erbe des deutschen Soldaten, München 1989; Birk, Eberhard / Heinemann, Winfried / Lange, Sven (Hg.): Tradition für die Bundeswehr. Neue Aspekte einer alten Debatte, Berlin 2012; Giordano, Ralph: Die Traditionslüge. Vom Kriegerkult in der Bundeswehr, Köln 2000; Harder, Hans-Joachim / Wiggershaus, Norbert: Tradition und Reform in den Aufbaujahren der Bundeswehr, Herford 1985; Knab, Jakob:

die Frage nach dem Verhältnis zwischen Bundeswehr-Tradition und Nationaler Volksarmee der DDR, die von Verteidigungsminister Thomas de Maizière bei der Neueröffnung des Militärhistorischen Museums der Bundeswehr in Dresden 2011 gleichsam zur offiziellen Problemstellung der Traditionsdiskussion erhoben worden ist,[7] hat in den letzten Jahren bereits eine nicht unbeträchtliche Literatur hervorgebracht.[8]

Vielmehr soll hier, ausgehend von den eingangs skizzierten Überlegungen zur Arbitrarität von Erinnerungskultur und Traditionsbildung gefragt werden, wie die Entscheidungen, die heute der militärischen Erinnerungskultur und der Tradition der Bundeswehr zugrundeliegen, im Kontext der Geschichtspolitik der Berliner Republik zustande kommen und warum sich die so generierte Tradition noch immer so prekär, so verordnet, teilweise so steril und bemüht ausnimmt. Einsatz-Orientierung und Umstrukturierung der Streitkräfte, vor allem die Aussetzung (sprich: Abschaffung) der Wehrpflicht, haben diesen Eindruck – ungeachtet der Beschwörung einer auch im Traditionsverständnis konsolidierten Armee zum 50. Bundeswehrjubiläum 2005 – in den letzten Jahren eher verstärkt als abgeschwächt. Obwohl das Traditionsverständnis der weitergeltenden Richtlinien von 1982 und der daraus abgeleiteten Vorschriften, z.B. des „Wegweisers für die Traditionspflege im Heer" von

---

Falsche Glorie. Das Traditionsverständnis der Bundeswehr, Berlin 1995; De Libero, Loretana: Tradition in Zeiten der Transformation: Zum Traditionsverständnis der Bundeswehr im frühen 21. Jahrhundert, Paderborn u.a. 2006; Nägler, Frank: Der gewollte Soldat und sein Wandel. Personelle Rüstung und Innere Führung in den Aufbaujahren der Bundeswehr 1956 bis 1964/65, München 2009; Prüfert, Andreas (Hg.): Bundeswehr und Tradition. Zur Debatte um das künftige Geschichts- und Traditionsverständnis in den Streitkräften, Baden-Baden 2000.

7 Vgl. den Wortlaut der häufig dokumentierten Rede „Das Ganze im Blick, das Gute als Vorbild – Das ist der Sinn von Traditionspflege in der Bundeswehr" z.B. in: Birk, Eberhard / Heinemann, Winfried / Lange, Sven (Hg.): Tradition für die Bundeswehr, S. 211–220. Zur Frage der NVA-Tradition hier besonders S. 217 f.

8 Vgl. u.a. Glaser, Günther / Wenzke, Rüdiger: Kann man in der NVA Traditionswerte für die Bundeswehr finden?, in: Birk, Eberhard / Heinemann, Winfried / Lange, Sven (Hg.): Tradition für die Bundeswehr, S. 123–138. (Dort weiterführende Literaturangaben; anders als die Mehrzahl einschlägiger Publikationen beantworten Glaser, pensionierter Offizier der Volksmarine, und Wenzke, der seinen Weg als Historiker in den 1980er-Jahren am Militärgeschichtlichen Institut der NVA in Potsdam begann, die Frage zumindest im Blick auf die Phase der Wende 1989/90, die sie (zu) stark von der Gesamtentwicklung der NVA abtrennen, positiv.)

1999, durchaus als eindeutige Entscheidung darüber angelegt ist, was hegemonial erinnert und als vorbildlich tradiert werden soll, besteht offenbar ein gravierendes Implementierungsdefizit, das auch durch verstärkte politische Bildung nicht zu beheben ist. Dass dem so ist, wird auch aus dem Innern der Bundeswehr, aus den Stäben oder dem Militärgeschichtlichen Forschungsamt (bzw. dem 2013 neugebildeten „Zentrum für Militärgeschichte und Sozialwissenschaften der Bundeswehr") bestätigt. Anders als wohlgemute Minister- und Inspekteursreden oder die übersichtliche Präsentation von Traditions-Säulen (preußische Reformen, 20. Juli 1944, Innere Führung, Staatsbürger in Uniform und Parlamentsarmee) es glauben machen könnten, gibt es, so Oberst Burkhard Köster vom MGFA, „kein selbstverständliches, von innerer Überzeugung und Gelassenheit getragenes Traditionsverständnis über alle Dienstgradgruppen hinweg", nur einen „von oben herab befohlenen, aber keinen an der Basis verinnerlichten, emotional getragenen Konsens".[9] Vielfach, so Köster, betrachten „junge Soldaten" Traditionspflege nicht als lebendiges, mit den Grundlagen militärischen Dienens heute eng verknüpftes Erinnern, sondern als „Absicherung der Vorgesetzten gegen zumeist imaginäre vor- oder undemokratische Tendenzen."[10] Tradition erscheint als zu ertragende Pflichtübung oder unvermeidlicher Bestandteil militärischer Bürokratie.

Diese Situation, so die im folgenden vertretene These, beruht auf einer Selbstblockade der Traditionsbildung in der Bundeswehr: Die keineswegs von der ruhigen Gewissheit einer jahrzehntelangen *Aufarbeitung*, sondern noch immer von Angst und Unsicherheit bestimmte Fixierung auf Rolle und Bewertung der Wehrmacht im NS-Regime kann allenfalls eine *negative Erinnerung*[11] kultivieren. Bis heute, so Burkhard Köster, sei die „alles überstrahlende Kernfrage" geblieben: „Wie halte ich es mit der Wehrmacht?"[12] Und auch Ulrich Schlie, Abteilungsleiter Politik im Bundesverteidigungsministerium, konstatiert, dass das „Verhältnis der

---

9   Köster, Burkhard: „Tradition" der Traditionsdiskussionen?, S. 107.

10 Ebd., S. 120.

11 Zum Begriff und zur Problematik vgl. Koselleck, Reinhart: Formen und Traditionen des negativen Gedächtnisses, in: Knigge, Volkhard / Frei, Nobert: Verbrechen erinnern. Die Auseinandersetzung mit Holocaust und Völkermord, München 2002, S. 21–32.

12 Köster, Burkhard: „Tradition" der Traditionsdiskussionen?, S. 106.

Bundeswehr zur Wehrmacht [...] bis heute im Zentrum der kritischen Betrachtung des Traditionsverständnisses der deutschen Streitkräfte geblieben" sei.[13] Obgleich die Verankerung der Bundeswehr in der bundesrepublikanischen Demokratie stets als Kernstück ihrer Eigentradition hervorgehoben wird, das alle anderen Traditionsbestände im sechsten Jahrzehnt der Bundeswehr nun immer mehr zurücktreten lasse, gelingt der Paradigmenwechsel zum positiven Erinnern nicht. Die Entscheidung, welche die offizielle militärische Erinnerungskultur der Bundeswehr konstituiert, ist noch immer nicht eine Entscheidung *für*, sondern in erster Linie eine Entscheidung *gegen* etwas: Gegen die Wehrmacht, die in wachsendem Maße nicht nur als Armee *im* Nationalsozialismus, sondern als Armee *des* Nationalsozialismus betrachtet wird. Deshalb soll dieser Fixierung etwas genauer nachgegangen werden.

Die Dominanz negativen Erinnerns, das sei knapp vorausgeschickt, zieht die anderen offiziellen historischen Erinnerungs- und Traditionsbestände der Bundeswehr gleichermaßen in Mitleidenschaft. Auch ihre Auswahl erfolgt *negativ* und folgt der bangen Frage, was denn übrig bleibe, wenn die als kontaminiert wahrgenommene deutsche Geschichte des 19. und 20. Jahrhunderts auf brauchbare Bestände durchforstet und alles *Gefährliche* ausgesondert worden sei. Am Grunde einer solchen negativen Auswahl liegt die ahistorische Sehnsucht nach einer *reinen*, ambivalenzfreien Tradition, einem Erinnerungsbestand, der in den bewussten oder unbewussten Wunschträumen der Traditionsbildner der freiheitlich-demokratischen Grundordnung *avant la lettre* verpflichtet gewesen sein müsste. Damit gibt sich die Traditionsbildung der Bundeswehr – und das ist ein wesentlicher Teil der hier behaupteten Selbstblockade – einer geschichtspolitischen Dynamik preis, die ihr alle noch festgehaltenen historischen Erinnerungsbestände tendenziell in den Händen zerfallen lässt. Längst wird die Traditionsfähigkeit und Vorbildlichkeit der Männer des 20. Juli 1944 durch eilfertige Hinweise auf ihre Affinitäten zum Nationalsozialismus und ihre nationalkonservative Haltung in Zweifel gezogen, als ob erst jetzt erkennbar würde, dass die Motivation vieler Verschwörer gerade im Erhalt des Reiches als dominierende Ordnungsmacht in der Mitte des Kontinents, in autoritärer Staatlichkeit

---

13 Schlie, Ulrich: Bundeswehr und Tradition, in: Birk, Eberhard / Heinemann, Winfried / Lange, Sven (Hg.): Tradition für die Bundeswehr. Neue Aspekte einer alten Debatte, Berlin 2012, S. 11.

oder einem ständisch gegliederten christlichen Staat lag. Und auch wenn der Tyrannenmord, zu dem einige von ihnen sich nach quälender Gewissensprüfung entschlossen, gewiss als ethisch gerechtfertigt betrachtet werden kann, macht die Tragik der späten Tat die Verschwörer des 20. Juli doch zu gebrochenen Helden. Für sie gilt noch immer das Wort Golo Manns, dass „ihr Ruhm vor Gott viel höher" ist, „als jener, den eine wohlmeinende Obrigkeit ihnen vor der Nachwelt zu fristen sich müht."[14] Die preußischen Heeresreformer des frühen 19. Jahrhunderts um Scharnhorst, Gneisenau und Clausewitz, die in der militärischen Erinnerungskultur der Bundeswehr an die Spitze der Traditionskette gesetzt werden, waren tief davon durchdrungen, dass die allgemeine Wehrpflicht den Bürger – und das hieß für sie selbstverständlich nur: den Mann – und die Nation untrennbar miteinander verbinde; „Demokratisierung" des Heeres und Konstitutionalisierung waren ihnen nationale Aufgaben, die der Regeneration des preußischen Staates, der Emanzipation zum Preußischen und Deutschen und der Befreiung der Gesamtnation von der Herrschaft des revolutionären französischen Eroberers diente. Können eine Armee und ein Staat, die die Wehrpflicht zum überholten Relikt erklären, Soldatinnen als zwingendes Gebot der Gleichberechtigung betrachten und eine vollkommen artifizielle „europäische" Militärtradition konstruieren wollen,[15] diese Protagonisten wirklich traditionsbildend für sich in Anspruch nehmen? Selbstgesetzte Sperren und angstbesetzte Korrektheiten verhindern auch hier einen produktiven und rational wie emotional ohne Verrenkungen begründbaren Umgang mit historischen Personen und Prozessen, die doch *Tradition*, d.h. handlungsleitende Vorbilder sein sollen. Der zutreffende Eindruck, dass die drei Traditionskomplexe der preußische Reformen, des 20. Juli und der Eigentradition seit 1945 heute geradezu „rituell beschworen" werden,[16]

---

14 Mann, Golo: Deutsche Geschichte des 19. und 20. Jahrhunderts, Frankfurt a.M. 1992, S. 901.

15 Vgl. Birk, Eberhard: Plädoyer für ein europäisches Traditionsverständnis, in: Ders./Heinemann, Winfried/Lange, Sven (Hg.): Tradition für die Bundeswehr. Neue Aspekte einer alten Debatte, Berlin 2012, S. 191–202.

16 So Oberst i.G. Winfried Heinemann, Chef des Stabes im Zentrum für Militärgeschichte und Sozialwissenschaften der Bundeswehr. Heinemann, Winfried: Kasernennamen und „neue" Traditionsräume, in: Birk, Eberhard/Heinemann, Winfried/Lange, Sven (Hg.): Tradition für die Bundeswehr. Neue Aspekte einer alten Debatte, Berlin 2012, S. 163–173, hier S. 169.

verweist auf die Angst der Traditionspfleger vor neuerlicher Infragestellung des so mühsam Synthetisierten und ist in der öffentlichen Kommunikation der Bundeswehr das wohl sichtbarste Zeichen jener Selbstblockade, die gerade verhindert, was das offizielle Erinnern erreichen will: Eine den Inszenierungen der Tagespolitik entzogene, „Handlungssicherheit"[17] bietende und selbstbewusste militärische Erinnerungskultur.

Im Mittelpunkt der selbstblockierten Traditionsbildung in der Bundeswehr aber steht, dieser Verweise ungeachtet, die Wehrmacht als negativer Angelpunkt. Anders als im Hinblick auf die wachsende zeitlich Distanz zunächst vermutet werden könnte, hat sich diese Situation in den zurückliegenden Jahren nicht entspannt, sondern verschärft. Das hängt vor allem mit der seit 1995 intensivierten Auseinandersetzung um das Agieren der Wehrmacht im Zweiten Weltkrieg und das Verhältnis von Führung und Truppe zum Nationalsozialismus zusammen. Die 1995 eröffnete Wehrmachtsausstellung des Hamburger Instituts für Sozialforschung hatte – auch wenn ihre Apologeten das bestreiten und Jan Philipp Reemtsma in diesem Zusammenhang sogar juristisch gegen Rolf-Dieter Müller vom MGFA vorging[18] – zweifellos eine geschichtspolitische Zielsetzung. Der provokativ-polemische Angriff zielte auf den *Mythos Wehrmacht* als vermeintlich letzte, weithin unangetastete geschichtspolitische Übereinkunft der Bonner Republik. Die gesellschaftlichen Eliten, die bisher mehr oder minder bewusst an dieser Übereinkunft festgehalten hatten, sollten im Kontext der Diskussion um Auslandseinsätze der Bundeswehr und eine mögliche neue weltpolitische Rolle Deutschlands als Träger eines „spezifischen Nationalismus" und eines „expansiven Machtstaatsgedanken(s)" diskreditiert werden.[19] Die Diskussion um die Bundeswehr als Einsatzarmee erschien wohl vor allem Hannes Heer, dem

---

17 Ebd.

18 Vgl. z.B. Klotz, Johannes: Die Ausstellung „Vernichtungskrieg. Verbrechen der Wehrmacht 1941 bis 1944". Zwischen Geschichtswissenschaft und Geschichtspolitik, in: Bald, Detlef / Klotz, Johannes / Wette, Wolfram (Hg.): Mythos Wehrmacht. Nachkriegsdebatten und Traditionspflege, Berlin 2001, S. 116–1763, hier S. 119. – Die Prozesse gegen Müller und den ungarischen Historiker Krisztián Ungváry, der gezeigt hatte, dass in der Ausstellung gezeigte Bilder von Erschießungen nicht der Wehrmacht, sondern der ungarischen Armee zuzurechnen sind, hat Reemtsma später als Fehler bezeichnet.

19 So ebd., S. 126, wo Klotz auch allen Ernstes behauptet, dass „viele" Deutsche weiterhin „in mehr oder weniger diffuser Weise an eine Volksgemeinschaftsideologie

Leiter der ersten Wehrmachtsaustellung, als neue Spielart jenes „Norma-
lisierungsnationalismus", der in der Wahrnehmung einiger bundesdeut-
scher Linker nach 1990 grassierte. Besonders bitter an dieser Diskussion
war für Protagonisten mit linksextremer Sozialisation wie Heer freilich,
dass sich auf der Gegenseite nun nicht wenige Mistreiter von einst fanden. Dass in der Ausstellung der Eindruck entstehen konnte, hier solle
„ein verspätetes und pauschales Urteil über eine ganze Generation ehe-
maliger Soldaten" gefällt werden, nahm die Konzeption – ebenfalls
anders als ihre Verteidiger es später behaupteten – billigend in Kauf.[20]
Ergebnis der erregten Debatte um die Ausstellung,[21] die in ihrer ersten
Fassung (1995–1999) durch einen „bemerkenswert unbekümmerten
Gebrauch fotografischer Quellen" und falsche Bildzuweisungen Furore
machte,[22] war eine neue geschichtswissenschaftliche Beschäftigung mit
der Wehrmacht im Krieg. Mit seinen biografie-, militär- und verwal-
tungsgeschichtlichen Prämissen sprengte dieses Forschungsinteresse
den Rahmen der schon zuvor recht intensiv betriebenen historischen
Wehrmachts-Forschung. Es manifestierte sich in Vorhaben wie dem
Großprojekt „Wehrmacht in der nationalsozialistischen Diktatur" des
Münchner Instituts für Zeitgeschichte, aus dem eine Reihe bis heute for-
schungs- und diskussionsprägender Monografien und Sammelbände
hervorgegangen ist.[23] Unbestreitbar ist, dass hier für die strukturell-ins-
titutionelle Ebene, für Generalität und auch Teile des übrigen Offizier-
korps stärkere Affinitäten zur NS-Ideologie aufgezeigt werden konnten,
als bisher deutlich geworden war. Zudem schält sich, ungeachtet militä-

---

glauben". Die Selbstmobilisierungsfunktion der Debatte wird in solchen Formulie-
rungen überdeutlich.

20 Vgl. ebd., S. 123.

21 Vgl. Hartmann, Christian / Hürter, Johannes / Jureit, Ulrike (Hg.): Verbrechen der
Wehrmacht. Bilanz einer Debatte, München 2005.

22 Bartov, Omer et al.: Bericht der Kommission zur Überprüfung der Ausstellung „Vernichtungskrieg. Verbrechen der Wehrmacht 1941 bis 1944", Hamburg 2000, S. 86.

23 Vgl. u. a. Hürter, Johannes: Hitlers Heerführer. Die deutschen Oberbefehlshaber im
Krieg gegen die Sowjetunion 1941/42; Hartmann, Christian: Wehrmacht im Ost-
krieg. Front und militärisches Hinterland 1941/42; Hartmann, Christian et al. (Hg.):
Der deutsche Krieg im Osten 1941–1944. Facetten einer Grenzüberschreitung; Lieb,
Peter: Konventioneller Krieg oder NS-Weltanschauungskrieg? Kriegführung und
Partisanenbekämpfung in Frankreich 1943/44; Pohl, Dieter: Die Herrschaft der
Wehrmacht. Deutsche Militärbesatzung und einheimische Bevölkerung in der Sow-
jetunion 1941–1944.

risch und völkerrechtlich komplexer Einzelbewertungen in Fragen wie
der Partisanenbekämpfung oder der Geiselerschießungen, die systematische Einbeziehung der Wehrmacht als „Waffenträger" des NS-Staates
in die Gesamtplanung der nationalsozialistischen Kriegspolitik und
die Judenvernichtung besonders in Ost- und Südosteuropa klar heraus:
Hier waren Wehrmachtseinheiten zumeist keineswegs retardierendes
Moment, sondern Aktivposten. Gerade wenn man der pauschalen Cha-
rakterisierung der ca. 18 Millionen Wehrmachtssoldaten als *Täter* oder
gar *Verbrecher* entschieden entgegentritt, darf man sich diesen schmerz-
lichen Einsichten nicht verschließen oder sie vorschnell mit der – heute
gewiss notwendigen – Diskussion um Kriegsverbrechen der sowjetischen
oder auch der west-alliierten Streitkräfte verknüpfen.

Für die Bundeswehr, deren geltende Traditionsrichtlinien von 1982
davon sprechen, die Streitkräfte seien im „Dritten Reich" „teils schuldhaft verstrickt, teils [...] schuldlos mißbraucht" worden,[24] bedeutete diese Perspektive auf die Wehrmacht, die aus der geschichtswissenschaft-
lichen Diskussion vergleichsweise rasch in den Horizont einer breiteren
öffentlichen Wahrnehmung eintrat, eine neuerliche Verfestigung ihres
negativen Gedächtnisses und der daraus hervorgehenden Erinnerungskultur. Stärker als in anderen gesellschaftlichen Bereichen wurde und
wird hier, aus Sorge um eine handhabbare Tradition, das Bestreben
sichtbar, „das Kind mit dem Bade auszuschütten" und jegliche Bezüge
nicht nur auf die Wehrmacht als Institution, sondern auch auf den einzelnen Soldaten der Wehrmacht zu tilgen – was freilich mit bestehenden
Gepflogenheiten, z.B. der Beteiligung der Bundeswehr an Veranstaltun-
gen zum Volkstrauertag, aber vielfach auch mit der lokalen Traditionspflege einzelner Einheiten kaum zu vereinbaren ist. Der angstbesetzte
Umgang mit dem Angelpunkt Wehrmacht, das Zittern vor dem Ruch
einer *apologetischen* Haltung, die Kapitulation vor der Komplexität historischer Sachverhalte, deren „Grundfarben" nicht „Schwarz und Weiß"
sind, sondern „grau, in unendlichen Schattierungen"[25], und die daraus

---

24 Richtlinien zum Traditionsverständnis und zur Traditionspflege in der Bundeswehr.
    Erlass des Bundesministers der Verteidigung vom 20. September 1982, Abschnitt I,
    Nr. 6. So abgedruckt z.B. in: Birk, Eberhard / Heinemann, Winfried / Lange, Sven
    (Hg.): Tradition für die Bundeswehr, S. 229–236, hier S. 230.
25 So Nipperdey, Thomas: Deutsche Geschichte 1866–1918. Bd. II: Machtstaat vor der
    Demokratie, München 1992, S. 905.

hervorgehende Utopie einer *reinen* Tradition erschweren es der Traditionsbildung der Bundeswehr, die Differenzierungen wahrzunehmen, die in der Forschung parallel zu strukturell-institutionell angelegten Wehrmachts-Studien für die einzelnen Wehrmachtsangehörigen herausgearbeitet worden sind. Diese Differenzierungen entziehen nicht nur dem Zerrbild des Weltanschauungskriegers, sondern auch allen einfachen Urteilen zum Grad der Ideologisierung in der Truppe, zur Identifikation mit NS-Kriegszielen und zur Beurteilung unübersehbarer Kriegsverbrechen den Boden.[26] Neueste Forschungen – auch wenn sie auf problematischen Quellen fußen und selbst bei großer Quellenbreite nur beschränkte Ausschnitte aus dem Vielmillionenheer bieten können – heben zudem nicht ideologische Aspekte, sondern die Kriegslogiken im soldatischen Verhalten hervor, die Radikalisierung, die *totale Kriege* mit sich bringen und von der prinzipiell alle Beteiligten betroffen sein können.[27] Hier, in der Frage nach den „Ermöglichungsräume[n] exzessiver Gewalt"[28], nicht im Beharren auf der Suche nach ideologischen Motiven als primärem Erklärungsmuster gewaltförmigen Handelns liegt ein weiterführender Ansatz zum integralen Verständnis der entgrenzten Gewalt im „Zeitalter der

---

26 Vgl. z. B. Latzel, Klaus: Deutsche Soldaten – nationalsozialistischer Krieg? Kriegserlebnis – Kriegserfahrung 1939–1945, Paderborn u. a. 1998. Latzel hält aufgrund der Analyse von Feldpostbriefen zwar eine „inhaltliche wie habituelle Verwandtschaft" zwischen Wehrmachtssoldaten und Nationalsozialismus" für „unübersehbar", spricht im Gegenzug aber davon, das Verhältnis sei durch eine Reihe von „retardierenden Momenten" „gleichzeitig charakteristisch gebrochen und limitiert" gewesen. (S. 373). Vgl. auch Hermann, Ulrich / Müller, Rolf-Dieter (Hg.): Junge Soldaten im Zweiten Weltkrieg. Kriegserfahrungen als Lebenserfahrungen, Weinheim 2010.
27 Vgl. v. a. die Bände Neitzel, Sönke / Welzer, Harald: Soldaten. Protokolle vom Kämpfen, Töten und Sterben, Frankfurt a. M. 2011; Neitzel, Sönke / Welzer, Harald / Gudehus, Christian: „Der Führer war wieder viel zu human, viel zu gefühlvoll". Der Zweite Weltkrieg aus der Sicht deutscher und italienischer Soldaten, Frankfurt a. M. 2011.
28 So Baberowski, Jörg: Einleitung: Ermöglichungsräume exzessiver Gewalt, in: Ders. / Metzler, Gabriele (Hg.): Gewalträume. Soziale Ordnungen im Ausnahmezustand, Frankfurt a. M. 2012, S. 7–27. – Auch Baberowski, der seinen Ansatz jüngst in dem vieldiskutierten Buch „Verbrannte Erde. Stalins Herrschaft der Gewalt" (München 2012) am Beispiel Sowjetrusslands bzw. der Sowjetunion unter Lenin und Stalin exemplifiziert hat, hebt hervor, dass „Vorkehrungen" zur Einhegung von Gewalt nur treffen kann, wer akzeptiert, „dass Gewalt nicht aus der Welt zu schaffen ist. […] Für den Träumer, der den ewigen Frieden will, ist diese Erkenntnis deprimierend, für den Realisten ist sie ein Trost." (S. 27).

Extreme" – und auch heute. Gerade für eine moderne Militärgeschichte, aber auch für die Schaffung militärischer Erinnerungskulturen in einer *Armee im Einsatz* kann dieser Zugriff zentral sein, weil er das Gegenteil des Gewaltexzesses, den rechtlich und kulturell eingehegten Krieg, wieder als bedeutsame zivilisatorische Errungenschaft einer Welt sichtbar macht, in der Gewalt eine Realität ist und unaufhebbar bleiben wird. Einmal mehr wird dadurch auch deutlich, wie verantwortungslos es ist, sich dieser Realität zu verweigern und den bequemen *pazifistischen* Fluchtpunkt zu wählen: „Wer Krieg ächtet", so die Publizistin Cora Stephan, „will nichts wissen von den vielfältigen Grenzen und Regularien, mit dem [sic] man ihn seit Jahrtausenden, mittlerweile völkerrechtlich kodifiziert, einzugrenzen versucht."[29] Moralischer Rigorismus oder eine „Geschichte der Staatsanwälte und Richter"[30] sind mit einer solchen politik-, militär-, kultur- und mentalitätsgeschichtlich informierten Gewaltgeschichte kaum zu vereinbaren. Eine starre Dichotomie zwischen *Tätern* und *Opfern* wird unter ihrem Blickwinkel an manchen Punkten ebenso fraglich[31] wie die Ausweitung des *Schuld*-Vorwurfs auf alle, die nicht durch „individuellen Widerstand, Tyrannenmord oder Desertion dem kollektiven Schuldspruch der Nachgeborenen" entgehen.[32] Auch für eine selbstblockierte Traditionsbildung wie in der Bundeswehr besteht die Gefahr, den leichten, aber ahistorischen und letztlich zum Scheitern verurteilten Weg eines solchen Rigorismus zu gehen: Gerade, indem sich die militärische Erinnerungskultur aus Angst vor

---

29 Stephan, Cora: Militärische Traditionen als gesellschaftliche Frage, in: Birk, Eberhard / Heinemann, Winfried / Lange, Sven (Hg.): Tradition für die Bundeswehr. Neue Aspekte einer alten Debatte, Berlin 2012, S. 29–49, hier S. 40.

30 So das bekannte Diktum Thomas Nipperdeys in der Kritik an Jürgen Habermas während des „Historikerstreits". Nipperdey, Thomas: Unter der Herrschaft des Verdachts. Wissenschaftliche Aussagen dürfen nicht an ihrer politischen Funktion gemessen werden, in: *Die Zeit,* Nr. 43, 17.10.1986, S. 12.

31 „Verdienen", so fragte etwa der ehemalige polnische Botschafter Janusz Reiter in der Berliner Feierstunde zum 20. Juli 2012, „antisemitische Judenretter, und solche gab es im besetzten Europa, unseren Respekt? Ja, sie verdienen eine kritische Würdigung. […] In Zeiten der totalitären, diktatorischen Herrschaft entsprechen menschliche Schicksale nur selten dem Schönheitsideal gotischer Kathedralen. Jeder, der in einer Diktatur gelebt hat, weiß das." Vgl. für den Wortlaut der Rede die Netzpräsenz des Bundesministeriums des Innern: http://www.bmi.bund.de/SharedDocs/Reden/Protokoll_Inland/20Juli1944/2012/reiter.html (abgerufen 28.12.2012).

32 Stephan, Cora: Militärische Traditionen als gesellschaftliche Frage, S. 41.

unbewältigter Ambivalenz radikal vom einzelnen Wehrmachtssoldaten entsolidarisiert, wird sie das Negativgedächtnis, in dessen Zentrum die Entscheidung steht, keine Wehrmacht sein zu wollen, nicht ins Positive, Konstruktive wenden können. Dieser Exorzismus ist zu angepasst, unehrlich, spießbürgerlich, um erfolgreich sein zu können.

Die Selbstblockade droht dort Züge einer Farce anzunehmen, wo – wenn schon der Regelfall des Wehrmachtssoldaten vergessen werden muss – zumindest der Wehrmachtsdeserteur für die Bundeswehr traditionsfähig gemacht werden soll. Jenseits der juristischen Bewertung von Urteilen der Wehrmachtsjustiz, die der Gesetzgeber 2002 für Deserteure und 2009 unter Verzicht auf jede Einzelfallprüfung auch für sogenannte *Kriegsverräter* vorgenommen hat, beruhen solche Forderungen auf der expliziten oder unausgesprochenen pauschalen Klassifizierung jeder Desertion aus der Wehrmacht als Akt des *Widerstandes*. Den einzelnen Desertionsfällen, die „sperrig, unzugänglich und schwer vermittelbar" bleiben,[33] wird das indes nicht gerecht: Die übergroße Mehrzahl der Desertionen erfolgte nicht aus quellenmäßig nachvollziehbarer Einsicht in den verbrecherischen Charakter des NS-Regimes, Empörung über den *Vernichtungskrieg* oder um die Kriegsanstrengung des nationalsozialistischen Staates zu unterlaufen, sondern aus den Gründen, die Fahnenfluchten seit eh und je hatten: „Kriegsmüdigkeit, Erschöpfung, die Aussichtslosigkeit der Kämpfe, die Sorge um das Schicksal der eigenen Familien, die Überforderung gerade der jungen und bei Kriegsende aus UK-Stellungen abkommandierten Männer".[34] Das sind zweifellos herkömmliche menschliche Reaktionsweisen im Krieg, die im Kontext eines „Motivbündels"[35] Desertionen erklären können. Einen besonderen ethischen Bonus oder die erinnerungskulturelle Aufwertung zum *Widerstand* können solche Haltungen aber nicht beanspruchen, wenn nicht jede Verweigerung, jedes Unterlassen im NS zum *Widerstand* geadelt werden soll. Darüber sollte auch die nachträgliche Modifikation der Selbstwahrnehmung oder die Selbststilisierung von Wehrmachtsdeserteuren nicht hinwegtäuschen, die, wie Magnus Koch in seinen Fallstudien andeutet, natürlich darauf zurückzuführen ist, dass jeder, der „sich

---

33 Koch, Magnus: Fahnenfluchten. Deserteure der Wehrmacht im Zweiten Weltkrieg – Lebenswege und Entscheidungen, Paderborn u. a. 2008, S. 381.
34 Ebd., S. 387.
35 Ebd., S. 377.

angesichts der neuen Lesart eines verbrecherischen Krieges in irgendeiner Form als ungehorsam, unangepasst oder widerständig beschreiben kann, damit heute sicher bessere Aussichten" hat, „Gehör zu finden" und die Erfahrung der Desertion nicht als Geschichte eines „Scheiterns", sondern „sinnstiftender" erzählen kann, „als noch in den 1950er und 60er Jahren".[36] Der Deserteur aber, der nicht ging, weil er nachweislich das Wertefundament und damit auch die Legalität seines soldatischen Gehorsams gegenüber einem verbrecherischen Staat zerstört sah, sondern weil er, wie Deserteure zu allen Zeiten, von ganz menschlicher Angst vor Sterben und Schmerz getrieben wurde oder Entbehrungen und Schmutz des Krieges nicht mehr ertragen wollte, kann auch für die Bundeswehr als Armee des Grundgesetzes keine Tradition begründen.

Freilich betreffen solche Rigorismen und Moralisierungen nicht nur die Bundeswehr und ihr Ringen mit der Erinnerungskultur. Die Armee spiegelt hier die Tendenz einer sich jenseits aller historischen Kritik gesamtgesellschaftlich vollziehenden menschlichen Entsolidarisierung mit dem einzelnen deutschen Soldaten des Zweiten Weltkrieges wider, die parallel zum Verschwinden der Erlebnisgenerationen verläuft: Man trennt ihn von sich ab und stellt sich fremd.[37] So bedarf es heute augenscheinlich schon wissenschaftlicher Expertise, um festzustellen, was noch vor einer Generation vielen als Banalität erschienen wäre und was der Zeithistoriker Klaus Latzel so formuliert:

> „Diese Soldaten waren weder die vom Nationalsozialismus favorisierten, emotionslosen Kampfmaschinen, noch stählerne Krieger, die dem Tode kaltblütig ins Auge sahen, an sich selbst oder ihre Familien zuletzt dachten und allein die Zukunft des deutschen Volkes gelten ließen. Nein, der Tod verschlug ihnen die Sprache und die Sehnsucht nach der Heimat drohte sie zu verzehren."[38]

Die hier zuletzt genannten fundamentalen Erfahrungen des Soldaten im Krieg verweisen darauf, dass es nicht nur die Furcht vor immer neuen,

---

36 Ebd., S. 381.
37 So abgewandelt aus Wolf, Christa: Kindheitsmuster, Berlin/Weimar [10]1985, S. 9, wo die Autorin einleitend die Unfähigkeit thematisiert, im Sprechen von der eigenen Vergangenheit „ich" zu sagen.
38 Latzel, Klaus: Deutsche Soldaten – nationalsozialistischer Krieg?, S. 374.

durch die geschichtswissenschaftliche Forschung präsentierten „Verbrechen der Wehrmacht" ist, die die selbstblockierende Negativ-Fixierung der Traditionsbildung in der Bundeswehr verstärkt. Auch die Tatsache, dass Armeen im Einsatz jenseits aller politischen und ideologischen Vorzeichen durch einen gemeinsamen Erfahrungshaushalt verknüpft sind, lässt die Angst vor der Wehrmacht wieder wachsen. In diesem Erfahrungshaushalt sind Todesangst und Heimatsehnsucht, aber vor allem auch „Kameradschaft, Entschlussfreude, Wille zum Kampf"[39] zentrale Kategorien und schaffen einen Kommunikations- und Deutungsrahmen, der Gegnerschaft, unterschiedliche politische Kontexte oder ideologische Vorzeichen des Kriegserlebnisses nicht obsolet macht, aber auf der Ebene von Lebensbewältigung und Erfahrungsverarbeitung transzendiert. Diese Erfahrungskongruenz wird in der selbstblockierten Erinnerungskultur der Bundeswehr oftmals als Gefahr wahrgenommen. Oberstleutnant Martin Mayer etwa, Kommandeur eines einsatzerfahrenen Verbandes[40], nimmt besorgt die nach seiner Auffassung wachsende Identifizierung seiner kämpfenden Soldaten mit dem „eindimensionalen Bild des Kämpfers der Wehrmacht" wahr. Besonders der „lebensjüngere Soldat" zeige diese Tendenz.[41] Demgegenüber, so der hilflose Aufruf des Bataillonskommandeurs, müsste ein „Vorbild" geschaffen werden, „das die Sekundärtugenden des Kämpfers an die Primärtugenden des Staatsbürgers in Uniform rückkoppelt."[42] Zugleich bezeichnet Mayer seine Forderung selbst als einen „intellektuellen Spannungsbogen [...], dessen Auflösung nicht möglich scheint."[43] Tatsächlich war die Bundeswehr während der Jahrzehnte, in denen *Innere Führung* und *Staatsbürger in Uniform* zu Leit- und Traditionsbildern entwickelt wurden, nie eine Armee im (Kampf-)Einsatz und die allerlängste Zeit keine Freiwilligen- und Berufsarmee. Unter den Bedingungen der Einsatzarmee aber muss die Chiffre des *Staatsbürgers in Uniform* dann zum Dilemma werden,

---

39 Einstellungen, die die geltenden Richtlinien von 1982 zu Leithaltungen der Traditionspflege in der Bundeswehr erklären. Vgl. Richtlinien zum Traditionsverständnis, Abschnitt II, Nr. 17, S. 221.

40 Das Panzergrenadierbataillon 391 im thüringischen Bad Salzungen.

41 Loch, Thorsten / Mayer, Martin: „Generation Einsatz" und die Frage des Leitbildes, Birk, Eberhard / Heinemann, Winfried / Lange, Sven (Hg.): Tradition für die Bundeswehr. Neue Aspekte einer alten Debatte, Berlin 2012, S. 51–66, hier S. 63.

42 Ebd., S. 65.

43 Ebd., S. 63.

wenn sie behauptet, dass es zwischen dem Staatsbürger außerhalb der Streitkräfte und dem Staatsbürger als Soldaten nicht entscheidende Unterschiede gäbe. Der Bürger setzt sein Argument und vielleicht seine ökonomische Potenz, aber in aller Regel nicht sein Leben ein. Die Bürgergesellschaft ist idealiter ein diskursiver Raum, in dem auf dem Weg des *discurrere*, des „Hin- und Herlaufens" der Argumente Übereinstimmung oder ein tragfähiger Kompromiss erzielt wird. So aber wird niemand Streitkräfte organisieren oder gar eine Operationsarmee führen wollen – darüber kann auch die Figur der *Auftragstaktik* nicht hinwegtäuschen. Notwendig, und in der Bundesrepublik auch gesichert, ist die Einbindung der Streitkräfte und des einzelnen Soldaten in das System rechtsstaatlicher Sicherungen und Begrenzungen, nicht aber ihre Verwandlung in einen offenen Diskursraum. Die der selbstblockierten Traditionsbildung der Bundeswehr verwandte Auffassung, dass eine vollständige *Demokratisierung* der Armee zumindest eine *regulative Idee* ihrer inneren Organisation sein müsse, beruht auf dem gefährlichen Missverständnis, die politische Integration einer Gesellschaft mit den Mitteln der Demokratie setze auch die demokratische Organisation aller Gliederungen der Gesellschaft voraus: Der Politikwissenschaftler Wilhelm Hennis mahnte schon 1969, dass durch dieses Missverständnis „Hoffnungen geweckt" würden, „die unerfüllbar sind. Die Erwartungen, die mit diesem Begriff verbunden sind, sind nicht einlösbar. Da illusionäre Erwartungen nicht eingelöst werden können, könnte am Ende auch dieser illusionären Erwartung hier wie immer nur stehen: die Agonie der Freiheit."[44] Angesichts der in den 1960er-Jahren aufgekommenen Vorstellung einer *Demokratisierung der Familie*, der Forderung der Grünen-Politikerin Claudia Roth, die katholische Kirche müsse sich analog zur politischen Ordnung demokratisch organisieren und vor allem im Blick auf den Freiheitsverlust, den die westlichen Gesellschaften gegenwärtig unter einer hypertrophen *Antidiskriminierungs*-Ideologie erleiden, hat diese Mahnung nichts an Aktualität eingebüßt.

Die hier vor allem am Beispiel der negativen Erinnerung an die Wehrmacht skizzierte Selbstblockade der Traditionsbildung in der Bundeswehr könnte nur aufgebrochen werden, wenn Armee und deutsche

---

44 Hennis, Wilhelm: Demokratisierung. Zur Problematik eines Begriffs, in: Ders. (Hg.): Die mißverstandene Demokratie. Demokratie – Verfassung – Parlament. Studien zu deutschen Problemen, Freiburg i. Br. 1973, S. 26–51, hier S. 51.

Öffentlichkeit als Adressaten und Träger der militärischen Erinnerungskultur sich bereit fänden, einige Überforderungen und Lebenslügen aufzugeben. Im Zentrum steht dabei das von der Tradition wesentlich mit-
bestimmte soldatische Selbst- und Fremdbild: Es ist eine Utopie der
politischen Bildung, sich den kämpfenden Staatsbürger als einen an abstrakte Wertvorgaben gebundenen Soldaten vorzustellen. Diese Abstraktion aber wird zum System erhoben, wenn der Traditionsbildung (un-
reflektiert oder erklärtermaßen) das Theorem zugrunde gelegt wird,
wertgebundenes und damit traditionsfähiges Handeln sei nur innerhalb
der seit 1949 gegebenen „Werteordnung des Grundgesetzes"[45] möglich.
Das wäre eine Aporie, denn diese Ordnung, das Fundament der *freiheitlich-demokratischen Grundordnung*, rekurriert auf Werte und Einstellungen, die sie, wie das vielzitierte *Böckenförde-Diktum* zuspitzt, nicht selbst
schafft und schaffen kann, sondern die ihr vorausliegen und die von
gesellschaftlichen Instanzen fortwährend gebildet und verteidigt werden
müssen.[46] Für die militärische Traditionspflege manifestieren sich die
Werte und Tugenden, die in den geltenden Traditionsrichtlinien von
1982 genannt sind – „Treue, Tapferkeit, Gehorsam, Kameradschaft,
Wahrhaftigkeit, Verschwiegenheit sowie beispielhaftes und fürsorgliches
Verhalten der Vorgesetzten"[47] vor allem in Personen und Taten der Militärgeschichte. Es ist nur um den Preis einer Selbstblockade, einer Sterili-
sation der Tradition im Wortsinne des Unfruchtbarmachens möglich,
aus diesem Personenkreis diejenige Figur ausschließen zu wollen, die
den deutschen Soldaten „im Einsatz" während des 20. Jahrhunderts
schlechthin darstellt: den einzelnen Wehrmachtssoldaten. Auch der Blick
auf die eigene Einsatzgeschichte der Bundeswehr kann diesen Bezug
vielleicht an der Oberfläche politischer Korrektheit überdecken, aber
nicht ersetzen oder unterbinden. Denn die Dimension des Zweiten Weltkrieges als Generationserfahrung und erinnerungskultureller Referenz-
punkt, nicht zuletzt als Raum entgrenzter Gewalt, ist mit den Kampfein-

---

45 So die Formulierung in Schlie, Ulrich: Bundeswehr und Tradition, S. 21.

46 Vgl. Böckenförde, Ernst-Wolfgang: Die Entstehung des Staates als Vorgang der Säku-
    larisation, in: Buve, Sergius et al. (Hg.): Säkularisation und Utopie. Erbracher Stu-
    dien. Ernst Forsthoff zum 65. Geburtstag, Stuttgart et al. 1967, hier S. 93.

47 Richtlinien zum Traditionsverständnis und zur Traditionspflege in der Bundeswehr.
    Erlass des Bundesministers der Verteidigung vom 20. September 1982, Abschnitt I,
    Nr. 7. So abgedruckt z. B. in: Birk, Eberhard / Heinemann, Winfried / Lange, Sven
    (Hg.): Tradition für die Bundeswehr, S. 229–236, hier S. 230.

sätzen der Bundeswehr seit 1995 – trotz der Gefallenen, die auch hier zu beklagen sind – natürlich nicht parallelisierbar. Die „Prolegomena für neue Traditionsrichtlinien der Bundeswehr", die die Herausgeber des jüngst publizierten „offiziösen" Beitrages zur Traditionsdiskussion aus dem Umfeld des Militärgeschichtlichen Forschungsamtes formulieren, bieten dafür auch durchaus einen Ansatzpunkt. Unter der Überschrift „Individuelle Betrachtungsperspektive" heißt es dort:

> „Jedem Angehörigen früherer deutscher Armeen, soweit er nicht an verbrecherischen Handlungen beteiligt war, ist Respekt für seine treue Pflichterfüllung entgegenzubringen. Einzelne Soldaten früherer deutscher Armeen können als Vorbilder in die Traditionspflege der Bundeswehr aufgenommen werden, wenn ihr Verhalten und ihre innere Haltung auch für das Selbstverständnis der Bundeswehr vorbildlich sind."[48]

Zur Ehrlichkeit einer entlasteten Traditionspflege würde zunächst die Anerkenntnis gehören, dass sich diese Aussage (neben den NVA-Angehörigen) vor allem auf die Soldaten der Wehrmacht bezieht. Denn natürlich hebt die charakteristisch vage Formulierung von den „früheren deutschen Armeen" weder vorrangig auf die Reichswehr der Weimarer Republik noch auf das Kontingentsheer und die Kaiserliche Marine vor 1918 oder auf die Streitkräfte deutscher Einzelstaaten vor 1871 ab. Vor allem aber müsste, um diesem Anspruch gerecht zu werden, der Wille entwickelt und entfaltet werden, solche Beispiele – die zweifellos vielfach gegeben waren – unter den Wehrmachtssoldaten auch zu finden und sie in der Truppe ohne „Angst der Vorgesetzten vor möglichen Fehlinterpretationen"[49] zu thematisieren. Denn Selbstblockade von Erinnerungskultur und Traditionsbildung heißt oft auch: Beredtes Schweigen. Gerade die vermehrt geäußerte Sorge, die Einsatzgeneration der Bundeswehr könnte sich die Gestalt des Wehrmachtssoldaten als Bezugspunkt für ein „soldatisches Selbstverständnis ohne Wertebezug" aneignen, „das sich selbst auf rein handwerkliches Können und Tapferkeit im Kampf

---

48 Birk, Eberhard / Heinemann, Winfried / Lange, Sven: Prolegomena für neue Traditionsrichtlinien der Bundeswehr, in: Dies. (Hg.): Tradition für die Bundeswehr. Neue Aspekte einer alten Debatte, Berlin 2012, S. 203–210, hier S. 205.
49 Köster, Burkhard: „Tradition" der Traditionsdiskussionen?, S. 121.

reduziert"[50], würde dadurch vermindert. Falsche Gegenüberstellungen würden aufgelöst: Denn so sicher der deutsche Soldat keine *Landsknechtsmentalität* entwickeln soll, die nichts als Kombattantenqualitäten kennt, so sicher ist doch auch der Soldat, der zwar ein hochreflektiertes Wertefundament hat und im staatsbürgerlichen Unterricht glänzen kann, aber keine militärische Professionalität besitzt, eine Karikatur. Eine so außerordentlich zivile Gesellschaft wie die unsere muss gelegentlich daran erinnert werden, dass es „gerade auch das Handwerk des Soldaten" ist, „woran ein Soldat Interesse haben muss."[51]

Nur mit der Einsicht, dass ein Soldat auch in der Wehrmacht individuell wertgebunden und damit auf eine Weise handeln konnte, die für den *Staatsbürger in Uniform* vorbildlich sein kann, lässt sich die blockierende negative Erinnerung in eine konstruktive wenden. Denn abstreifen oder einfach „vergessen" lassen sich die Soldaten der Wehrmacht nicht. Überflüssig – aber in unseren angstbesetzten Erinnerungsdiskursen eben doch nicht überflüssig – zu sagen, dass eine solche Konstruktivität weder die Relativierung von Kriegsverbrechen noch die Verdrängung der nationalsozialistischen Durchherrschung der Wehrmacht beinhaltet. Das erinnerungskulturelle Paradoxon, dass es amerikanischen und vor allem auch russischen Kriegsteilnehmern (bzw. sowjetischen Veteranen anderer Nationalität) leichter fällt als den deutschen Streitkräften, der deutschen Soldaten des Zweiten Weltkrieges zu gedenken und Vorbildliches an ihnen zur Sprache zu bringen, ist für die Bundeswehr auf Dauer kaum verantwortbar. Dass die individuelle Gebundenheit eines Akteurs an Werte und Tugenden wie menschliche Solidarität, Gewissenstreue oder Verantwortungsbereitschaft auch dann vorbildhaft sein kann, wenn viele seiner politischen oder militärischen Überzeugungen kaum dem heute für alle deutschen Staatsbürger verbindlichen Rahmen des Grundgesetzes einzupassen sind, darf nicht nur einigen wenigen Offizieren der Verschwörung des 20. Juli 1944 zugestanden werden, sondern muss konsequenterweise für alle Wehrmachtsangehörigen gelten.

Die Umstrukturierung der Bundeswehr, die faktische Aufhebung der Wehrpflicht und der schnelle Wandel im Verhältnis von Armee und Gesellschaft, die Entwicklung einer militärischen Einsatz-Kultur aber

---

50 Birk, Eberhard / Heinemann, Winfried / Lange, Sven: Prolegomena für neue Traditionsrichtlinien der Bundeswehr, S. 205.
51 Köster, Burkhard: „Tradition" der Traditionsdiskussionen?, S. 114.

auch die unvermeidlich voranschreitende Historisierung von Krieg und Nationalsozialismus fordern die militärische Erinnerungskultur der Bundeswehr heraus. Die Traditions-Konstrukteure unserer Armee müssen sich entscheiden: Sie können mit Formelkompromissen und neuen Abstraktionen reagieren und damit die Selbstblockade von Erinnerungskultur und Traditionsbildung in der Bundeswehr fortschreiben. Oder aber sie wagen den Ausbruch aus dem Leerlauf negativen Erinnerns und muten sich zu, Erinnerungswürdiges und Vorbildhaftes anzuerkennen, wo immer unsere Vergangenheit es bietet.

CARLO MASALA

Soldat und Söldner.
Demokratie und Schlagkraft

1. Einführung

Ein „professioneller, hoch motiviert kämpfender Soldat ohne Bindung an unsere Wertordnung [ist] letztlich nichts anderes als ein Söldner".[1] Mit diesen markanten Worten beschrieb der ehemalige Generalinspekteur der Bundeswehr, General Schneiderhan, seine Vorstellung vom „demokratischen Kämpfer" des 21. Jahrhunderts und formulierte damit zugleich seine Vision eines soldatischen Leitbildes für die bundesrepublikanische Einsatzarmee. Zwei Beobachtungen sind im Zusammenhang mit diesem Zitat von Interesse. Zum einen, die Bemühungen Schneiderhans, den Söldner als Antipoden zum Soldaten zu skizzieren. Interessant ist hierbei nicht die Dichotomisierung, die Schneiderhan vornimmt, sondern die Tatsache, dass auch heute noch, fast 60 Jahre nach Gründung der Bundeswehr, das Leitbild des deutschen Soldaten aus der Gegenüberstellung mit dem Söldner abgeleitet werden muss. Ferner, und dies erscheint mir der zweite bemerkenswerte Aspekt an dem eingangs zitierten Satz, stellt sich die Frage, von welcher Wertordnung Schneiderhan redet, wenn er diese als Fundament eines Soldaten beschreibt. Denn die neuere Forschung über Werte in demokratischen Gesellschaften macht deutlich, dass die Bindung der Staatsbürger an Werten beständig erodiert ist und Säkularisierung und Individualisierung an die Stelle von wertgebundenen, am Gemeinwohl orientierten Verhaltensweisen der Individuen treten.[2] Wenn jedoch die Gesellschaft im Allgemeinen immer weniger in ihrem Zusammenhalt auf ein gemeinsames Wertefundament

---

1 Generalinspekteur Wolfgang Schneiderhan zitiert nach De Libero, Loretana: Soldatische Identität, Tradition und Einsatz, in: Dörfler-Dierken, Angelika / Kümmel, Gerhard (Hg.): Identität, Selbstverständnis, Berufsbild. Implikationen der neuen Einsatzrealität für die Bundeswehr, Wiesbaden 2010, S. 47–56, S. 50.
2 Arzheimer, Kai / Klein, Markus: Die friedliche und die stille Revolution. Der Wandel gesellschaftspolitischer Wertorientierungen in Deutschland seit dem Beitritt der fünf neuen Länder, in: Gabriel, Oscar W. (Hg.): Politische Einstellungen und politisches Verhalten im Transformationsprozeß, Opladen 1997, S. 37–57.

zurückgreifen kann, wie kann sich der Soldat im Besonderen an Werte gebunden fühlen, ist er doch als „Staatsbürger in Uniform" primär Teil dieser Gesellschaft? Und, aus meiner Sicht die entscheidende Frage, muss er sich überhaupt an Werte gebunden fühlen, um seine Aufgabe zu erfüllen? Kann man den Satz des ehemaligen Generalinspekteurs somit als einen verzweifelten Ruf dahingehend interpretieren, eine regressive Entwicklung vom Soldaten zum Söldner zu verhindern bzw. davor zu warnen?

Der vorliegende Beitrag befasst sich mit dem Leitbild des demokratischen Soldaten einer Einsatzarmee, so wie sich die Bundeswehr in den vergangenen 20 Jahren entwickelt hat,[3] und wie es das übergeordnete Ziel der 2011 eingeleiteten Reform der bundesrepublikanischen Streitkräfte ist. Dabei wird von der These ausgegangen, dass eine Rückbindung soldatischen Handelns an demokratische Werte und Normen auf der einen Seite Nachteile in der Ausübung dieser Pflicht nach sich zieht, dass auf der anderen Seite die Vorteile, die damit verbunden sind, diese Nachteile bei Weitem überwiegen.

Um diese These zu entfalten, geht der vorliegende Beitrag wie folgt vor. Zunächst einmal wird die Frage gestellt, warum sich die Problematik Soldat oder Söldner im 21. Jahrhundert erneut stellt. Hernach werde ich auf die Anforderungen eingehen, denen sich demokratische Streitkräfte heute im Einsatz gegenübersehen. Daran knüpft sich eine Reflexion über die Vor- und Nachteile des wertgebundenen Soldaten gegenüber dem Söldner an.

2. Soldat *oder* Söldner oder Soldat *und* Söldner

Die Frage, welches Leitbild der Angehörige einer Armee heute zur Grundlage seines Handelns und Wirkens verfolgen soll, hängt davon ab, welchen Aufgaben sich der Soldat im Einsatz gegenüber sieht, und welche Rolle der Soldat in der Gesellschaft einnimmt, die ihn in den Einsatz schickt und bestenfalls diesen Einsatz durch eine breite Zustimmung unterstützt. Im Folgenden wird zunächst auf die Frage eingegangen, wel-

---

3 Vgl. Philippi, Nina: Bundeswehr-Auslandseinsätze als außen- und sicherheitspolitisches Problem des geeinten Deutschland, Frankfurt a. M. u. a. 1997 sowie Bundesministerium der Verteidigung (Hg.): Bestandsaufnahme. Die Bundeswehr an der Schwelle zum 21. Jahrhundert, Berlin 1999.

chen Stellenwert der Soldat in seiner Gesellschaft einnimmt, wobei ich mich auf die Bundesrepublik Deutschland konzentrieren werde. Danach wende ich mich der Frage des Soldatentums im Einsatz zu.

2.1 Soldat und Gesellschaft

Während des Ost-West-Konflikts, jener macht- und ordnungspoliti-schen Auseinandersetzung,[4] in der die alte, westdeutsche Bundesrepu-blik Deutschland eine zentrale geostrategische Rolle einnahm, war die Bundeswehr über die von großen Teilen der Bevölkerung wahrgenom-mene Bedrohung durch die Sowjetunion und die anderen Staaten des Warschauer Paktes, ihre Truppenstärke (500.000 Mann) sowie die allge-meine Wehrpflicht fest in der Mitte der bundesrepublikanischen Gesell-schaft eingebunden.[5] Diese Einbindung griff in das tagtägliche Leben fast jeder Familie in der alten Bundesrepublik ein.

Nach der Zeitenwende 1989/90 änderte sich, als Folge einer verän-derten weltpolitischen Konstellation und daraus abgeleitet auch einer veränderten Aufgabenstellung sowie Struktur der Bundeswehr, diese Einbindung in die Gesellschaft. Drei Entwicklungen sind hierbei erwäh-nenswert. Erstens, die Reduzierung der Mannschaftsstärke und die da-mit einhergehende Reorganisation der Standorte, die die Bundeswehr schwerpunktmäßig in die eher ländlichen Gebiete Deutschlands verla-gerte. Zweitens, das neue Aufgabenspektrum, das zum einen seit 1992 Auslandseinsätze zum Schwerpunkt hat und zum anderen seit spätestens 2001 auch das Führen von Kriegen (mit den damit verbundenen Risiken für Soldaten, im Gefecht zu fallen) beinhaltet sowie drittens, die 2011 beschlossene und umgesetzte Aussetzung der Wehrpflicht. Diese drei Entwicklungen, insbesondere die ersten beiden, haben in den letzten 20 Jahren dazu geführt, dass die Bundeswehr aus der Mitte der deutschen Gesellschaft an ihren (Aufmerksamkeits)rand gerückt ist. Nicht, dass die Institution Bundeswehr von der Mehrheit der Deutschen nicht mehr

---

4 Vgl. Link, Werner: Der Ost-West-Konflikt. Die Organisation der internationalen Beziehungen im 20. Jahrhundert, Stuttgart [2]1988.
5 Um keine Missverständnisse zu erzeugen. Die Trennung zwischen Gesellschaft und Streitkräften, die in diesem Absatz vorgenommen wird, dient (hoffentlich) der Schärfung des zu entwickelnden Argumentes. Das heißt, sie ist analytisch. Realiter sind Streitkräfte ein Teil der Gesellschaft, oder um es mit Niklas Luhmann auszu-drücken: Sie sind ein gesellschaftliches Subsystem.

positiv gewürdigt wird (ganz im Gegenteil, wie alle Umfragen zeigen), aber es hat sich ein „wohlwollendes Desinteresse" (Horst Köhler) an der Bundeswehr herausgebildet. Diese Situation ist jedoch mit Blick auf das veränderte Einsatzspektrum der Bundeswehr gefährlich. Denn eine Gesellschaft, die sich nicht mehr für ihre Streitkräfte interessiert, führt zu Streitkräften, die sich nicht mehr für ihre Gesellschaft interessieren. Der deutsche Soldat des 21. Jahrhunderts muss sich in einer Freiwilligenarmee als Teil der Gesellschaft verstehen, die ihrerseits immer weniger bereit ist, sie zu verstehen. In diesem wechselseitigen und aufeinander bezogenen Entfremdungsprozess droht eine Situation, in der sich der einzelne Soldat in der Tat nur als Söldner verstehen mag, also im etymologischen Sinne des Begriffes, als ein gegen Bezahlung (Sold) angeworbener, zumeist zeitlich befristet dienender und durch Vertrag gebundener Soldat.[6] Diese Gefahr ist auch in den Verteidigungspolitischen Richtlinien von 2011 deutlich erkannt worden.[7] Deshalb wird in diesen ein Dialog zwischen Gesellschaft und Streitkräften angemahnt, den der gegenwärtige Verteidigungsminister Thomas de Maizière auch nach Kräften befördert.

Somit stellt sich für das Verhältnis zwischen Armee und Gesellschaft die Frage, ob der Soldat zukünftig eine Söldnermentalität entwickelt oder sich weiterhin als Soldat versteht, der seinen Dienst für ein demokratisches Gemeinwesen leistet, das er zu verteidigen bereit ist (ggf. mit der allerletzten Konsequenz, für die Verteidigung dieses Gemeinwesens zu töten und zu fallen). Für die Gesellschaft stellt sich die Frage, ob sie eine Armee will, die ihre Aufgaben im Schatten ebendieser erfüllt, sich von dieser abwendet und sich nicht unterstützt fühlt, oder ob sie Streitkräfte will, in denen der Soldat sich an die Werte dieser Gesellschaft gebunden fühlt und bereit ist, diese zu verteidigen, mit ihr in einen kritischen Dialog tritt und sich als Teil dieser Gesellschaft fühlt und versteht.

---

6 Zu den definitorischen Aspekten des Söldnertums sowie seiner historischen Entwicklung vgl. Thomson, Janice E.: Mercenaries, Pirates, and Sovereigns: State-Building and Extraterritorial Violence in Early Modern Europe, Princeton 1994.

7 Verteidigungspolitische Richtlinien 2011: Nationale Interessen wahren – Internationale Verantwortung übernehmen – Sicherheit gemeinsam gestalten, Berlin 2011, abrufbar unter: http://www.bmvg.de/portal/a/bmvg/!ut/p/c4/LYsxEoAgDATf4gdIbcv1MYBzcQbMDgQ8ftSONtssUsrddQ3iDdk9YlmWnaM4XXhauIq9pPLybB65w RDdF6FQzZ2R47PxdqtcTHGAXlU_q72byv9tgQFK91xGj6tRgx1/, S.5.

Um diese Frage zu beantworten und damit auch zu einem belastbaren Fundament der Beziehung zwischen Streitkräften und Gesellschaft bei-zutragen, bedarf es Anstrengungen auf beiden Seiten. Es ist nicht nur eine gesellschaftliche Aufgabe, sich mit dem Auftrag der Streitkräfte aus-einanderzusetzen. Es ist auch eine soldatische Aufgabe, dem kritischen Dialog mit der Gesellschaft nicht aus dem Wege zu gehen.[8] Denn nur, wenn beide Seiten sich diesem Dialog stellen und um ein neues Selbst-verständnis ringen, dann bleibt die Bundeswehr eine Armee in der Demokratie und eine Armee für die Demokratie.

Somit lässt sich in einem ersten Schritt als Ergebnis festhalten, dass mit Blick auf die Frage der Einbettung der Streitkräfte in der Gesellschaft die Frage, ob sich der Soldat zukünftig als Soldat oder Söldner versteht, eine durchaus reale ist und die Gefahr, dass sich das soldatische Selbstver-ständnis zukünftig dadurch auszeichnen wird, dass es eher einem söldne-rischen Verständnis vom Dienst an der Waffe entspricht, nicht auszu-schließen ist. Der Aspekt Soldat und/oder Söldner hat aber auch eine zweite Dimension, die auf den Einsatz bezogen ist. Dieser Dimension soll nunmehr in den folgenden zwei Unterkapiteln nachgegangen werden.

2.2 Der demokratische Soldat im asymmetrischen Krieg

„Die größten Herausforderungen liegen heute weniger in der Stärke anderer Staaten, als in deren Schwäche. Durch zerfallende und zerfallene Staaten entstehen Bedrohungen wie Bürgerkrieg, Destabilisierung von Regionen, humanitäre Krisen und damit verbundene Phänomene wie Radikalisierung und Migrationsbewegungen. Aktions- und Rückzugs-räume für internationalen Terrorismus und Strukturen Organisierter Kriminalität werden hierdurch begünstigt. Der Internationale Terroris-mus bleibt eine wesentliche Bedrohung für die Freiheit und Sicherheit unseres Landes und unserer Bündnispartner. Von international agieren-den Terrorgruppen und -netzwerken gehen – oft im Zusammenwirken mit Organisierter Kriminalität – ganz unmittelbare Gefahren aus, die sich in vielfältiger Weise auf Staat und Gesellschaft auswirken können."[9]

---

8 Die bis heute klassische Studie zu dieser Thematik ist Huntington, Samuel P.: The Soldier and the State, Belknap 1957.

9 Zitiert nach: Verteidigungspolitische Richtlinien 2011: Nationale Interessen wahren – Internationale Verantwortung übernehmen – Sicherheit gemeinsam gestalten, a.a.O., S. 2.

Das Szenario möglicher Einsatzspektren, so wie die Risikolage in den Verteidigungspolitischen Richtlinien dargestellt wird, liegt also auch zukünftig im Bereich dessen, was in Wissenschaft und Politik seit einigen Jahren als asymmetrischer Konflikt, respektive Krieg bezeichnet wird. Diese asymmetrischen Konflikte, mit Blick auf das in diesem Beitrag abzuhandelnde Thema, zeichnen sich primär dadurch aus, dass sich zwei unterschiedlich verfasste Akteure gegenüberstehen. Auf der einen Seite ein regulärer staatlicher Akteur (Armee), auf der anderen Seite ein irregulärer nicht-staatlicher Akteur (Terroristen, Verbrecher etc.). Der reguläre Akteur, insbesondere wenn er demokratisch verfasst sein sollte, zeichnet sich in aller Regel dadurch aus, dass er sich an kriegsvölkerrechtliche Normen hält und in seinem eigenen Selbstverständnis auch halten will, während der Gegner diesen Normen und ihrer bindenden Wirkung nicht unterliegt, und er sich ihnen auch nicht unterwerfen beziehungsweise sich von diesen nicht binden lassen will. Diese asymmetrische Normbindung beziehungsweise Normbefolgung verschafft dem nicht-staatlich verfassten Akteur einen Vorteil auf dem Schlachtfeld,[10] da er Dinge machen kann, die sich dem Angehörigen einer regulären Streitkraft verbieten. Der aus der Asymmetrie der Normbindung resultierende Vorteil für den nicht-staatlichen Akteur hat in der Vergangenheit immer wieder zu Diskussionen darüber geführt, ob die Selbstbindung des staatlichen Akteurs, die ja historisch mit den Bestrebungen zur Einhegung des zwischenstaatlichen Krieges zu erklären ist, überhaupt noch sinnvoll und zeitgemäß ist.[11] Würde ein bewusster Normbruch[12] nicht die Effektivität von demokratischen Streitkräften auf dem Schlachtfeld erhöhen?[13] So plausibel dieser Gedanke auf den ersten Blick erscheint, so zeigt doch die historische Empirie, dass Streitkräfte, die zum Zwecke der Erhöhung ihrer Kampfkraft dazu übergehen, ihre eigenen Angehörigen

---

10 Vgl. Kiras, James D.: Irregular Warfare, in: Jordan, David / Kiras, James D. u. a. (Hg.): Understanding Modern Warfare, New York 2008, S. 185–206.

11 Vgl. Evangelista, Matthew: The Power of Precedent: Will American Practice Change the Norms of International Humanitarian Law? Crossroads, vol. 6, no. 1 (2006), S. 7–19, hier: S. 11–14.

12 Vgl. Rosert, Elvira / Schirmbeck, Sonja: Zur Erosion internationaler Normen Folterverbot und nukleares Tabu in der Diskussion, in: *Zeitschrift für Internationale Beziehungen* 02/2007, S. 253–289.

13 Vgl. Choon Yoo, John: Crisis and Command: The History of Executive Power. From George Washington to George W. Bush, Kaplan 2010.

zu barbarischem Verhalten anzuhalten, mit dem Problem der Barbarisierung ihrer eigenen Einheiten konfrontiert wurden, die diese zu großen Teilen nicht mehr einsatzfähig machte.[14] Mithin würde eine Regression des Soldaten zum Söldner, wie sie General Schneiderhan in dem Eingangszitat skizziert, nämlich als einen nicht wertgebundenen Uniformträger, keinen Sinn ergeben, weder für das Land, für das er in den Krieg (oder Einsatz) zieht, noch für sich selber als Kombattanten. Die Wertgebundenheit des Soldaten, verstanden hier als die Selbstbindung (und zwar die internalisierte, nicht die verordnete) an kriegsvölkerrechtliche Normen, schützt diesen und seine Armee, und damit in letzter Konsequenz auch sein Land, vor einem Scheitern im Einsatz. Es sei auch noch darauf hingewiesen, dass ein werteungebundenes Vorgehen im Einsatz von den demokratischen Gesellschaften, deren Soldaten sich im Einsatz befinden, in der Regel (dauerhaft) keine Unterstützung erfährt. Wie das Beispiel der Vereinigten Staaten nach 9/11 sehr deutlich gezeigt hat, wurde der Versuch der USA, sich der Fesseln des Kriegsvölkerrechtes partiell zu entledigen, von einer Mehrheit der Bevölkerung abgelehnt.[15] Mithin trägt der wertgebundene Soldat dazu bei, die Effektivität im Einsatz zu erhöhen (auch wenn dies angesichts der skizzierten Probleme zunächst paradox erscheinen mag) sowie die Zustimmung der öffentlichen Meinung für einen Einsatz aufrechtzuerhalten (allerdings nicht alleinig).

Allerdings muss diese Wertgebundenheit immer wieder diskursiv erneuert und bestätigt werden. Denn wenn sich, wie dies so oft der Fall ist, die Wertgebundenheit im Einsatz nicht als Überzeugung, sondern lediglich als Befolgung von Befehlen erweist, dann bleibt sie perspektivisch wertlos. Denn ein Soldat, der aufgrund von Befehlen Werte und Normen beachtet, ist kein wertgebundener Soldat, sondern gleicht einem Söldner, der Befehle ohne innere Überzeugung ausführt. Nachdem die Frage Soldat und/oder Söldner mit Blick auf den Einsatz, also die Frage, wie kämpfen, erörtert wurde, wende ich mich abschließend der Frage zu,

---

14 Vgl. Arreguín-Toft, Ivan: The [F]utility of Barbarism: assessing the impact of the systematic harm of non-combatants in war, Philadelphia 2003. Vgl. ebenfalls: Hürter, Johannes: „Es herrschen Sitten und Gebräuche genauso wie im 30-jährigen Krieg". Das erste Jahr des deutsch-sowjetischen Krieges in Dokumenten des Generals Gotthard Heinrici, in: *Vierteljahrshefte für Zeitgeschichte* 48/2000, S. 229–403.

15 Vgl. Gronke, Paul / Rejali, Darius: US Public Opinion on Torture 2001–2009, in: *PS* July/2010, S. 437–444.

wofür kämpfen?; denn dies ist in der Debatte über ein neues soldatisches Selbstverständnis ein oftmals vernachlässigter Punkt.[16]

2.3 Soldat und Werte in der Internationalen Politik

Wenn es, wie es in den Verteidigungspolitischen Richtlinien von 2011 festgeschrieben ist, beim zukünftigen Einsatz der Bundeswehr auch darum geht, „für die internationale Geltung der Menschenrechte und der demokratischen Grundsätze einzutreten, das weltweite Respektieren des Völkerrechts zu fördern und die Kluft zwischen armen und reichen Weltregionen zu reduzieren",[17] somit für eine gerechtere Welt einzutreten, dann muss man kritisch anmerken, dass eine tiefgreifende Skepsis gegenüber der Möglichkeit, Gerechtigkeit „objektiv" zu definieren, ausgedrückt werden muss. Gerechtigkeit ist ein Kampfbegriff für die Mächtigen, um die wahren Intentionen ihres Handelns zu verschleiern, schrieb einst Kenneth Waltz.[18] Internationale Politik im Namen der Gerechtigkeit birgt die Gefahr von unbegrenzten und ewigen Kriegen und gefährdet somit die Grundlagen für Frieden im internationalen System.[19] Die Aufweichung des Nichteinmischungsgebots, die mit solch einer Formulierung, wie sie gerade zitiert wurde einhergeht und wie wir sie seit geraumer Zeit beobachten können, birgt die Gefahr, dass an die Stelle des Nichtinterventionsgedankens eine sich in alles einmischende „pan-interventionistische Weltideologie"[20] tritt. Die Folge einer solchen Entwicklung ist, dass Kriege geführt werden, in denen der *Feind* dämonisiert wird. Um die Unterstützung der einheimischen Bevölkerung für Interventionen im Namen der Gerechtigkeit sicherzustellen, ist es notwendig, den Gegner

---

16 Vgl. die Rede des Generalinspekteurs der Bundeswehr: Wieker, Volker: „Soldat sein heute. Leitgedanken zur Neuausrichtung der Bundeswehr", gehalten am 07.05.2012 bei der Führungsakademie der Bundeswehr Hamburg, abrufbar unter: http://www.hsu-hh.de/images/caRVcKieJIEN2E8B.pdf.

17 Zitiert nach: Verteidigungspolitische Richtlinien 2011: Nationale Interessen wahren – Internationale Verantwortung übernehmen – Sicherheit gemeinsam gestalten, a.a.O., S. 4.

18 Waltz, Kenneth N.: Theory of International Politics, New York 1979, S. 201.

19 Waltz, Kenneth N.: The Origins of War in Neorealist Theory, in: *Journal of Interdisciplinary History* 18 (4), S. 615–628.

20 Schmitt, Carl: Völkerrechtliche Großraumordnung mit Interventionsverbot für raumfremde Mächte. Ein Beitrag zum Reichsbegriff im Völkerrecht, Berlin 1991, S. 33.

als das absolute Böse darzustellen. Dies geschah mit Saddam Hussein, Slobodan Milošević und Muammar al-Gaddafi. Die Dämonisierung des Gegners diskreditiert diesen jedoch als Partner für mögliche Waffenstillstandsverhandlungen. Mit dem Bösen per se kann man nicht verhandeln, sondern seine Vernichtung muss das Ziel jeglicher militärischer Intervention sein. Die Folge einer solchen Dämonisierung – und im 21. Jahrhundert auch der Androhung einer strafrechtlichen Verfolgung durch den Internationalen Strafgerichtshof – ist, dass zu einer Eskalation von Konflikten beigetragen wird, da der „Gegner" mit dem Rücken zur Wand steht und ihm keine andere Möglichkeit gegeben wird, als „bis zum Letzten"[21] zu kämpfen. Somit trägt ein solch liberaler Interventionismus in letzter Konsequenz zur Eskalation von Konflikten bei und verschlechtert die Situation unschuldiger Zivilisten, die er vorgibt schützen zu wollen.

Widersprüchlich und zur Eskalation von Konflikten beitragend ist auch die militärische Strategie, mit der interveniert wird. Aus innenpolitischen Gründen wird zumeist von Beginn an wider besseres Wissen der Einsatz von Bodentruppen a priori ausgeschlossen und der Öffentlichkeit suggeriert, dass man solche Interventionen allein unter Rückgriff auf Luftstreitkräfte erfolgreich durchführen könnte. Dabei hat es bislang in der Geschichte der modernen Kriegsführung kaum einen Fall gegeben, in denen Luftstreitkräfte allein einen militärischen Sieg herbeigeführt haben.[22] Für demokratische Staaten ist der ausschließliche Einsatz von Luftstreitkräften oder neuerdings bewaffneten Drohnen die billigste Form der Kriegsführung, da angesichts der militärischen Schwäche des Gegners im Bereich der Luftverteidigung eigene Verluste minimiert werden können, was – so der Glaube – dazu beiträgt, dass die innenpolitischen Widerstände gegen solche Interventionen gering sind, wenn nicht gar ausbleiben.[23]

---

21 Jäger, Thomas: Am Nasenring, *Frankfurter Allgemeine Zeitung*, 10.03.2011, S. 8.

22 Pape, Robert A.: Bombing to Win: Air Power and Coercion in War, Cornell 1996.

23 Schörnig, Niklas: Macht und Opfervermeidung – Eine theoretisch informierte Betrachtung der aktuellen militärischen Hightech-Transformation, in: Helmig, Jan / Schörnig, Niklas (Hg.): Die Transformation der Streitkräfte im 21. Jahrhundert. Militärische und politische Dimensionen der aktuellen „Revolution in Military Affairs", Frankfurt a. M. 2008, S. 49–62.

Dennoch kommen intervenierende Staaten nicht ohne Bodentruppen aus. Dies führt dazu, dass Konfliktparteien zu Auxiliartruppen[24] intervenierender Streitkräfte werden. Dies birgt jedoch die Gefahr, dass sich die intervenierenden Staaten für militärische Operationen und politische Strategien der Konfliktpartei, die unterstützt wird, instrumentalisieren lassen. Je weniger man über die Konfliktpartei, die man unterstützt, weiß, desto gefährlicher ist eine solche Liaison, wie das Beispiel der Unterstützung der UCK im Kosovo oder der Nordallianz in Afghanistan zeigt. Schwerwiegender als die problematische militärische Strategie, die sich anlässlich solcher Interventionen beobachten lässt, erscheint jedoch, dass solche Interventionen ohne klares politisches Ziel durchgeführt werden. Die Forderung, dass ein Despot gehen muss, ist noch lange kein politisches Ziel. Was man mit einer Intervention dauerhaft erreichen will, ist oftmals unklar. Christopher Preble hat dazu richtigerweise angemerkt, dass die Fähigkeit militärisch einzugreifen scheinbar die Formulierung klarer politischer Ziele ersetzt hat.[25] Fehlen diese jedoch und insbesondere ihre Rückbindung an nationale Interessen und kommt die mehrheitliche Ablehnung solch altruistischer Einsätze durch die „Heimatfront" hinzu, so kann das individuelle soldatische Engagement sehr schnell zu einer mentalen Söldnerhaltung führen, dergestalt, dass die mangelnde oder gar nicht vorhandene Überzeugung von der Notwendigkeit eines Einsatzes zu einer bloßen Diensterfüllungsmentalität beim eingesetzten Soldaten führt, die sich wiederum negativ auf den Auftrag auswirken wird. Der Soldat, wie auch der Partisan, muss sich durch ein tellurisches Element[26] in seinem Handeln auszeichnen. Er muss sich stets darüber bewusst sein, dass er sein Land und dessen Interessen zu verteidigen hat. Wenn diese Interessen jedoch breit altruistisch angelegt werden, dann geht der Bezug zum eigenen Land verloren. Ergäbe das Argument, dass Deutschland „auch am Hindukusch" (Peter Struck) verteidigt werde, mit Blick auf den direkten Bezug zu deutschen Interessen Sinn,

---

24 Masala, Carlo: Militärische Koalitionen. Entstehungs- und Managementbedingungen, in: *Welttrends* 35 (2) 2008, S. 49–67, S. 64.

25 Preble, Christopher: Libya Poses Dangerous Delusion, Washington 2011, abrufbar unter: http://www.cato.org/pub_display.php?pub_id=12934

26 Schmitt, Carl: Theorie des Partisanen. Zwischenbemerkung zum Begriff des Politischen, [7]2010 sowie Schickel, Joachim (Hg.): Guerrilleros, Partisanen, Theorie und Praxis, München [2]1970.

so fehlt die auf das eigene Land bezogene Sinnstiftung, wenn es um die Befreiung der afghanischen Frau oder die Durchsetzung von Bildungsmöglichkeiten für afghanische Kinder geht. So wichtig und politisch richtig diese Forderungen auch sein mögen, so wenig trägt ein interventionistischer Kosmopolitismus[27] dazu bei, sinnstiftend zu wirken. Steht der Soldat für die Verteidigung abstrakter und deterritorialisierter Werte im Gefecht, so wird er zum Söldner gemacht, und zwar zum Söldner mächtiger Staaten, die partikularistische Vorstellungen von Gerechtigkeit globalisieren wollen. Scheitert eine solche Politik (und sie scheitert zumeist daran, dass sie in den Staaten, in denen interveniert wird, Nationalismus produziert, der historisch betrachtet die mächtigste Form des Widerstandes ist),[28] so schwindet der Glaube an die Sinnhaftigkeit solcher Missionen beim Soldaten, und es schwindet der gesellschaftliche Rückhalt solcher Operationen. Je weiter sich die argumentative Begründung von Einsätzen von konkreten nationalen Interessen entfernt, desto geringer ist die Effektivität, mit der solche Einsätze durchgeführt werden können. Denn Soldaten, die nicht an die Sinnhaftigkeit von Einsätzen glauben, und Gesellschaften, die ebendiese auch bezweifeln, tragen nicht dazu bei, die Effektivität von Einsätzen sicherzustellen. Im Gegenteil, sie tragen eher dazu bei, diese zu unterminieren.[29]

3. Fazit

Der vorliegende Beitrag hat sich der Frage Soldat und/oder Söldner mit Blick auf das neue soldatische Selbstverständnis in der deutschen Bundeswehr aus drei Perspektiven genähert. Zum einen aus der grundsätzlichen Überlegung hinsichtlich des Verhältnisses von Soldat und Gesellschaft, der Frage nach den Vor- und Nachteilen eines an Werte gebundenen Einsatzes sowie der Frage nach der politischen Sinnhaftig-

---

27 Zu den Grundzügen des Kosmopolitismus vgl. Held, David: Cosmopolitanism: Ideals and Realities, London 2010.

28 Edelstein, David: Occupational Hazards: Success and Failure in Military Occupation, Ithaca/London 2011.

29 Vgl. Merom, Gil: How Democracies Lose Small Wars, Cambridge 2003. Generell zum Zusammenhang zwischen Nationalismus und Kampfbereitschaft vgl. Paret, Peter: Nationalism and the Sense of Military Obligation, in: Paret, Peter: Understanding War: Essays on Clausewitz and the History of Military Power, Princeton 1993, S. 39–52.

keit von Einsätzen und deren Auswirkung auf das soldatische Selbstverständnis und daraus abgeleitet auf die Effektivität von Einsätzen. Dabei wurde von der These ausgegangen, dass eine Rückbindung soldatischen Handelns an demokratische Werte und Normen auf der einen Seite Nachteile in der Ausübung seiner Pflicht nach sich zieht, dass auf der anderen Seite die Vorteile, die damit verbunden sind, diese Nachteile bei Weitem überwiegen.

In allen drei Fällen konnte diese These bestätigt werden. Allerdings nicht ohne darauf hinzuweisen, dass die Möglichkeit des individuellen soldatischen Selbstverständnisses als das eines Söldners mehr als eine akademische Frage ist. So hängt die Frage des soldatischen Selbstverständnisses weniger von Konzepten wie das des Staatsbürgers in Uniform ab, sondern eher von der Einbindung des Soldaten in einer Gesellschaft, von der immer wieder angepassten und diskursiv (und nicht autoritativ) bestätigten Wertebindung im Einsatz sowie von der Sinnhaftigkeit eines Einsatzes, die nicht durch die Durchsetzung altruistischer liberaler Ideale gekennzeichnet sein darf, sondern von der Verfolgung nachvollziehbarer nationaler Interessen. Fehlen diese Elemente, so kann durchaus eine Entwicklung in Gang gesetzt werden, in der der wertgebundene Soldat zum Söldner wird im Sinne eines Menschen, der seinen Dienst in den Streitkräften primär wegen des Soldes und wegen der Befriedigung seiner persönlichen Bedürfnisse verrichtet. Einer solchen Entwicklung muss Vorschub geleistet werden. Denn Soldaten, die nicht an Werte gebunden sind und eine gesellschaftliche Unterstützung bei der Verfolgung ihrer Aufgaben erfahren, werden im Einsatz nicht effektiv sein und somit dem Staat, dem sie dienen, in der Verfolgung seiner Interessen nicht dienlich sein. Es ist somit eine gesamtgesellschaftliche Aufgabe, eine solche Entwicklung nicht entstehen zu lassen, respektive ihr dort, wo sie zu beobachten ist, Einhalt zu gebieten.

MARCEL BOHNERT

Armee in zwei Welten

In den letzten Jahren haben unterschiedliche Aufgaben- und Tätigkeits-
felder von Soldaten das innere Gefüge der Bundeswehr mehr denn je in
ihrer Geschichte beeinflusst und verändert. Der Grund hierfür ist insbesondere die verschärfte Einsatzrealität in Afghanistan und die damit verbundene Gefechtserfahrung. Für Soldaten ergibt sich daraus eine auf
mehreren Ebenen spürbare Wertekollision, deren Kennzeichen in diesem Beitrag betrachtet und unter dem Begriff *Zwei-Welten-Problematik*
subsumiert werden.

Folgende Überlegungen stellen einen der praktisch orientierten Texte
dieses Bandes dar. Um einen fühlbaren Eindruck des Alltages deutscher
Truppen in Afghanistan zu erhalten und den theoretisch-wissenschaftli-
chen Diskurs mit Leben zu füllen, werden einige Sequenzen aus der eigenen Einsatzerfahrung „eingespielt".

Kompaniegefechtsstand, Außenposten Distrikthauptquartier (DHQ)
Kunduz, Chahar Darreh, Afghanistan, August 2011:
„IED, IED!"[1] Ich stürme zu meinem Funkgerät. „Bitte nicht!", denke ich,
„nein, bitte nicht!" Es ist der Morgen des 23. August 2011. Um 03:30 Uhr
hatten die ersten Kräfte der Kompanie den Außenposten verlassen, um
Überwachungsstellungen in den Flanken von Qara Yatim zu beziehen.
Eine knappe Stunde später sitzt der verstärkte Infanteriezug Alpha von
seinen Gefechtsfahrzeugen ab und rückt in die Ortschaft ein, um mit der
Gesprächsaufklärung entlang des Patrouillenweges zu beginnen. Die
Operation dauert nun schon fast vier Stunden, etwas länger als geplant.
Und nun das, so kurz vor dem Ende. Als unsere Scharfschützen bei einer
Infiltration zu Beginn des Einsatzes in ein Gefecht verwickelt wurden,
konnten sie unter Feuer ausweichen und unversehrt zurückkehren. Vor
wenigen Tagen erhob sich vor den Augen des Chefs unserer Schwester-
kompanie mit einem ohrenbetäubenden Knall eine meterhohe Fontäne
aus Staub und Schutt und hüllte zwei seiner Schützenpanzer ein. Es wur-

---

1 IED: *Improvised Explosive Device*, Sprengfalle.

de ebenfalls niemand verwundet. Die Sprengfalle war zwischen den beiden Gefechtsfahrzeugen explodiert. Auch sonst verlief bisher alles glimpflich. Wir hatten etliche Sprengfallen aufgespürt, bevor sie gegen uns zum Einsatz gelangen konnten.

Und heute? Sollte es heute schief gegangen sein? „IED, IED!", dröhnt es erneut am Funk und reißt mich aus meinen Gedanken. „Hier 2.0, verstanden. Geben Sie Lageinfo, kommen!", antworte ich angespannt. „Hier Alpha, es gab eine Detonation bei unseren Fahrzeugen. Ich verschaffe mir einen Überblick und melde mich in Kürze, Ende!" „Das darf nicht wahr sein", denke ich und blicke auf die Lagekarte des Distrikts. Hatten wir bei der Planung einen Fehler gemacht? Die Straßen waren eng und zwischen den *Compounds*[2] gab es für unsere schweren Fahrzeuge kaum Wendemöglichkeiten. Wie immer erhielten wir im Vorfeld der Operation zahlreiche IED-Warnmeldungen, doch hatte ich den Überraschungseffekt dieses Mal den langwierigen Kampfmittelsuchverfahren vorgezogen. Zu oft mussten wir beobachten, wie Einheimische über den Kunduz-River nach Norden flüchteten, wenn wir von Süden in die Ortschaft einbogen. Die Patrouille war in den frühen Morgenstunden angesetzt, da die Kampfkraft bei Mittagstemperaturen von über 50 Grad Celsius spürbar sank und in den Gassen sowieso kaum Gesprächspartner anzutreffen waren. Amerikanische Kampfhubschrauber umkreisten die Soldaten seit Stunden. Es ist keine fünf Minuten her, dass sie abdrehen mussten, um nachzutanken. Ich höre die Stimme meines Stellvertreters am Funk: „Alles gut Chef", keucht er, „keine eigenen Kräfte verwundet. Das IED ist unter einem Ranger der ANP[3] hochgegangen und hat drei von den Jungs durch die Luft gewirbelt. Ihnen geht's aber gut, unsere Sanis kümmern sich um sie."

Ich atme auf. Einige Zeit später ist die Operation beendet, und alle Kräfte kehren koordiniert in den Außenposten zurück. Die verwundeten Afghanen werden im Innenhof durch die Ärztin der Kompanie versorgt und ein Verdächtiger zum Verhör in den afghanischen Teil der Polizeistation verbracht. Wir werten den Zwischenfall noch am selben Nachmittag aus. Als ein die Truppe begleitender Journalist uns Fotos zeigt, die er kurz vor der Detonation zufällig von der Anschlagstelle aufgenommen hat, wird allen noch einmal deutlich bewusst, dass das Ganze auch anders

---

2 Compound: ein meist von Mauern umschlossener Gebäudekomplex.

3 ANP: *Afghan National Police*, Afghanische Nationalpolizei.

hätte ausgehen können. Sie zeigen, wie Soldaten auf dem unauffälligen kleinen Sandhügel stehen, unter dem sich der Sprengsatz befunden hat.

1. Soldatisches Selbstverständnis im Lichte des Afghanistan-Einsatzes

Der Konflikt in Afghanistan kann zu den sogenannten *Neuen Kriegen* gezählt werden, die durch eine asymmetrische Bedrohung sowie ein stark fragmentiertes Gefechtsfeld gekennzeichnet sind. Im dynamischen und hochkomplexen Einsatzumfeld verschwimmen Grenzen und klare Frontlinien. Der Feind nutzt Guerillataktiken und kann sich für Soldaten ununterscheidbar innerhalb der Zivilbevölkerung bewegen. Die internationale Schutztruppe in Afghanistan begegnet dieser Herausforderung mit der Strategie des *Counterinsurgency*: Einsatzsoldaten kämpfen nicht nur in hochintensiven Gefechten gegen Aufständische, sondern in einem System vernetzter Sicherheit auch um die Herzen und den Verstand der Einheimischen. Durch Ausbildung und gemeinsame Operationen mit nationalen Sicherheitskräften sollen die Afghanen zudem zur eigenständigen Übernahme der Sicherheitsverantwortung in ihrem Land befähigt werden. All dies erfordert von Soldaten neben taktischer und kämpferischer Versiertheit mitunter ein enormes psychologisches, soziales und interkulturelles Fähigkeitsprofil und eine hohe Toleranz gegenüber Widersprüchlichkeiten und Ungewissheiten. In ihren Extremen verkörpern sie heute die Synthese von Beamten und Kämpfern. Dazwischen sind Soldaten auch Spezialisten, Retter, Aufbauhelfer, Beschützer, Ausbilder, Partner, Ordnungshüter, Schlichter, Vermittler und Diplomaten. Diese Mehrrollenerwartung führt mitunter zu einer Verunsicherung, da sie dem grundlegenden Bedürfnis nach Eindeutigkeit und einer belastbaren soldatischen Identität entgegensteht.[4]

---

4 Vgl. Bohn, Jochen: Deutsche Soldaten ohne Identität: Uns fehlt die Idee des „Guten", in: *Campus*, 1/2011, S. 18–21 sowie Naumann, Klaus: Die Bundeswehr im Leitbilddilemma. Jenseits der Alternative „Staatsbürger in Uniform" oder „Kämpfer", in: Hartmann, Uwe / von Rosen, Claus / Walther, Christian (Hg.): Jahrbuch Innere Führung 2009. Die Rückkehr des Soldatischen, Eschede 2009, S. 75–91 sowie Otto, Wolfgang: Das Selbstverständnis des Soldaten. Entwicklung und Risiken, in: *Der Panzergrenadier*, 30, S. 5–11.

Das Selbstverständnis von Soldaten spiegelt die subjektiv verinnerlichte Wahrnehmung ihres Berufsbildes wider. Es wird durch Erziehung, Ausbildung sowie individuelle Erfahrungen geprägt[5] und soll dem Handelnden jederzeit Orientierung geben, auch im Kampf. Die Lebenswelten innerhalb unserer Streitkräfte driften inzwischen so weit auseinander, dass eine klare sowie universell gültige und akzeptierte gedankliche Verortung des Soldatenberufes nicht mehr ohne Weiteres möglich scheint. Verschiedentlich wird der Ernstfall als *Blinder Fleck* der für alle Angehörigen der Streitkräfte verbindlichen Idee und Theorie der *Inneren Führung* betrachtet.[6] Daraus abgeleitet gerät die soldatische Identität ins Wanken, und es ergeben sich auch innermilitärische Spannungen.

Für eine große Institution wie die Bundeswehr kann die Annahme einer einzigen Organisationskultur nicht angemessen sein. Wie fast jede formale Organisation weist auch sie eine Binnendifferenzierung mit pluralen Teilkulturen und -kollektiven auf, die nicht immer auf Harmonie und Kooperation geeicht sind. Traditionell war diese Binnendifferenzierung vor allem durch hierarchische Strukturen bestimmt.[7] Teilkulturen entstehen heute aber vorrangig in Abhängigkeit von ihrer Einsatznähe. Viele Soldaten differenzieren inzwischen über alle Dienstgradgruppen hinweg zwischen persönlichen Belastungs- und Gefährdungsgraden. Diese sind in Afghanistan weniger durch den militärischen Rang, als durch den jeweiligen Auftrag definiert. Neben Unteroffizieren und Mannschaftssoldaten nehmen auch Offiziere außerordentliche Entbehrungen und Härten in Kauf und riskieren täglich unmittelbar ihr Leben.

---

5 Vgl. Otto, Wolfgang (2011). Das Selbstverständnis des Soldaten. Entwicklung und Risiken, in: *Der Panzergrenadier*, 30, S. 5–11.

6 Vgl. Hellmann, Kai-Uwe: Bewährungsprobe. Die Innere Führung im Einsatz, in: Hartmann, Uwe / von Rosen, Claus / Walther, Christian (Hg.): Jahrbuch Innere Führung 2011. Auf dem Weg zu einer militärischen Berufsethik. Berlin 2011, S. 178–200 sowie Bohn, Jochen: Deutsche Soldaten ohne Identität: Uns fehlt die Idee des „Guten", in: *Campus*, 1/2011, S. 18–21 sowie von Uslar, Rolf / Walther, Marc A.: Kampfmoral: Voraussetzung für das Bestehen im Einsatz, in: Hartmann, Uwe / von Rosen, Claus / Walther, Christian (Hg.): Jahrbuch Innere Führung 2012. Der Soldatenberuf im Spagat zwischen gesellschaftlicher Integration und sui generis-Ansprüchen. Gedanken zur Weiterentwicklung der Inneren Führung. Berlin 2012, S. 73–89.

7 Vgl. Hellmann, Kai-Uwe: Bewährungsprobe. Die Innere Führung im Einsatz, in Hartmann, Uwe / von Rosen, Claus / Walther, Christian (Hg.): Jahrbuch Innere Führung 2011. Auf dem Weg zu einer militärischen Berufsethik, Berlin, S. 178–200.

Hierbei geht es nicht zwingend um die direkte Erfahrung eines Feuerge-
fechtes oder IED-Anschlages, aber wer in einer diffusen Bedrohungslage
Entbehrungen, Risiken und Ungewissheit miterlebt, wird unabhängig
vom Dienstgrad als Teil der Truppe wahrgenommen und geschätzt.
Ebenso wenig lässt sich der individuelle Gefährdungsgrad noch an der
Truppengattungs-, Organisationsbereich- oder Teilstreitkraftzugehö-
rigkeit festmachen. Die hierdurch definierten Kulturunterschiede verschwimmen durch eine gemeinsame Erfahrungs- und Erlebniswelt. Da
in Kampftruppen befindliche oder diese Kräfte begleitende Frauen die
Belastungen und Bedrohungen ihrer männlichen Kameraden vollum-
fänglich teilen, sind sie ebenso als Teil der Truppe akzeptiert und in der
Heimat gängige Debatten über Ungleichbehandlung oder Quoten verlieren ihre Bedeutung. Der „Riss [...] durch die Truppe"[8] vollzieht sich
an einer anderen Stelle: Weniger als ein Drittel der in Afghanistan statio-
nierten Deutschen setzen sich regelmäßig einer unmittelbaren und
objektiven Gefahr aus, weil sie häufig die schützenden Feldlager verlassen. Dies führt in der Truppe zu einem wahrgenommenen Missverhält-
nis zwischen taktisch operierenden und dauerhaft im Feldlager statio-
nierten Kräften. Unter Kontingentangehörigen in Afghanistan sind die
Begriffe *Drinnies* und *Draußies* gebräuchlich, um zwischen diesen Soldaten zu unterscheiden.[9]

Dass die Wahrnehmung einer ungerechten Behandlung ein Faktum ist,
wird im 53. Jahresbericht des Wehrbeauftragten des Deutschen Bundestages, Hellmut Königshaus, bestätigt. Hierin wird eine „besorgniserre-
gende Dimension" der Diskussion und ein „Gefühl massiver Ungleichbehandlung angesichts gleicher Vergütung aller Kontingentangehöriger für
ungleiche Belastungssituationen"[10] festgestellt und dringender Hand-
lungsbedarf gesehen. Die hier beschriebene Spaltung wird von Königshaus sogar als Dreiteilung wahrgenommen. Er sieht im Einsatz einen
Mentalitätenkonflikt zwischen den *drinnen* (in Feldlagern), *draußen* (in

---

8   Schmidt, Michael: Leben am Limit. *Der Tagesspiegel*, 19.12.2010.
9   Vgl. Bohnert, Marcel / Schröder, Friedrich: Ein Einsatz, zwei Welten. „Drinnies" und
    „Draußies" in Afghanistan, in: *Zu Gleich. Zeitschrift der Artillerietruppe*, 2/2011,
    S. 6–9; auf die weitere Anwendung dieser Terminologie wird in diesem Beitrag
    bewusst verzichtet, da sie inzwischen mitunter abschätzig konnotiert und ideolo-
    gisch aufgeladen ist.
10 Deutscher Bundestag (Hg.): Unterrichtung durch den Wehrbeauftragten. Jahres-
    bericht. Drucksache 17/8400, S. 21.

Außenposten) und *draußen draußen* (im Felde) eingesetzten Kräften.[11] Tatsächlich sind die durch Soldaten vorgenommenen Differenzierungen noch komplexer. Sie spezifizieren derzeit zwischen

- Soldaten mit Kampf- und Gefechtserfahrung,
- Soldaten, die außerhalb von Feldlagern eingesetzt und damit höchst gefährdet, aber nicht in unmittelbare Gefechtshandlungen verwickelt sind,
- Soldaten, die ihren Einsatz in Afghanistan ausschließlich in Feldlagern verbringen,
- Soldaten, die nicht in Afghanistan, sondern in anderen Auslandseinsätzen dienen und
- Soldaten, die über keinerlei Einsatzerfahrung verfügen.[12]

Dass Soldaten diese Unterscheidungen vornehmen, ist nicht zu bestreiten. Sie tun dies zumeist in Abhängigkeit vom Grad der persönlichen Involviertheit in das jeweilige Geschehen. Gravierende Unterschiede in Aufgaben und Tätigkeiten sowie Erfahrungen führen zu fundamental unterschiedlichen Selbstverständnissen der Soldaten, was als eine der Ursachen für Identitätsprobleme betrachtet werden kann.[13]

Trotz aller Belastungen, Entbehrungen und Gefahren findet sich gerade in Kampftruppen während ihres Einsatzes eine überraschend ausgeprägte Berufszufriedenheit, die sich sowohl in der hohen Verantwortung sowie im als ehrenvoll und sinnerfüllt wahrgenommenen Dienst als auch im ganzheitlichen Erleben des Soldatenberufes erklären dürfte. Es formt sich im wahrsten Sinne des Wortes eine Kampfgemeinschaft heraus, die unter der gemeinsamen Außenbedrohung eingeschworen und zusammengeschweißt wurde. Ihre Motivation schöpfen kämpfende Soldaten aus der engen Verbundenheit mit ihren Kameraden und der Identifikation mit dem Auftrag. Sie erkennen Sinn darin, ihre persönliche Leistung als Puzzleteil des Erfolges einzubringen und entwickeln damit ihr eigenes und sehr klares Selbstverständnis. Dies scheint allerdings nicht außerordentlich beständig zu sein und wird im teilweise verregelt und

---

11 Vgl. Deutscher Bundestag (Hg.): Unterrichtung durch den Wehrbeauftragten. Jahresbericht. Drucksache 17/8400, S. 21.
12 Persönliche Kommunikation mit Marco Seliger (22.10.2012).
13 Otto, Wolfgang (2011). Das Selbstverständnis des Soldaten. Entwicklung und Risiken. *Der Panzergrenadier*, 30, S. 5–11, S. 8.

ernüchternd wahrgenommenen Routinedienst oftmals wieder erschüttert. Durch Entlassungen und Versetzungen sowie in der Heimat stärker hervortretende private Interessen und Erfordernisse zerfällt das im Auslandseinsatz entstandene Gefüge. Auch wenn die Angehörigen dieser Teileinheiten und Einheiten sich oft auf Lebenszeit verbunden fühlen, ist auch dies ein Aspekt der *Zwei-Welten-Wahrnehmung* von Soldaten: „The gap between those who fight and those who support has never been wider."[14]

Provincial Reconstruction Team (PRT) Kunduz, Afghanistan, August 2011
Die Sonne kämpft sich langsam durch die Dunstglocke des Qara Batur-Gebirges, und in den verstaubten Straßenzügen des Unruhedistriktes Chahar Darreh erwacht allmählich das Leben. Es ist früher Morgen im Feldlager Kunduz. Plötzlich schrillt ein Tetrapol-Funkgerät. Der Zugführer des Bravo-Zuges springt aus dem Bett. „Alarm", dröhnt die Stimme am anderen Ende, „die Reserve muss raus!" Der Zugführer weckt seine Soldaten und sprintet in die Operationszentrale, um Informationen über die aktuelle Lage abzugreifen. Unterdessen werfen die Angehörigen seines Zuges ihre Schutzwesten über, greifen ihre Waffen und stürmen zu den Gefechtsfahrzeugen. Die Motoren der Dingos heulen auf und rasen zum Ehrenhain, dem Platz am Eingang des PRT, an dem regelmäßig Patrouillen auffahren, bevor sie das Lager in das Feindgebiet verlassen. Auf dem Weg dorthin stellt sich ein Oberstabsfeldwebel mitten auf die Straße und verschränkt die Arme. Der erste Dingo weicht aus und kann vorbeiziehen, der zweite legt eine Vollbremsung hin und kommt vor dem Oberstabsfeldwebel zum Stehen. Die Beifahrertür fliegt auf: „Was soll das denn?", brüllt der Kommandant, „sehen Sie zu, dass Sie da wegkommen!" „Hier gilt Schrittgeschwindigkeit!", entgegnet der Oberstabsfeldwebel.

Wie diese Begebenheit exemplarisch darlegt, ist die Bundeswehr noch nicht in Gänze in der neuen Einsatzrealität angelangt. Viele der noch 2007 kritisierten Auswüchse übertriebener deutscher Bürokratenwut, die sich beispielsweise in absurden Abgassonderuntersuchungen oder

---

14 Bellavia, David / Bruning, John R. (2008): House to House. A Soldier's Memoir, New York, S. 276.

Vorschriften zur Mülltrennung im Auslandseinsatz zeigten,[15] sind inzwischen zwar weitgehend einer pragmatischen Herangehensweise gewichen, die Bundeswehr befindet sich allerdings nach wie vor in einem mentalen Wandlungsprozess, und die gedankliche Umstellung auf aktuelle Einsatzszenarien ist noch längst nicht überall vollzogen. Je enger Soldaten in den Friedensbetrieb eingebunden sind und je weiter entfernt sie von der *Schlammzone* agieren, desto geringer scheint häufig das Bewusstsein und Verständnis für die Entbehrungen und Gefahren der im Feindesland operierenden Kräfte ausgeprägt zu sein.

Die einsatzerfahrene Soldatengeneration kann heute nur noch in Teilbereichen vom Erfahrungswissen der übergeordneten Führung profitieren, was die latente Gefahr eines Generationenkonfliktes birgt. Ewiggestrige sind gedanklich noch im *Kalten Krieg* verhaftet und tun sich schwer mit dem tief greifenden Wandel von der Verteidigungs- und Wehrpflicht- zur Einsatzarmee sowie der Akzeptanz des Überlebenskampfes als konkrete taktische Realität. Technokratische Argumentationsmuster, in denen die eigene Dienststellung den Blickwinkel einengt und ein stark ausgeprägtes Karriere- und Absicherungsdenken haben in der neuen Bundeswehr allerdings keinen Platz mehr. Systemkontinuitäten antiquierter Bereiche müssen aufgebrochen werden. Dieser Prozess verlangt sehr zügigen Vollzug und Abschluss, da er in Extremsituationen über Leben und Tod entscheiden kann.

Eine spannende Frage ist, wie eine gerechtere Würdigung der stark unterschiedlichen Gefährdungs- und Bedrohungslage in Auslandseinsätzen vorgenommen werden kann. Die 2010 unter dem damaligen Bundesminister der Verteidigung eingeführte *Einsatzmedaille Stufe Gefecht* stellt eine hohe Anerkennung und zumindest ein symbolisches Alleinstellungskriterium für die kämpfende Truppe dar. Bei vernünftiger Auslegung des Stiftungserlasses fallen allerdings auch Viele durch das Raster, die im Einsatz unter hoher persönlicher Gefährdung agiert haben. Taktisches Verhalten, das zur Unterdrückung von Feindangriffen führt oder das Auffinden versteckter Sprengfallen werden nicht belohnt, da sie keine Gefechtshandlungen im Sinne des Erlasses darstellen. Die *Ansprengung* eines Fahrzeuges hingegen führt in der Regel zur Zuerkennung der

---

15 Seliger, Marco: Dixiklo statt Klappspaten. Alltagsschwierigkeiten einer friedensgewohnten Truppe, die Deutschland plötzlich am Hindukusch verteidigen muss, in: *Internationale Politik*, 5/2007, S. 36–42.

Medaille für die jeweilige Besatzung. In gewisser Weise ein Dilemma, da vielen außerordentlich gefährdeten Soldaten diese besondere Würdigung ihrer Leistungen verwehrt bleibt. Eine auf herausragende Einzelfälle beschränkte Auszeichnung ist die 2008 eingeführte *Ehrenmedaille der Bundeswehr für Tapferkeit*. Sie kann die Gefahren und Belastungen zwar nicht auf breiter Ebene würdigen, ist dadurch aber zumindest gegenüber Gerüchten eines inflationären Gebrauches erhaben. Es zeigt sich, dass weder die *Gefechts-* noch die *Tapferkeitsmedaille* die komplexe Einsatzrealität in Gänze erfassen können und es einer anders gearteten Anerkennung der höher gefährdeten Truppe bedarf.

Es besteht weiterhin die Möglichkeit einer differenzierten finanziellen Vergütung von innerhalb und außerhalb der Feldlager eingesetzten Soldaten. Der diesbezügliche Diskurs unterliegt konjunkturellen Schwankungen und wird hin und wieder auch von öffentlichen Medien aufgegriffen.[16] Gegen eine gestufte Bezahlung kann der Einwand angeführt werden, dass damit eine schier unaufhörliche Dialektik in Gang gesetzt wird, die Statistiken über Angriffshäufigkeit und Gefährdungsgrade erfordern und möglicherweise zu einer Verschärfung des truppeninternen Zerwürfnisses beitragen könnte. Zumindest theoretisch bestünde zudem die Gefahr einer an finanziellen Aspekten ausgerichteten Operationsplanung. Nach Ansicht des Wehrbeauftragten ist stattdessen zu prüfen, inwieweit die Möglichkeit der höheren Anrechnung von Einsatztagen außerhalb von Feldlagern auf die Gesamtdienstzeit besteht, womit ein immaterieller Ausgleich für unterschiedliche Belastungen und Bedrohungen geschaffen wäre.[17] Verschiedene Modelle solcher *Lebensarbeitszeitkonten* finden sich auch in anderen Unternehmen und staatlichen Institutionen.

Anhand der aufgezeigten Lösungsoptionen wird ersichtlich, dass es äußerst schwierig ist, Gerechtigkeit in dieser Thematik zu finden und dass es in der praktischen Umsetzung konkreter Maßnahmen noch eine Vielzahl an Fragen zu klären gäbe, um den *sozialen Frieden* innerhalb der Bundeswehr zu wahren. Über fünfzig gefallene sowie mehrere hundert

---

16 Vgl. Bohnert, Marcel / Schröder, Friedrich: Ein Einsatz, zwei Welten. „Drinnies" und „Draußies" in Afghanistan, in: *Zu Gleich. Zeitschrift der Artillerietruppe*, 2/2011, S. 6–9.

17 Vgl. Deutscher Bundestag (Hg.): Unterrichtung durch den Wehrbeauftragten. Jahresbericht. Drucksache 17/8400, S. 21.

verwundete und traumatisierte Deutsche in Afghanistan sollten an unterschiedlichen Belastungs- und Gefährdungsgraden jedoch keinerlei Zweifel lassen.

Möglicherweise lässt sich einer wachsenden Kluft innerhalb des Militärs bereits zu einem früheren Zeitpunkt vorbeugen. Durch Werbekampagnen der Bundeswehr werden teilweise Vorstellungen vom Soldatenberuf erzeugt, die sich nicht mit der Realität heutiger Einsätze decken. Aus praktischer Perspektive ist dies insoweit legitim, als dass angesichts der demografischen Entwicklung und des Fachkräftemangels auch andere Arbeitgeber ihre Vorzüge im *War for Talents* deutlich hervorheben. Von einem ethischen Standpunkt aus erscheint dies jedoch bedenklich, da fraglich ist, ob ein Soldat, der sich als Beamter im öffentlichen Dienst versteht, in existenziell bedrohlichen Situationen bestehen kann oder zumindest willens ist, anderen unter Inkaufnahme persönlicher Härten die adäquate Unterstützung zukommen zu lassen. Als Beruf *sui generis* erfordert das Soldatsein besondere Tugenden. Natürlich können sich diese im Rahmen einer späteren militärischen Sozialisation ausprägen und verstärken, die Anwerbung des Nachwuchses mit „Studieren bei vollem Gehalt"- oder „Nicht jeder bei uns trägt Uniform"-Slogans erzeugt jedoch ein grundlegend verzerrtes Bild der Streitkräfte und birgt die latente Gefahr, den kulturellen Bruch innerhalb der Bundeswehr weiter zu vergrößern. Da sich Truppengattungen mit ausgeprägter Kampfmoral kontinuierlich einer hohen Beliebtheit erfreuen,[18] ist eine stark auf zivile Aspekte des Berufes fokussierte Nachwuchswerbung möglicherweise auch gar nicht notwendig. Alternativen erfordern angesichts verbreiteter gesellschaftlicher und politischer Grundhaltungen allerdings ein hohes Maß an Courage und Diskussionsbereitschaft.

Berlin, Deutschland, März 2012
Einige Wochen nach meiner Einsatzrückkehr sitze ich mit zwei Bekannten in einem Berliner Straßencafé und genieße die ersten Sonnenstrahlen. Das Thema unserer Unterhaltung wird, wie zuletzt so oft, auf den

---

18 Vgl. von Uslar, Rolf / Walther, Marc A.: Kampfmoral: Voraussetzung für das Bestehen im Einsatz, in: Hartmann, Uwe / von Rosen, Claus / Walther, Christian (Hg.): Jahrbuch Innere Führung 2012. Der Soldatenberuf im Spagat zwischen gesellschaftlicher Integration und sui generis-Ansprüchen. Gedanken zur Weiterentwicklung der Inneren Führung, Berlin 2012, S. 73–89.

Afghanistan-Einsatz gelenkt und ich berichte, dass einer der Soldaten, die am Karfreitag 2010 in Kunduz unbeabsichtigt sechs afghanische Armee-angehörige mit der Bordmaschinenkanone eines Schützenpanzers töteten, in meinem Verband dient und ich ihn seit Beginn meiner Dienstzeit kenne.

Die beiden schauen sich mit rollenden Augen an und fragen mit einem verständnislos und genervt klingenden Unterton: „Wie kann denn so was passieren?!" Ich spüre, wie mein Puls hochschießt und lasse leicht verärgert klingende Worte darüber fallen, was ich von auf Halbwissen beruhenden Urteilen aus dem heimischen Wohnzimmersessel halte. Zu präsent ist mir der Journalist, der auf einem Medienlehrgang genau diesen Zwischenfall reflektierte und ziemlich schnell zu seiner auf wenig Verständnis für die Rahmenbedingungen basierenden Bewertung gelangte. Damals hatte ich mich aus dem Plenum zu Wort gemeldet und eine andere Perspektive des Ereignisses aufgezeigt, wovon der Medienvertreter sich allerdings nicht sonderlich beeindrucken ließ. Nun sitze ich also in besagtem Café und schildere in aller Ausführlichkeit den Hergang des bedauerlichen Vorfalls – die schweren Gefechte und Gefallenen des Tages, die Warnmeldungen über Selbstmordattentäter, die überraschende Alarmierung der Reserve, die Rückfragen per Funk, die Reaktion der Afghanen auf die Warnschüsse, den sich anschließenden Feuerkampf, die einseitige Presseberichterstattung sowie die nervenzehrenden juristischen Ermittlungen. Eine der jungen Frauen nimmt einen Schluck Kaffee, lehnt sich zurück und sagt: „Naja, gut, aber Mitleid mit dem Soldaten muss man jetzt ja auch nicht haben. Er hat schließlich dafür unterschrieben."

2. Soldatisches Selbstverständnis und Gesellschaft

Im Zuge verschiedener substanzieller Veränderungen hat sich die strukturelle Distanz zwischen Gesellschaft und Militär in den letzten Jahren vergrößert. Es erscheint fraglich, ob die deutsche Bevölkerung tatsächlich nur eine freundlich desinteressierte oder gleichgültige oder nicht sogar eine eher skeptische und misstrauische Einstellung gegenüber ihren Streitkräften hegt. Die emotionale *Distanz* äußert sich in einem allgemeinen Unwohlsein und dem generell verkrampften Umgang der Deutschen mit ihrem Militär. Einem Journalisten der *New York Times* fielen einsame Soldatenfiguren auf deutschen Hauptbahnhöfen auf, die durch ihre Uniform vom Rest der Wartenden separiert waren. Seine

Recherchen ergaben eine für ihn befremdlichen Spaltung zwischen deutscher Bevölkerung und Streitkräften, die er in der einfachen Formel „soldiers fight alone"[19] zusammengefasst hat. Da die Bundeswehr eine Parlamentsarmee ist, legitimieren vom Volke gewählte Repräsentanten Auslandseinsätze und entsenden Truppen. Wenn Soldaten selbst diejenigen sind, die sich in der Gesellschaft kontinuierlich für ihren Einsatz erklären müssen, befinden wir uns auf einer schiefen Ebene. Es ist vor allem die Aufgabe der Regierung, ihren Soldaten in der Gesellschaft aktiv zu mehr Geltung zu verhelfen. Sie haben einen Anspruch darauf, dass die politische Führung der Bevölkerung vermittelt, unter welchen Rahmenbedingungen, mit welchem Ziel und in welcher Intensität Auslandseinsätze der Bundeswehr erfolgen. Semantische Verrenkungen wie die Qualifizierung des Afghanistan-Engagements als „Stabilisierungseinsatz", „nicht-international bewaffneten Konflikt", „kriegsähnlichen Zustand" bis hin zu „umgangssprachlich Krieg" und diesbezügliche terminologische Debatten mögen juristisch begründet sein, wirken auf Soldaten angesichts existenziell bedrohlicher Situationen allerdings ausgesprochen befremdlich. Nicht nur, dass das Finden einer soldatischen Identität in unserer postheroischen und durch plurale Lebensformen gekennzeichneten Gesellschaft ohnehin schwierig erscheint, aus der von Bevölkerung und Politik gezeigten Skepsis erwachsen weitere Zweifel am eigenen Selbstverständnis. Durch hochintensive Einsätze werden Erfahrungsräume geschaffen, die durch ausbleibende zivilgesellschaftliche und politische Anerkennung sowie mangelnde Würdigung von Mut und Tapferkeit in der Heimat tendenziell ein Sonderbewusstsein erzeugen, aus dem heraus auch eine willentliche Abgrenzung zu dieser droht.[20]

Zukünftig wird die Wahrnehmbarkeit der Bundeswehr in der Gesellschaft vermutlich weiter sinken. Dies ist durch die Aussetzung der Allgemeinen Wehrpflicht, zahlreiche Standortschließungen, die generelle Verkleinerung der Streifkräfte und letztendlich auch Erfahrungen bedingt, deren Intensität das Vorstellungsvermögen des durchschnittlichen Bun-

---

19 Kulish, Nicholas (2009). No Parade for Hans, in: *The New York Times*, 14.11.2009.
20 Vgl. Naumann, Klaus: Die Bundeswehr im Leitbilddilemma. Jenseits der Alternative „Staatsbürger in Uniform" oder „Kämpfer", in: Hartmann, Uwe / von Rosen, Claus / Walther, Christian (Hg.): Jahrbuch Innere Führung 2009. Die Rückkehr des Soldatischen, Eschede 2009, S. 75–91.

desbürgers weit übersteigt. Gegen diesen Trend spricht, dass inzwischen über 300.000 Bundeswehr-Angehörige in Auslandseinsätzen waren und sie selbst sowie die sie unterstützenden Familien gegen das allgemeine Unwissen und Desinteresse wirken. Initiativen und Kampagnen wie das Tragen der *Gelben Schleife* als Zeichen der Solidarität oder die Ausstellung „Bürger und Soldaten – Wir stehen hinter euch" zeigen, dass es in unserem Land durchaus zivilgesellschaftliches Engagement und eine Verbundenheit mit Soldaten gibt, auch wenn diese nicht allgegenwärtig spürbar sind.

3. Fazit

Die Bundeswehr war auf das, was sie in Afghanistan innerhalb von einer Dekade erwartet hat, nicht vorbereitet. Auch wenn es das durch den Verlust und Verwundungen von Kameraden entstandene Leid kaum schmälern kann, war es dieser Einsatz, durch den gravierende Mängel offengelegt und positive Entwicklungen in den Streitkräften angestoßen wurden. Wahrnehmbare Fortschritte haben sich inzwischen in Bezug auf Ausrüstung, Struktur und Mentalität vollzogen. Trotz aller kritikwürdiger Faktoren gibt es daher durchaus Grund zum Optimismus. Als *Lernende Organisation* hat die Bundeswehr in wenigen Jahren eine rasante Entwicklung durchlaufen. Die Schutzklassen deutscher Gefechtsfahrzeuge liegen inzwischen auf sehr hohem Niveau. Das Einsatzversorgungs- und das Einsatzweiterverwendungsgesetz bieten im internationalen Vergleich exzellente Rechtsgrundlagen für die Versorgung von Verwundeten. Bürokratische Strukturen passen sich sukzessive den neuen Gegebenheiten an und der Wandel zu einer modernen Einsatzarmee ist trotz vieler Schwierigkeiten in vollem Gange. Führer der taktischen Ebene haben sich in dynamischen und hochkomplexen Einsatz-Szenarien bewährt und in der Operation verbundener Kräfte Verantwortung getragen, die noch vor wenigen Jahren eine weitaus höhere Dienststellung erfordert hätte. Eine neue Generation deutscher Soldaten wächst heran.[21] Taktisch versiert, mutig und tapfer, belastbar und zäh, selbstbewusst

---

21   Vgl. Shea, Neil: Ready for a fight. German soldiers' Afghan Mission shifts from Reconstruction and Training to Engaging Enemy, in: *Stars and Stripes*, 09.01.2012, S. 16–17.

und kampferprobt, couragiert und stolz auf den Dienst für ihr Land.[22] Vorgesetzte mit Rückgrat bahnen sich in einer in vielen Bereichen noch von Karriere- und Absicherungsdenken geprägten Umgebung ihren Weg an die Spitze. All das stimmt zuversichtlich. Der durch unterschiedliche Erfahrungshorizonte entstandene Riss innerhalb unserer Streitkräfte hat durch parallele Entwicklungen zudem das Potenzial, langsam aber sicher gekittet zu werden. Soldaten mit Einsatz- und Gefechtserfahrung sind inzwischen in allen Bereichen der Bundeswehr anzutreffen. An Schulen, Akademien, Übungszentren und Universitäten geben sie Erfahrungen und Erkenntnisse an eine nachwachsende Generation von Führern weiter und prägen deren Einstellung, Überzeugung und Werteverständnis.

Um die Schere weiter schließen zu können, ist ein ehrlicher Schulterschluss zwischen Soldaten mit unterschiedlichen Aufgaben-, Tätigkeits- und Erfahrungshorizonten wünschenswert und notwendig. Dabei ist vor unrealistischem Optimismus zu warnen: Differenzierungen und Abgrenzungen werden als Eigenheit militärischer Mentalität immer zum soldatischen Erleben zählen. Sie dürfen sich allerdings nicht zu ernsthaften Spannungsfeldern entwickeln und damit die Funktionsfähigkeit der Truppe schwächen oder, wie der Wehrbeauftragte fürchtet, gar den Zusammenhalt ganzer Einsatzkontingente bedrohen.[23] Es geht daher in erster Linie um einen Modus der Verträglichkeit verschiedener Subkulturen. Wesentlich hierfür ist ein Wandel der innermilitärischen Kommunikationskultur. Eine Distanz ist mitunter auch innerhalb unserer Streitkräfte zu spüren, wenn Soldaten unterschiedlicher Organisationsbereiche, Truppengattungen und Erfahrungswelten aufeinandertreffen. Das Eingeständnis, unabhängig von Ausbildung, Dienstalter und Dienstposten voneinander lernen zu können, ist hierfür ein wichtiger Schritt. Die im Beitrag diskutierte stärkere materielle oder immaterielle Anerkennung verschiedener Gefährdungs- und Belastungsgrade könnte als unterstützende Maßnahme ebenfalls zum Glätten der Wogen beitragen. Um eine *geistige Verselbstst*ändigung des durch Extremerfahrungen geprägten

---

22 Die Beiträge von Schmidt (2010) sowie Shea (2012) liefern exzellente Einblicke in den Alltag und das Selbstverständnis deutscher Kampftruppen in Afghanistan. Detaillierte Informationen zur Lage der Kampftruppen in der Provinz Kunduz im Jahre 2011 finden sich in Bohnert (2011), s. o.

23 Vgl. Deutscher Bundestag (Hg.): Unterrichtung durch den Wehrbeauftragten. Jahresbericht. Drucksache 17/8400, S. 21.

Teils der Truppe zu vermeiden, ist weiterhin eine den Streitkräftewandel begleitende Fortentwicklung der *Inneren Führung* erforderlich. Sie muss ihrem Anspruch auf allumfassende Gültigkeit auch in existenziell bedrohlichen Situationen gerecht werden. Es gilt dabei grundlegend anzuerkennen, dass sich die mitunter brutale Einsatzrealität nicht mit zivilgesellschaftlichen Maßstäben erfassen lässt.[24]

Was jeder einzelne Soldat noch beitragen kann, ist eine stetige Besinnung auf das uns alle verbindende Gut der Kameradschaft. Es ist das Band unserer Streitkräfte und hat das Potenzial, jede noch so große Kluft zu überwinden. Diese abschließende Feststellung kann durchaus als Appell verstanden werden.

---

24 Vgl. von Uslar, Rolf / Walther, Marc A.: Kampfmoral: Voraussetzung für das Bestehen im Einsatz, in: Hartmann, Uwe / von Rosen, Claus / Walther, Christian (Hg.): Jahrbuch Innere Führung 2012. Der Soldatenberuf im Spagat zwischen gesellschaftlicher Integration und sui generis-Ansprüchen. Gedanken zur Weiterentwicklung der Inneren Führung, Berlin 2012, S. 73–89.

II. FREMDBILD

SASCHA STOLTENOW

Heldenlos – soldatische Identität in der Mediengesellschaft

1. Prolog: Kommunikation der Bundeswehr – eine Montage

Ein Radiospot

Eine Frauenstimme, aufgeregt: „Ist das denn zu fassen? Liegst Du etwa immer noch im Bett? Los! Raus aus den Federn, aber plötzlich!" – Eine Männerstimme, ruhig: „Morgenappell, kennst Du ja schon. Lass' ihn Dir jetzt bezahlen! Die Bundeswehr bietet individuelle Karrieremöglichkeiten für leistungsorientierte Frauen und Männer. Die Bundeswehrreform. Ihre Chance."

Einer von drei Radiospots der Nachwuchswerbung der Bundeswehr in selber Machart aus dem März 2011.

Ein Event

Berg- oder Beach-Typ? Bewirb Dich jetzt für die große Team Challenge! „In den nächsten Herbstferien wartet auf Dich die Herausforderung Deines Lebens. BRAVO.de und treff.bundeswehr.de laden Dich nämlich zu den BW-Adventure Camps 2012 ein. Hier kannst Du zeigen, was in Dir steckt. Du musst also richtig sportlich und topfit drauf sein.

An zwei supercoolen Bundeswehr-Locations im In- und Ausland trittst Du in krassen Team-Wettbewerben an. Es werden insgesamt zwölf Teams à 5 Teilnehmern gesucht. Bei der Challenge sind Durchhaltevermögen, Mut und Geschicklichkeit gefragt. Und Du solltest ein guter Team-Player sein und andere motivieren können, um im Camp richtig abzusahnen. Jede Menge Fun und Party kommen bei dem Trip natürlich auch nicht zu kurz."

Texte aus der Werbung für die BRAVO & treff.bundeswehr.de BW-Adventure Camps im Jahr 2012.

Eine Anzeige
Machen Sie den nächsten Schritt
Das Abitur in der Tasche. Der nächste Lebensabschnitt beginnt. Neue Ziele vor Augen: Führungskraft werden. Einen akademischen Abschluss erlangen. Nutzen Sie Ihre Chance: Steigen Sie in die Berufswelt ein, und absolvieren Sie Ihr Studium bei der Bundeswehr auf höchstem Niveau. Und das bei vollem Gehalt!

Das nächste Kapitel: Werden Sie Offizier und studieren Sie bei der Bundeswehr.

Text aus einer Anzeige der Bundeswehr im Magazin Der Spiegel aus dem November 2012.

Die Karrierewebseite
„Gehen Sie Ihren eigenen Weg – Frauen beim Arbeitgeber Bundeswehr"
Eine junge Frau, die blonden Haare zum Pferdeschwanz gebunden, kniet vor einem Regal, in dem Damenschuhe stehen und schnürt sich einen Kampfstiefel zu. Sie trägt eine Flecktarnuniform. Die Schulterklappen weisen sie als Oberfeldwebel der Luftwaffe aus.

Nach einem Klick auf das Bild gelangt man auf einen Artikel mit der Überschrift: „Entschieden gut. Gut entschieden: Ihre Karriere in der Bundeswehr."

Der Artikel ist illustriert mit der Nahaufnahme eines männlichen Jet-Piloten, aufgenommen während des Fluges. Von Karrieremöglichkeiten für Frauen ist nichts zu lesen.

Weitere Artikel auf der Startseite sind:

„Karriere als Offizier – Alles auf einen Blick"
Der Teaser leitet weiter auf eine Seite, auf der mosaikartig 20 Bildkacheln angeordnet sind, die wiederum auf weitere Artikel verweisen. Nur eine der Kacheln verlinkt auf einen Text mit eindeutigem Einsatzbezug.

„Zeit für Patienten"
Der Teaser leitet weiter auf das Porträt einer Zahnärztin im Dienstgrad eines Oberstabsarztes.

Texte von der Startseite des Internetangebotes auf mil.bundeswehr-karriere.de aus dem Dezember 2012.

Eine Broschüre

„Die Sicherheit unseres Landes hängt ganz wesentlich von den Menschen ab, die in der Bundeswehr ihren Dienst leisten. Sie treten für die Sicherheit Deutschlands und den Schutz seiner Bürgerinnen und Bürger ein.

Die Frauen und Männer der Bundeswehr sind auf vielfältige Weise durch die Besonderheiten des Dienstes gefordert. Dabei haben sich das Prinzip der Inneren Führung und das Leitbild des Staatsbürgers in Uniform bewährt und gelten unverändert weiter. Zum 1. Juli 2011 tritt der Freiwillige Wehrdienst an die Stelle der Wehrpflicht, die über 50 Jahre eine der tragenden Säulen der Bundeswehr war. Diese Herausforderung ist vor allem eine Chance, die es zu ergreifen gilt.

Wir nutzen die Chance und führen die Traditionen, das Leitbild sowie das Selbstverständnis der Bundeswehr auf eine prägnante Formel zusammen:

„Wir. Dienen. Deutschland.“

Aus einer Broschüre des Bundesministeriums der Verteidigung aus dem Jahr 2011.

Der Generalinspekteur

„Die Kommunikation über soziale Netzwerke und elektronische Nachrichtenübermittlung ist zweifelsohne eine Errungenschaft, die wir alle intensiv nutzen und von der wir profitieren. Ich darf Ihnen sogar in aller Vertraulichkeit mitteilen: Auch ich besitze inzwischen ein I-Pad. Aber es gibt eben auch Untiefen dieser Technologien, die uns gerade als militärische Führer beschäftigen müssen.

Zudem erhöht sich schon aufgrund der wachsenden Zahl hoch leistungsfähiger Mobilgeräte die Gefahr, dass auch ungeeignete Bilder und Geschichten von Kameraden und der Bundeswehr ihren Weg in die digitalen Netze finden. Und Sie wissen: Das digitale Gedächtnis überdauert uns alle und gestattet auch der aufrichtigsten Reue keine Gnade. Hier gilt es deshalb, kameradschaftliches Handeln sehr frühzeitig einzufordern und das Bewusstsein für die operativen und juristischen Fallstricke des Missbrauchs neuer Technologien zu schulen.“

Aus einer Rede des Generalinspekteurs der Bundeswehr, Volker Wieker, anlässlich der Verabschiedung des Nationalen Lehrgangs Generalstabs-/Admiralstabsdienst (LGAN) 2010 am 27. September 2012 an der Führungsakademie der Bundeswehr in Hamburg.

Der Verteidigungsminister

„Wir müssen weg von Hochglanz-Broschüren mit Hochglanzsprache. Die Menschen innerhalb und außerhalb der Bundeswehr wissen, dass die Realität des Dienstes in der Bundeswehr nicht immer nur glanzvoll sein kann. Das gilt für Auslandseinsätze ebenso wie für den Dienst in der Heimat.

Deshalb lassen wir die Soldaten und Mitarbeiter der Bundeswehr selbst zu Wort kommen. Das ist authentisch und transparent. Und es vermittelt einen Eindruck, aus welch besonderem Schlag Mensch die Bundeswehr gemacht ist. Die realistische Beschreibung der Einsätze wirkt dabei – anders, als man vielleicht annehmen könnte – nicht abschreckend, sondern überzeugend – eben weil sie authentisch ist."

Aus einer Rede von Verteidigungsminister Thomas de Maizière bei einer gemeinsamen Veranstaltung des Bundesministeriums der Verteidigung und des Instituts für Kommunikationswissenschaft der Technischen Universität Dresden am 6. Juli 2012 im Militärhistorischen Museum Dresden.

2. Kennen Sie Soldaten?

Wer ist Torschützenkönig der Fußballbundesliga? Welche deutsche Sängerin hat zuletzt den Eurovision Song Contest gewonnen? Können Sie bekannte deutsche Politiker, Schauspieler, Künstler, Autoren, Journalisten oder Unternehmenslenker nennen?

Stellte man Passanten in einer beliebigen deutschen Fußgängerzone diese Fragen, erhielte man vermutlich sehr schnell zahlreiche Antworten. Aber welche Antwort bekäme man, fragte man: Kennen Sie einen Soldaten? Einen Soldaten der Bundeswehr? Welches Bild haben Sie von einem deutschen Soldaten?

Träfe man nicht zufällig auf einen Soldaten selbst, Angehörige oder am Thema interessierte Bürgerinnen und Bürger, wäre vermutlich ratloses Schweigen die Antwort. Oder die Befragten würden sich an, na, diesen Oberst, erinnern, der mit den Tanklastern, in Afghanistan. Wie hieß der doch gleich? Ach ja, Klein. Oberst Klein.

Es muss kein schlechtes Zeichen für eine Gesellschaft sein, wenn sie keine Soldaten kennt. Es könnte ein Zeichen für eine friedliche Gesellschaft sein. Oder zumindest für eine, für die das Militärische keine Bedeutung haben muss, weil sie über andere Ressourcen verfügt, um ihre Sicherheit zu gewährleisten. Deutschland ist eine Gesellschaft, die ihre

Soldaten nicht kennt. Angehörige des Militärs sind selten Gegenstand und noch seltener Akteure im Hauptstrom ihrer Diskurse, abgesehen von ihrer historischen Rolle, vor allem im Zweiten Weltkrieg. Wenn sich jedoch die Diskurse der Gegenwart regelmäßig auf grundlegende Fragen von Frieden und Krieg beziehen – und das tun sie spätestens seit den Anschlägen vom 11. September 2001 vermehrt –, dann entsteht eine Leerstelle, wenn darin nicht auch die Stimmen derer zu hören sind, die für das, was eher abstrakt „sicherheitspolitische Interessen" genannt wird, ganz konkret ihr Leben einsetzen. Dann reicht es auch nicht mehr, diese Leerstelle mit der Formulierung eines „freundlichen Desinteresses" seitens der Gesellschaft zu markieren, wie es der ehemalige Bundespräsident Horst Köhler tat, oder, wie der damalige Verteidigungsminister Peter Struck im Jahr 2002 darauf hinzuweisen, dass die Sicherheit Deutschlands eben auch am Hindukusch verteidigt werde. Dann sollte jemand, um die Rolle und Bedeutung, die Soldaten für die deutsche Gesellschaft haben, angemessen zu würdigen, diese Leerstelle aktiv schließen. Theoretisch. Aber wer wäre dieser Jemand und was müsste er tun?

3. Medienrealitäten

„Was wir von der Gesellschaft und ihrer Welt wissen, wissen wir fast ausschließlich durch die Massenmedien", diagnostiziert der Soziologe Niklas Luhman 1996 in „Die Realität der Massenmedien." Bedeutet das im Umkehrschluss auch, dass wir über das, was nicht oder nur kaum in den Massenmedien vorkommt, auch nichts oder entsprechend wenig wissen oder wissen wollen? Einen Hinweis auf die Frage, was wir wissen wollen, liefert einer der zuverlässigsten Seismografen der modernen Gesellschaft, die Suchmaschine *Google*.

Laut der Anwendung *Google Trends*, mit der es möglich ist, nachzuvollziehen, wie sich das Suchvolumen für bestimmte Begriffe relativ zu einem Maximalwert entwickelt, fällt das relative Interesse am Begriff „Bundeswehr" seit 2004 kontinuierlich (bemerkenswerterweise nicht bei der Kombination der Begriffe „Bundeswehr" und „Karriere". Da steigt es seit der Aussetzung der allgemeinen Wehrpflicht sogar deutlich. Aber dazu später mehr.) Ausschläge nach oben bei den Suchvolumina korrelieren mit Einzelereignissen wie der Bombardierung zweier Tanklaster in Kunduz im September 2009, dem Karfreitagsgefecht im April

2010 und der Bekanntgabe des Stationierungskonzeptes der jüngsten Bundeswehrreform im Oktober 2011.

Ein ähnliches Muster lässt sich in der Berichterstattung deutscher Medien – also bei dem, was wir wissen können – beobachten, wie exemplarisch eine Auszählung des Schlagwortes „Bundeswehr" im Archiv der Pressedatenbank *Genios* über alle Medien sowie in den Archiven der *Frankfurter Allgemeinen Zeitung* und der Wochenzeitung *Die Zeit* über den Zeitraum 2004 bis 2012 zeigt. In einem Jahr wie 2012, in dem weder deutsche Soldaten in Afghanistan gefallen sind noch wesentliche Entscheidungen über die Bundeswehr getroffen wurden, sinkt die Zahl der Fundstellen um 22 (*Genios*), 28 (*FAZ*) bzw. 45 Prozent (*Die Zeit*) im Vergleich zu 2010, dem Jahr, in dem bei Gefechten die bislang meisten Soldaten verwundet und getötet wurden.

Aber was bedeuten diese Zahlen? Bestätigen sie nicht nur die Theorie vom Nachrichtenwert, nach der wir uns für das Außergewöhnliche, das Sensationelle interessieren, nicht aber für das Alltägliche? Und was wäre daran, vor allem in Bezug auf die soldatische Identität, problematisch?

Wenn wir davon ausgehen, dass die mediale Darstellung das Bild des Publikums entscheidend prägt, sind Krieg und Soldatentum für die Gesellschaft als Ganzes betrachtet nicht mehr und nicht weniger als ein (weiteres) Medienereignis. Hinzu kommt, dass dieses Ereignis in seiner Darstellung systematisch vom individuellen Erleben des Soldaten abgekoppelt ist und sich daher einer Bewertung nach Kernelementen des soldatischen Seins entzieht. Kategorien wie Mut, Tapferkeit, Disziplin und Gehorsam, Kameradschaft, Opferbereitschaft sowie die Fähigkeit und der Wille zum Kampf sind nicht Bestandteil des gemeinsamen Wissensvorrats von Gesellschaft und Soldaten. Eine Verständigung über soldatisches Handeln ist daher nur über allen Beteiligten bekannte Kriterien der medialen Konstruktion wie Performanz, Dramaturgie, Repräsentation oder Ästhetik möglich. Für die öffentliche Wahrnehmung von Soldaten ist damit nicht entscheidend, was sie tun, sondern wie sie auftreten, sprechen und aussehen, vor allem aber das, was andere darüber sagen oder schreiben. Die Frage, ob und wie Soldaten kämpfen oder gar, was sie empfinden, ist dabei beinahe bedeutungslos. Genau darin, in der medialen Konstruktion des Soldatischen – so meine Hypothese – liegt eine wesentliche Ursache dafür, dass sich viele Soldaten nicht hinreichend anerkannt, wertgeschätzt und verstanden fühlen – weder medial noch im allgemeinen Umgang.

Bemerkenswert ist dabei auch, dass nicht nur aktuell-dokumentarische Darstellungsformen, also Nachrichten, Berichte, Reportagen, sondern auch fiktionale Medienformate die Vorstellungen der Rezipienten – Soldaten inklusive – beeinflussen. Dabei verwischen nationale oder kulturelle Deutungsrahmen ebenso wie zeitliche Kategorien. Konkret ausgedrückt: die Bilder eines modernen Hollywoodfilms über den Zweiten Weltkrieg wie „Saving Private Ryan" können ebenso auf das Verhalten und die Einstellungen aller Beteiligten in aktuellen Debatten einwirken wie Nachrichten oder private Videos von Soldaten aller Herren Länder aus dem Einsatz, die diese über Internet-Plattformen wie *YouTube* verbreiten. Die Wirksamkeit dieser Darstellungen lässt sich unter anderem daran beobachten, dass Soldaten der Bundeswehr sich teilweise an Vorbildern orientieren, die erkennbar nicht Teil der Tradition der Bundeswehr sind – angefangen bei der englischen Beschriftung von Gefechtshelmen und Fahrzeugen bis hin zu Videos von tanzenden und englisch singenden Weihnachtsbäumen.

Der Kommunikationswissenschaftler Klaus Merten spricht in diesem Zusammenhang von Fiktionalität (= aktuelle Wirklichkeit) als Resultante von Realität und Fiktion, bei der die „Medien als Anbieter von nicht mehr hinterfragbaren Wirklichkeitsentwürfen" eine strategische Rolle spielen. Die technischen Möglichkeiten des Internets weichen dabei die Grenzen zwischen Medien und Publikum auf. Unterschiedliche Plattformen bieten dem Einzelnen die Möglichkeit, selbst publizistisch zu agieren und damit die öffentliche Wahrnehmung unmittelbar zu beeinflussen – vorausgesetzt er oder sie findet ein Publikum. Gleichzeitig steigen Geschwindigkeit und Reichweite, mit der sich entsprechende Kommunikate verbreiten.

4. Strategische Erzählungen

Das Bild, das wir als Gesellschaft von Soldaten haben, wird entscheidend durch deren Darstellung in den Medien beeinflusst. Dieses Bild ist darüber hinaus ein Hybrid von Fiktion und Wirklichkeit. Aber wer stellt diesen Hybrid her? Nach welcher Methode? Und welche Folgen hat das für die soldatische Identität?

In Bezug auf das Selbstbild der Bundeswehr ist es relativ leicht, die entscheidenden Akteure zu identifizieren. Dem Primat der Politik entsprechend werden Selbstaussagen der Bundeswehr sowie Aussagen zu ihrer

Bedeutung für die Gesellschaft fast vollständig durch politische Akteure, konkret das Parlament, die Regierung sowie das Verteidigungsministerium determiniert. Um die sich daraus ergebenden Konflikte zu analysieren, ist es unabdingbar, das Verteidigungsministerium und die Streitkräfte als getrennte, aber strukturell gekoppelte Organisationen zu betrachten. Das Ministerium ist eine mit der Führung der Streitkräfte beauftragte Behörde. Sie orientiert sich inhaltlich und strukturell nicht an militärischen Erfordernissen, sondern an den politischen Zielen der Regierung. Diese sowie die im Bundestag vertretenen Parteien orientieren sich wiederum an den Erwartungen der Wähler. Und weil sich die Berichterstattung der traditionellen Medien vor allem auf diese politischen Aussagen bezieht, prägen diese politischen Aussagen auch die Wahrnehmung weiter Teile der Gesellschaft.

Die Konflikte, die sich daraus ergeben, werden deutlich, wenn wir die Äußerungen von Regierung und Ministerium, die Berichterstattung der Medien und das Erleben der Soldaten im Einsatz gleichermaßen als Erzählung betrachten. Am Beispiel des Einsatzes der Bundeswehr in Afghanistan zeigt sich, was passiert, wenn diese Erzählungen sich entkoppeln. Den Soldaten in Afghanistan war schon lange klar, dass sie sich in einem Kampfeinsatz befanden, dass das, was sie erlebten, nicht nur kriegsähnlich, sondern Krieg war. Keiner der großen Kriege, die das 20. Jahrhundert prägten, sondern einer dieser neuen Kriege (Münkler), in dem weder Ziele noch Fronten klar sind. Und während die Soldaten in Afghanistan diesen Krieg kämpften, hielten deutsche Politiker und die Kommunikationsstrategen in der Parallelwelt des Bendler-Blocks beinahe unbehelligt von den Medien die Illusion aufrecht, dass zumindest das deutsche Engagement eine Stabilisierungsmission war, deren eigentliches Ziel es ist, Brunnen zu bohren und Mädchenschulen zu bauen.

Wie weit sich die strategische Erzählung des Ministeriums in Sachen Afghanistan von der Wirklichkeit entfernt hatte, zeigt sich exemplarisch an der Kommunikation nach dem von Oberst Georg Klein befohlenen Bombenangriff auf zwei von Aufständischen in der Provinz Kunduz entführte Tanklaster. Während internationale Medien schon längst über zivile Opfer berichteten, hielten der damalige Verteidigungsminister Franz Josef Jung und sein Presse- und Informationsstab eisern daran fest, dass bei dem Bombenabwurf ausschließlich „terroristische Taliban" getötet worden waren.

Weder diese Behauptung noch die strategische Erzählung vom Stabilisierungseinsatz hatten Bestand. Allerdings gelang es, die Aufarbeitung der Ereignisse zumindest bis nach der Bundestagswahl 2009 zu verzögern. Damit war aus politischer Sicht ein wesentliches Ziel erreicht, entscheidende militärische Fragen blieben jedoch unbeantwortet. Dennoch markierte der Bombenangriff aus kommunikativer Perspektive eine entscheidende Wende. Er löste zum einen eine fundamentale politische Krise aus, zum anderen verschob sich dadurch die Wahrnehmung des Einsatzes und der Soldaten durch die breite Öffentlichkeit. Der Erfolg, den der auf Franz Josef Jung folgende Kurzzeitminister Karl-Theodor zu Guttenberg unter anderem in den Reihen der Soldaten im Einsatz hatte, lässt sich teilweise auch damit erklären, dass er die Erzählungen der Politik und der Soldaten wieder einander annäherte, als er zunächst von kriegsähnlichen Zuständen und später von Krieg in Afghanistan sprach.

5. Soldatische Identität und Kommunikation der Bundeswehr

Der Bombenangriff von Kunduz markiert eine fundamentale Handlungswendung in der Erzählung über den Einsatz der Bundeswehr in Afghanistan. Erstmals sprachen nicht nur die Soldaten selbst von Krieg, sondern auch Politik und Medien. Zusätzliches Gewicht bekam diese Erzählung infolge schwerer Gefechte im April 2010, bei denen insgesamt sechs deutsche Soldaten fielen. In seiner Kommunikation tut sich insbesondere das Verteidigungsministerium dennoch weiterhin schwer mit der Rolle des Soldaten als Kämpfer, der bereit ist, zu töten und getötet zu werden. Vor allem bei der Darstellung des Soldatenberufs in den durch das Ministerium verantworteten Medien – von werblichen Maßnahmen über die eigenen Internetseiten bis hin zu unterschiedlichen Präsenzen auf der Plattform *Facebook* – werden Bilder von Soldaten gezeichnet, die kaum etwas mit der Einsatzwirklichkeit zu tun haben.

Ein ähnliches Muster zeigt sich in der Darstellung des Soldatenberufs in einer durch den Generalinspekteur der Bundeswehr, Volker Wieker, im Mai 2012 herausgegebenen Broschüre mit dem Titel „Soldat sein heute". Diese Broschüre dokumentiert das systematische Versagen der Bundeswehr als Organisation, die es seit ihrer Gründung nicht geschafft hat, eine militärische Identität zu entwickeln, die über das Selbstverständnis der Truppengattungen und Teilstreitkräfte hinausreicht, und die gleichermaßen daran gescheitert ist, einen eigenen intellektuellen Kern zu definieren, der es ihr ermöglicht, das soldatische Dienen zu hinterfragen, um es auf dieser Basis positiv zu begründen.

„Wir müssen also gleichermaßen unser berufliches Selbstverständnis und unsere Führungskultur weiterentwickeln", fordert Wieker unter der Überschrift „Unsere Neuausrichtung". Damit macht Wieker das berufliche (nicht das soldatische!) Selbstverständnis und die Führungskultur der Bundeswehr zu „Erfüllungsgehilfen" eines Verwaltungsprozesses. So verwundert es auch nicht weiter, dass Wieker seine „Standortbestimmung" – also die Grundlage für soldatisches Dienen – weder mit Verweis auf eine der großen strategischen sicherheitspolitischen Linien noch die Einsatzrealität der Soldaten beginnt, sondern mit den Themen Wiedervereinigung, Frauen und Glaubensrichtungen in der Bundeswehr, individualistischen Tendenzen unter Soldaten, Mediennutzungsverhalten, dem Generationenkonflikt in der Bundeswehr, dem demografischen Wandel, der Pendlerproblematik und der Vereinbarkeit von Beruf und Familie. Das sind alles sicher wichtige Themen, aber entscheiden sich daran wirklich die Fragen nach der Rolle Deutschlands, die der Bundeswehr und damit die der soldatischen Identität?

Erst im Folgekapitel „Einsatzrealität und Freiwilligenarmee" kommt Wieker auf die wesentliche Veränderung zu sprechen, die soldatisches Dienen heute prägen. Aber auch hier schreibt er nicht vom existenziellen Moment des Kampfes oder darüber, was es bedeutet, zu töten oder sich der Gefahr auszusetzen, getötet zu werden, sondern bleibt abstrakt: „Die Notwendigkeit, in Gefechten und militärischen Kampfhandlungen zu bestehen, trat erst in den letzten Jahren verstärkt ins Bewusstsein unserer Streitkräfte und einer breiten Öffentlichkeit. Das meint nicht weniger, als den bewussten Einsatz militärischer Gewalt gegen einen Gegner, der häufig in hochkomplexen Szenarien ohne Bindung an das humanitäre Völkerrecht seine Mittel in asymmetrischer Aufstellung zur Wirkung bringt […]."

Angesichts dieser technokratischen Ausführungen nutzt es auch kaum etwas, dass Wieker im folgenden Kapitel bemerkt, dass das Erleben der Soldaten und das Erleben der Gesellschaft auseinanderlaufen. Diese Diagnose ist richtig. Es reicht aber nicht, die mangelnde Anerkennung der Bundeswehr in der Gesellschaft zu beklagen, ohne einen Ansatz zu formulieren, wie die Erzählungen der Soldaten mit der der Gesellschaft verbunden werden können. Vor allem dann nicht, wenn eine der wesent-

lichen Ursachen dafür ist, dass das zuvorderst die Erzählungen der Soldaten und ihrer Führung immer noch entkoppelt sind. Hierzu wäre eine
Reflexion nötig, zu der Spitzenmilitärs, vor allem solche, die im Ministerium dienen, entweder nicht willens oder nicht in der Lage sind. So ist es
nicht überraschend, dass in der Broschüre mit dem Titel „Soldat sein
heute" weder überzeugende Gedanken zur Rolle des Soldaten als Kämpfer noch zu den vielen anderen Rollen, die ein Soldat heute im Frieden
und im Einsatz auszufüllen hat, zu finden sind.

Angesichts der Selbstdarstellung der Bundeswehr kann man die vom
Generalinspekteur herausgegebene Broschüre durchaus als strategisches
Programm lesen. Zwar versucht das Ministerium mit der Kampagne
„Wir. Dienen. Deutschland." ein etwas realistischeres Bild des Soldatenberufes zu zeichnen, existenzielle Themen bleiben jedoch auch hier weitgehend außen vor. Angesichts der sonstigen Kommunikationsaktivitäten
der Bundeswehr muss man davon ausgehen, dass diese Ignoranz gegenüber der kämpfenden Truppe beabsichtigt ist. Genau diese Themen aber
sind es, die die soldatische Identität entscheidend prägen. Soldaten, die im
Gefecht stehen, fühlen, riechen und schmecken den Kampf. Die Bilder
und Erinnerungen brennen sich fest ins Gedächtnis ein und stellen eine
Eindeutigkeit in der Selbstwahrnehmung her, die in der vielfältigen und
friedlichen Heimat nicht reproduziert werden kann. Ein strategisches
Kommunikationsprogramm, das geeignet wäre, sowohl Soldaten als auch
ihren Angehörigen zu helfen, mit den sich daraus ergebenden Dilemmata
umzugehen, ist jedoch nicht in Sicht. Stattdessen hat die Führung der
Bundeswehr die sich daraus ergebenden Probleme systematisch ignoriert.

Genau in diese Leerstelle sind innerhalb kürzester Zeit die neu gegrün-
deten Veteranenverbände gestoßen. So hat sich beispielsweise der „Bund
Deutscher Veteranen", erst 2010 in Berlin gegründet, innerhalb kürzester
Zeit als anerkannter Gesprächspartner für Soldaten und Politik etablieren und mit seinen Themen Gehör verschaffen können. Diese Dynamik
wäre ohne die neuen Kommunikations- und Vernetzungsmöglichkeiten
des Internets vermutlich nicht möglich gewesen.

6. Militär im Social Web – Identitäts- und Kulturkonflikte

Diese Kommunikations- und Vernetzungsmöglichkeiten sind angesichts
der offiziellen Kommunikationsmaßnahmen der Bundeswehr geeignet,
die in den Streitkräften angelegten Identitäts- und Kulturkonflikte sicht-

bar zu machen und zu verstärken. Die wesentlichen Konfliktlinien verlaufen dabei zum einen zwischen einsatzerfahrenen und einsatzunerfahrenen Soldaten und zum anderen zwischen den Soldaten, die im Einsatz außerhalb der Feldlager Dienst tun und denen, die diese in der Regel nicht verlassen.

Dank des Internets haben Soldaten die Möglichkeit, auch ohne professionelle publizistische Strukturen ihre Geschichte zu erzählen. Darüber hinaus hat sich inzwischen eine eigene kleine Gruppe von ehemaligen Soldaten als Autoren etabliert, die mit Hilfe professioneller Verlage und ohne Kontrollmöglichkeit durch das Verteidigungsministerium agiert und dabei die Möglichkeiten des Internets ebenso nutzen, um ihre Erzählungen einem größeren Publikum bekannt zu machen. Angesichts der programmatischen Forderung von Verteidigungsminister Thomas de Maizière nach mehr Authentizität in der Außendarstellung bleibt unklar, ob er weiß, was er damit auslöst, denn der Krieg entfremdet die Staatsbürger in Uniform der Gesellschaft, aus der sie stammen und zu der sie gehören wollen. Damit ist es den meisten Bürgerinnen und Bürgern fast unmöglich anzuerkennen, was die Soldaten im Einsatz leisten. Genau das aber ist es, was sich Soldaten am meisten wünschen: Anerkennung.

Die Versuche vonseiten der Politik, ihren Soldaten diese Anerkennung zuteilwerden zu lassen, sind bislang halbherzig. Das der Bevölkerung entzogene Ehrenmal der Bundeswehr und neue Abzeichen für Einsätze und Gefechte haben allenfalls symbolische Wirkungen und bleiben auf die Bundeswehr selbst beschränkt. In den relevanten Anerkennungsplattformen moderner Gesellschaften aber, den Medien, herrscht weiterhin freundliches Desinteresse. Auch die Eigenmedien des Militärs helfen hier kaum. Sie sind inhaltlich und handwerklich weit von den Inszenierungsstandards der Medienindustrie entfernt. Erschwerend kommt hinzu, dass die militärische Öffentlichkeitsarbeit vorwärtsgerichtete Vorhaben gezielt blockiert. Projekte wie „A Year at War" der *New York Times* oder Dokumentationen wie „Restrepo" oder „Armadillo" sind in Deutschland trotz Initiativen professioneller Medienmacher bislang wegen des Unwillens aufseiten des Verteidigungsministeriums nicht umsetzbar. Und von Hilfe- und Unterstützungsaktivitäten für Soldaten und ihre Angehörigen, wie sie beispielsweise in den USA zu finden sind, ist Deutschland noch weit entfernt.

Diese Themen verfolgen vor allem das US-Verteidigungsministerium und die Teilstreitkräfte mit bemerkenswerter Konsequenz. Angefangen bei der aktiven Nutzung der unterschiedlichsten Kanäle bis hin zu umfassenden Richtlinien zum Umgang mit *Facebook & Co.* Auch andere Streitkräfte haben inzwischen umfassende „Social Media Guidelines" veröffentlicht. Einen guten Überblick dazu und über entsprechende Richtlinien von Unternehmen bietet die Seite *socialmediagovernance. com.* Ein Aspekt der Internet-Nutzung, den vor allem die Handbücher der US-amerikanischen Streitkräfte sehr gut und an den Anforderungen der Soldaten orientiert darstellen, ist der Themenkomplex Social Media und Einsatz. So gibt beispielsweise das „Social Media Handbook" der US-Army eine Reihe von praktischen Tipps, wie sich Soldaten gegen Spionage schützen können, oder aber auch, wie sie die Geo-Tagging Funktionen ihrer Smartphones deaktivieren können, die es einem Gegner ermöglichen könnten, mithilfe der in den Metadaten von Fotos gespeicherten GPS-Koordinaten Rückschlüsse auf Patrouillenwege zu ziehen.

Auch eine offensivere Nutzung des Social Webs wird vor allem in den USA vorangetrieben. So untersucht zum Beispiel die *Defense Advanced Research Projects Agency* (DARPA) im Auftrag des Pentagon die Möglichkeiten, wie das Militär die Social Media im Rahmen der strategischen Kommunikation einsetzen kann. In einem anderen Projekt geht es zudem darum, die Mythen und Erzählungen der al-Quaida zu verstehen, um ihnen eine eigene, bessere Erzählung entgegenzusetzen. Eine, wenn man so will, erste praktische Anwendung einer solchen Kommunikationsstrategie lässt sich in regelmäßigen Abständen auf dem Kurznachrichtendienst *Twitter* beobachten. Dort liefert sich das PR-Team von *ISAF-Media* manchmal durchaus unterhaltsame Wortgefechte mit mutmaßlichen Taliban-Anhängern. Selbst für den „heißen Krieg" zeichnen sich Szenarien ab, in denen die sozialen Medien eine zumindest unterstützende Rolle spielen. So soll beispielsweise die NATO bei den Bombenangriffen gegen Libyen Twitter-Meldungen im Rahmen der Zielplanung genutzt haben. Und die Nutzung von Social Web-Plattformen durch die *Israel Defence Force* im Zuge der Auseinandersetzung um Gaza durfte sich als wegweisend für eine auf die sozialen Netzwerke zielende Propaganda durch militärische Akteure erweisen.

Im Vergleich zu den Online-Aktivitäten in den USA fällt die Bilanz mit Blick auf das Engagement der Bundeswehr eher ernüchternd aus. Von interaktiven Service- oder Hilfsangeboten ist das Verteidigungsministerium noch weit entfernt. Das Gedeihen zarter Pflänzchen, wie einem gemeinsamen Bundeswehr-Wiki, hängt vom Engagement Einzelner ab.

Einzig an der Propaganda-Front scheint man in Berlin entschlossen, aufholen zu wollen. Besonders stolz ist man im Ministerium auf die Kampagne „Wir. Dienen. Deutschland" und auf den eigenen *YouTube*-Kanal. Mehr als 40.000 Abonnenten und über 17 Millionen Abrufe (Stand Februar 2013) sind in der Tat eindrucksvolle Zahlen. Ein wirkliches soziales Medium ist der Kanal aber nicht. Selbst mit gutem Willen kann man in den Kommentarspalten, in denen sich pubertierende Bundeswehr-Fans und Antimilitaristen unter Moderation eines wackeren Bundeswehrteams duellieren, kaum einen sinnvollen sozialen Austausch erkennen. Der ist vermutlich auch gar nicht gewollt, denn es geht vor allem um Propaganda, also darum, das eigene Weltbild zu bestätigen. Dass dieses Weltbild häufig vom Erleben der Soldaten im Einsatz abweicht, sieht man in Berlin eher unkritisch. Im Gegenteil: wenn in Bundeswehr-Videos dann doch einmal etwas Pulverdampf zu sehen ist, knicken die Verantwortlichen bei Kritik schnell ein und entfernen auch schon mal ein Video unter Verweis auf fehlende Übereinstimmung mit den Vorgaben des Corporate-Designs.

Das ist, wie vieles im Geschäftsbereich des Ministeriums, zumindest widersprüchlich, wenn nicht gar widersinnig. So betreibt die Bundeswehr im Rahmen der Personalwerbung zwar eigene *Facebook*-Seiten, allen voran die Seite „Bundeswehr-Karriere". Mit Bloggern aber will man im Presse- und Informationsstab in Berlin nicht sprechen. Um die soll sich der InfoService Bürgeranfragen im Streitkräfteamt kümmern. Und den gleichen Absolventen, die man versucht, über das Social Web für die Bundeswehr zu begeistern, legt man nahe, sie mit Dienstbeginn zu meiden, vor allem im Einsatz, also dann, wenn die Soldaten am weitesten von ihren eigentlichen sozialen Netzwerken entfernt sind.

7. Die Zukunft – Medialisierung des Militärischen

Wer die Bundeswehr auch in der Ära nach Abschaffung der Wehrpflicht in der Gesellschaft verankern will, muss die Medialisierung des Militärischen konsequent vorantreiben. Je mehr die Truppe sich infolge von Standortschließungen aus der Fläche zurückzieht, umso stärker muss sie in den Medien präsent sein. Erreichen könnte man das unter anderem durch grundlegende strukturelle Änderungen. So wäre es beispielsweise möglich, die Streitkräfte durch einen militärischen Kommunikationschef, dem die entsprechenden Abteilungen der Teilstreitkräfte unterstehen, gegenüber dem Ministerium kommunikativ zu stärken und durch entsprechend zugewiesene Budgets eigenständig handlungsfähig zu machen. Außerdem wäre es sinnvoll, die künstliche Trennung zwischen Presse- und Öffentlichkeitsarbeit, interner Kommunikation und Operativer Information zugunsten eines streitkräftegemeinsamen Kompetenzverbundes aufzuheben.

Operativ zweckmäßig wäre unter anderem eine intensivere und freizügigere Pressearbeit im Einsatz. Statt Journalisten wie bisher an der engen Leine zu führen, sollte die Bundeswehr ihnen einen offenen Zugang zur Truppe ermöglichen. Und statt Soldatinnen und Soldaten die Nutzung von Kameras zu untersagen, sollte sie diese ermutigen, die Bilder ihres Krieges selbst zu machen und mit anderen zu teilen. Nur wenn wir diese Bilder und die dazugehörigen Erzählungen kennen, können wir als Gesellschaft ernsthaft darüber diskutieren, was wir unseren Soldatinnen und Soldaten zumuten wollen. Die Soldaten ihrerseits brauchen diese Bilder und Erzählungen, um sich ihrer Identität zu vergewissern.

8. Epilog

Eine Freundin

„Es geht um Leben und Tod. Auch deshalb kann ich nicht verstehen, warum, wenn es um Soldaten geht, immer alles so locker und verspielt aussehen soll."

Aus dem Artikel „Mein Freund ist in Afghanistan" in der Frankfurter Allgemeinen Sonntagszeitung vom 3. Februar 2013.

Ein Soldat

„Wir waren dort, um zu kämpfen. Wir wurden gedrillt, auf Menschen zu schießen. So wurde es uns gesagt, und genauso ist es gekommen."

Aus dem Buch „Vier Tage im November" von Johannes Clair, erschienen im Oktober 2012.

GOTTFRIED KÜENZLEN

Kämpfer in postheroischer Zeit?
Leitbilder für deutsche Soldaten zwischen Vision
und Illusion[1]

Die Frage nach dem Leitbild des deutschen Soldaten ist im Kern die Frage: Wozu, wofür ist der deutsche Soldat da, oder auch: Wozu soll er da sein? Eine gültige Antwort auf diese Frage ist in zweierlei Richtung von elementarer Bedeutung: Zum einen selbstverständlich – in geradezu existenzieller Dimension – für die Soldatinnen und Soldaten selbst, die *ohne* Antwort auf die Frage ‚Wozu bin ich da?‘ nicht wirklich handeln können, und keine noch so perfekt eingeübte, gewiss notwendige Professionalität kann die Antwort auf diese Frage ersetzen. Und ich muss einleitend nicht betonen, welch aktualitätsbestimmte Dringlichkeit diese Frage für unsere Soldaten hat.

Auf die Frage, wozu der Soldat da ist, muss aber auch die den Soldaten tragende, beauftragende und entsendende Gesellschaft eine Antwort finden, worauf zurückzukommen sein wird. Hier nur so viel: Schon rein formal erzwingt der bei uns geltende Primat der Politik vor dem Militärischen eine die Streitkräfte legitimierende politische Begründung. Vor allem aber: Ohne letzliche Akzeptanz durch die gesellschaftlichen Kräfte und Mächte, ohne die Antwort ‚Ja, wir wissen, wozu unsere Soldaten da sind‘, wird eine Armee sich im gesellschaftlichen Nirgendwo verlieren. Wie sehr dieses ‚Ja‘ zu unseren Streitkräften und damit für jeden einzelnen Soldaten von elementarer Bedeutung ist, muss ich jetzt angesichts des Ernstfalls, in den der Soldat und die Soldatin gestellt sind, nicht weiter dramatisieren.

Der Frage nach dem Leitbild ist sodann die andere Frage einverwoben: Nicht nur ‚Wozu ist der Soldat da?‘ sondern auch *Wie* soll er sein, wie

---

1 Dieser Beitrag ist der um Nachweise ergänzte Abdruck der Abschiedsvorlesung, die ich anlässlich meiner Versetzung in den Ruhestand am 17. März 2010 an der Universität der Bundeswehr München gehalten habe. Der Stil der Rede wurde weitgehend beibehalten.

handelt er richtig?', die Frage also nach der ethischen Dimension soldatischen Handelns. Das Thema ‚Ethik und Soldatenberuf' gewann in den letzten Jahren, vor allem innerhalb der Bundeswehr, bedeutende Aufmerksamkeit – wie vielleicht nie zuvor in der Geschichte der Bundeswehr. Das ist nicht zufällig. Dazu gab es äußere Anlässe, z.B. die sogenannte ‚Totenkopfaffäre' in Afghanistan, als einige Soldaten, vom Typus her eher schlichteren Geistes, einen Panzer mit einem auf einem Begräbnisfeld herumliegenden Totenkopf aufputzten, ohne auch nur zu ahnen, welche Schleusen sich für die stets skandalisierungsbereiten Medien damit öffneten.

Aber man muss die aktualitätsbestimmte Konjunktur des Themas ‚Ethik und Militär' in einen weiteren Horizont stellen. Generell gilt dem Thema ‚Ethik' gegenwärtig besondere Aufmerksamkeit. Das zeigt sich etwa an der geradezu inflationären öffentlichen Rede über Werte: Kaum eine Politikerin oder ein Politiker, die heute darauf verzichteten, unsere ‚Werte' oder ‚Wertegemeinschaft' zu beschwören, Werte zu fordern usw. Von den Gründen hierfür seien nur zwei wenigstens angedeutet, wobei ich mich nur scheinbar kurz vom Thema Bundeswehr entferne. Zum einen: Es sind Sachfragen, in die wir in unserer heutigen Lebenswelt gestellt sind, die verstärkt zu ethischer Klärung und Entscheidung drängen. Die ungeheure Evolutionsdynamik des technisch-wissenschaftlichen Fortschritts drängt zu ganz neuen Fragen auch in ethischer Perspektive. Dies gilt für die Wirtschaftsethik, die Medienethik oder auch Bioethik, wo etwa die Frage ansteht, ob wir alles, was wir biotechnologisch tun können – etwa Eingriffe in das menschliche Genom – auch tun sollen. Ich könnte die Reihe fortsetzen.

Zum anderen: Die gegenwärtige Beschwörung von Werten hat noch eine andere Begründung, die mit unserer geistig-kulturellen Lage zu tun hat. Diese ist nicht mehr geprägt und geleitet von der kulturell unbefragten Selbstverständlichkeit dessen, was ethisch gelten soll. Nichts an ethischer Orientierungssicherheit scheint mehr sicher, vieles ist zumindest fraglich, nur auf weniges dessen, was gelten soll, können wir uns gemeinsam überhaupt noch einigen. Die Beschwörung von Werten und Ethik ist so auch ein – oft hilfloser – Versuch, unserem Handeln, unserem persönlichen, gerade aber auch dem politisch-öffentlichen Handeln, das in der bloßen Pragmatik eines reinen Utilitarismus zu zerfasern droht, ein sinngebendes Fundament zu sichern – nachdem die fraglose Gültigkeit überlieferter Sinntraditionen nicht mehr zuhanden ist. Zu nennen ist hier insbesondere auch der Geltungsverlust von Religion und Glaube, die einst als Lebensführungsmächte vorrangig Antwort boten auf die Frage, wie wir richtig handeln sollen. Die kulturelle Entmächtigung des Christlichen in (West-)Europa und so auch in Deutschland ist unübersehbar. Bei allen gegenstrebigen Bewegungen, die es auch geben mag, ist doch die christlich-selbstverständliche Grundierung unserer Kultur und damit eben auch unseres politisch-öffentlichen Handelns erodiert.

In diese gesellschaftliche, näherhin geistig-kulturelle Lage ist selbstverständlich auch die Bundeswehr hineingestellt. Hier ist es insbesondere der eingetretene militärische Ernstfall, der die Suche und Forderung nach ethischer Orientierung ganz neu und unausweichlich andrängend macht. Die Frage freilich lautet: Aus welchen kulturellen, geistigen, ideellen, vielleicht religiösen Beständen, oder – in karger Soziologensprache formuliert – aus welchen Sinnressourcen wird die Suche nach ethischer Orientierung auch für die Bundeswehr Anhalt und Begründung finden? Ich muss dies als Frage so stehen lassen, will aber als elementaren Befund und Voraussetzung thesenhaft festhalten: Unsere Soldaten können in die Truppe nur das an ethischer Orientierung und Grundierung mitbringen, was in der *Gesellschaft* ethisch zuhanden ist oder auch nicht zuhanden ist. Übrigens: Auch die anzugehende Aufgabe der Entwicklung einer Militärischen Berufsethik wird nicht ohne Reflexion solcher Grundfragen auskommen können.

1. Die Reallagen und das soldatische Leitbild

Nach diesem Einstieg muss ich mich der unmittelbaren Themenstellung noch deutlicher und expliziter nähern. Ich beginne mit einem Zitat: „Der Krieg, aller Dinge Vater, ist auch der unsere; er hat uns gehämmert, gemeißelt und gehärtet zu dem, was wir sind. Zwar haben wir ihn überwunden, wie der Sohn seinen Vater überwindet und überragt, doch bleibt er in uns, versteinertes Gebirge, von dem wir talwärts schreiten, Neuland zu suchen. Und immer, solange des Lebens schwingendes Rad noch in uns kreist, wird dieser Krieg die Achse sein, um die es schwirrt. […] Indes: Nicht nur unser Vater ist der Krieg, auch unser Sohn. Wir haben ihn gezeugt und er uns. Gehämmerte und Gemeißelte sind wir, aber auch solche, die den Hammer schwingen, den Meißel führen, Schmiede und sprühender Stahl zugleich, Märtyrer eigener Tat, von

Trieben Getriebene."[2] Diese Sätze schrieb der Frontkämpfer des Ersten Weltkriegs und Träger des höchsten preußischen Militärordens ‚Pour le Mérite', Ernst Jünger, im Jahr 1922. Kaum noch steigern lässt sich diese Apotheose, ja, Sakralisierung des Krieges und die Feier des Soldaten als Kämpfer, als Held. Nur am Rande sei hier betont, dass der ganze Ernst Jünger selbstverständlich nicht bei diesen Sätzen zu behaften ist: Jünger ist vielmehr in seinem Jahrhundertleben später, auch im Nationalsozialismus, ganz andere Wege gegangen.

In dem Zitat wird schlaglichtartig deutlich, welch tiefer historischer Graben uns von dieser Welt, auch von dieser geistigen Welt, die hier beschrieben ist, trennt. Solche Apotheose des Krieges, *diesen* soldatischen Kämpfertypus, *solche* Helden ‚in Stahlgewittern': Wir wollen sie nicht mehr, wir können sie auch nicht mehr wollen – belehrt durch bitterste historische Erfahrung. Im Gegenteil: Nie wieder Krieg! Dieser Satz ist nicht die bloße Parole eines gesinnungsethischen Pazifismus, sondern tief verankert im kollektiven Bewusstsein der Deutschen. Die Spuren hierfür mögen weit zurückgehen, vielleicht gar zu den Verheerungen des Dreißigjährigen Krieges; vor allem aber: Die Erfahrung der beiden Weltkriege des 20. Jahrhunderts mit ihren äußeren Zerstörungen und inneren Verstörungen haben sich tief eingebrannt in den Seelenhaushalt unseres Volkes. Mögen wir auch als Volk und Gesellschaft weithin unser kulturelles Gedächtnis verloren haben, ein Element kollektiven Gedächtnisses hat seine gegenwartsbestimmende Macht nicht verloren: Kein Krieg mehr – und schon gar nicht ausgehend von deutschem Boden. Wer wollte noch sprechen vom Krieg als „inneres Erlebnis", und verweht sind auch die Zeiten der Heldengedenktage.

In solche Erfahrung war auch das Konzept der Inneren Führung und das darin verankerte Leitbild vom Staatsbürger in Uniform eingebunden, als ein gleichsam demokratiekompatibler Entwurf, um das Selbstverständnis und die Legitimation der neu aufzubauenden Bundeswehr als ausschließlich friedenserhaltender Armee zu sichern. Solches Selbstverständnis und solche Legitimation, formuliert im Leitbild des Staatsbürgers in Uniform, trug denn auch, bei mancher Fraglichkeit schon damals, durch die Zeiten des Kalten Krieges. Man muss sich vergegenwärtigen, was Kalter Krieg bedeutete: Der Friede war der Ernstfall, dessen Alternative kaum zu denken war. Alle Anstrengungen der Armee waren darauf gerichtet, kämpfen zu können, um nicht kämpfen zu müssen. Das war die

---

2 Jünger, Ernst: Der Kampf als inneres Erlebnis, Berlin 1922, S. 2.

Logik der Abschreckung. Dazu kam: Es ging um klar bestimmte Landesverteidigung. Bundeswehr- und NATO-Soldaten waren stationiert entlang der Grenzen unseres Landes, um Frieden und Freiheit zu sichern.

Und heute? Derzeit ist die Bundeswehr mit elf Kontingenten auf drei Kontinenten und zwei Meeren im Einsatz: von Afghanistan über die Stabilisierung des Balkan bis hin zu Operationen gegen Piraten vor der Küste Afrikas. Täglich bewältigen rund 8.000 Soldatinnen und Soldaten die Einsatzherausforderungen, gestützt durch einen enormen logistischen Aufwand in den Heimatstandorten. Die Bundeswehr ist zur international operierenden Einsatzarmee geworden. Unsere Studierenden wissen schon heute, dass sie über kurz oder lang mit großer Wahrscheinlichkeit in den Einsatz gehen werden.

Wozu ist der deutsche Soldat da? Lassen Sie mich auch hier ein Zitat verlesen. Es entstammt einer E-Mail, die ich vor einiger Zeit von einem ehemaligen Studenten, er war bei mir studentische Hilfskraft, aus Afghanistan erhielt:

„Zurzeit verteidige ich unser Vaterland als Führer einer Long Range Patrol am Hindukusch. Mittwochnacht haben wir unser erstes Feuergefecht einigermaßen heil überstanden. Obwohl uns der Feind mit RPG und Handfeuerwaffen beschossen hat, sind wir mit einigen leicht Verletzten davongekommen. Man sagt hier, dass die Kämpfer aus dem Süden und dem Osten über die frei werdenden Gebirgspässe zu uns in Richtung Norden marschieren. Wer unser Gegner genau ist und aufgrund welcher Motivation er handelt, ist in der Gemengelage von organisierter Kriminalität, traditionellem Widerstand gegen jede Art von Besatzern und Terrorismus kaum zu erkennen. Wir hoffen, nicht gegen erfahrene Mudschaheddin-Kämpfer antreten zu müssen. Glücklicherweise verfüge ich nunmehr über bereits unter Feuer bewährte Männer. Örtlich wird von unseren Kommandeuren die Parole ausgegeben, dass deutsche Truppen sich nicht einschüchtern lassen. Es wird von vermehrten Angriffen und Anschlägen ausgegangen. Leider befinden wir uns genau dort, wo sowohl die Sowjetarmee als auch die Taliban stets geschlagen wurden. Unser Wohl hängt also nur zum Teil von unseren eigenen Fähigkeiten ab. Die an der Uni viel diskutierten Fragen nach Legitimation und Legitimität des Handelns rücken nun mehr und mehr in den Hindergrund. Die Frage nach dem Sinn unseres Tuns lässt sich verhältnismäßig leicht beantworten: Es gilt, die eigenen Männer heil nach Hause zu bringen."

Der Oberleutnant, der mir dies schrieb, wollte sich selbst gewiss nicht als ‚Held' verstehen oder von außen so bezeichnen lassen, und der Helden-Stahl-Gewitter-Ton des jungen Ernst Jünger wäre ihm ganz fremd und unverständlich, vielleicht gar nur noch lächerlich. Aber die E-Mail zeigt das andere auch: Der militärische Ernstfall zwingt ganz neu zu einer Wieder- und Neubesinnung auf soldatische Tugenden – und Tugend ist ein Zentralbegriff der ethischen Tradition – auf soldatische Tugenden wie Tapferkeit, Mut, Ehre, Pflicht, vielleicht Opferbereitschaft, vielleicht Vaterlandsliebe. Dies ganz unabhängig davon, ob wir das *wollen* oder nicht. Es sind die Reallagen, die dazu drängen.

Und die Reallagen sind es, die ganz neu die Frage nach dem soldatischen Leitbild *heute* unausweichlich machen. ‚Heute' meint: Wie sieht das Leitbild einer Einsatzarmee aus? Die Frage nach dem Leitbild ist deshalb von so fundamentaler Bedeutung, weil erst Leitbilder, oder wie Arnold Gehlen es nannte, unsere inneren „Zielbilder"[3], explizite oder implizite, unserem Handeln Richtung, Orientierung und Sicherheit verleihen. Dazu vor allem aber: Leitbilder entlasten davon, uns in jeder Situation die Richtung, Orientierung und Gewissheit unseres Handelns selbst ver-schaffen und konstruieren zu müssen. Das gilt gerade für die Soldatin, den Soldaten im Einsatz. Wenn in der Extremsituation im Bruchteil einer Sekunde entschieden werden muss, bedarf es eines Leitbildes, das Ant-wort auf die Frage gibt: Wozu sind wir da? Wozu bin *ich* da? Wo die Frage ‚Wozu sind wir da?' keine klare, verstehbare, innerlich angenommene Antwort findet, wird auf Dauer auch das konkrete soldatische Handeln unsicher und labil werden müssen. Denn Leitbilder sind gleichsam vor-individuelle Haltepunkte des Handelns und seiner Legitimation.

2. Überwindung von Illusionen

Hier ist meine These: Wir bedürfen einer Reformulierung und Neuver-gewisserung des soldatischen Leitbildes – unter dem unausweichlich-realistischen Druck gegenwärtiger Lagen, hier insbesondere im Blick auf die Transformation der Bundeswehr von der reinen Landesverteidi-gungsarmee zur Einsatzarmee. Ich spreche bewusst von Reformulierung und Neuvergewisserung und nicht von einem ‚neuen' Leitbild – das

---

3 Gehlen, Arnold: Studien zur Anthropologie und Soziologie (= Soziologische Texte, Bd. 17), Neuwied u. Berlin ²1971, S. 53.

ohnedies nicht am Reißbrett von Strategen, aber auch nicht von Philosophen, Theologen, Berufsethikern, Chefideologen oder sonstigen Meisterdenkern konstruiert werden könnte. Reformulierung und Neuvergewisserung – hier bedarf es zunächst der Überwindung von *Illusionen*. Einige solcher Illusionen will ich in knappster Skizzierung, also ganz fragmentarisch und thesenhaft eigens nennen:

(1) Wenn ich von Reformulierung und Neuvergewisserung des soldatischen Leitbildes spreche, ist selbstverständlich das Leitbild des Staatsbürgers in Uniform im Blickpunkt. Ich plädiere nicht für dessen Abschaffung, aber gegen seine bruchlose Fortschreibung. Leitbilder können auch erstarren und zum bloßen Gegenstand rhetorischer Beschwörung werden. Sie tun dies dann, wenn die Reallagen, auf die sie antworten sollen, an ihnen längst vorbeigezogen sind. Dann können sie nicht mehr leisten, was sie sollen. In solcher Lage steht das Leitbild vom Staatsbürger in Uniform. Die Gründe hierfür sind gewiss vielfältig, ich nenne nur zwei. Zunächst: Die gesellschaftlichen Voraussetzungen der Rede vom Staatsbürger in Uniform sind brüchig geworden. Es gibt kaum mehr ein gemeinsames Grundverständnis dessen, was überhaupt ein ‚Staatsbürger' der Bundesrepublik Deutschland sei, welches Menschenbild, welche Rechte, welche Pflichten sich damit verbinden. Was ein ‚Staatsbürger', ja, was ein ‚Staat' überhaupt ist, oder doch einmal war, ist ganz fraglich geworden. Die „Ligaturen", um den Begriff Ralf Dahrendorfs aufzunehmen,[4] zwischen dem Bürger, *wenn* er sich überhaupt noch als solchen weiß, und dem Gemeinwesen, *wenn* es überhaupt noch als solches begriffen wird, diese Ligaturen schwinden.

(2) Sodann: Der Wandel von der territorialen Landesverteidigung hin zur international agierenden Einsatzarmee *kann* das Leitbild vom Staatsbürger in Uniform nicht unberührt lassen. Denn dieser Wandel ist nicht ein bloßer Umbruch der äußeren Strukturen, militärischer Techniken usw. Er ist ein Identitätswechsel. Die Identität und Legitimität des sein Land an dessen Grenzen schützenden Soldaten, gefasst in das Bild vom Staatsbürger in Uniform, stand – bei mancher Strittigkeit schon damals – doch auf sicheren Füßen. Die Identität und Legitimität des im geografischen Irgendwo operierenden Einsatzsoldaten bedarf neuer Begründung. Der Staatsbürger als Vaterlandsverteidiger ist mit der Einsatz-

---

4 Dahrendorf, Ralf: Lebenschancen. Anläufe zur sozialen und politischen Theorie, Frankfurt a. M. 1979, S. 59.

armee nicht mehr, zumindest nicht mehr bruchlos, vereinbar. Es mag ja sein, dass Deutschland am Hindukusch verteidigt wird. Doch eine solche legitimatorische Begründung unseres Einsatzes in Afghanistan, unter in Anspruchnahme eines höchst elargierten Sicherheitsbegriffes, darf nicht und kann auch gar nicht mit unmittelbarer gesellschaftlicher Akzeptanz und Evidenz rechnen. Denn die legitimatorische Begründung, warum der deutsche Staatsbürger in Uniform in Afghanistan kämpfen soll, ist notwendig ausgeliefert der prinzipiellen Strittigkeit alles Politischen und entbehrt notwendigerweise der Evidenz des sein Land und dessen Grenze Schützenden. Es wäre also eine Illusion zu glauben, durch bruchlose Fortschreibung und bloße rhetorische Beschwörung des Leitbildes vom Staatsbürger in Uniform identitätssichernd durch diese Zeiten zu kommen.

(3) Illusion aber wäre es auch, dieses Leitbild schnellfertig durch andere zu ersetzen. Der Staatsbürger in Uniform hatte und hat seinen Bezugspunkt in der Nation. Ich möchte mich kritisch absetzen von Versuchen, diesen Bezugspunkt gegen andere auszutauschen. Ich nenne zunächst die konzeptionellen Versuche der vergangenen Jahre, einen ‚Europäer in Uniform‘ zu konstruieren. Bei aller Wünschbarkeit europäischer Gesinnung und europäischen Einigungsstrebens, bei aller Einsicht auch in die politische und militärische Notwendigkeit zu Multinationalisierung und zumindest Europäisierung der Streitkräfte: Das Leitbild ‚Europäer in Uniform‘ wird es und kann es gar nicht geben. Denn eine europäische Nation, ein europäisches Staatsvolk ist nicht existent und die ‚Vereinigten Staaten von Europa‘ wird es nicht geben, und wenn, dann nur in sehr ferner Zukunft. Woraufhin wäre der ‚Europäer in Uniform‘ verpflichtet? Brüssel erzeugt keine Loyalitäten. Und wer wäre gegenüber dem *Soldaten* zu Fürsorge und Loyalität verpflichtet? Auch scheint es ein sehr deutsches ‚Wishful Thinking‘ zu glauben, die anderen europäischen Staaten, etwa Frankreich, England, Polen usw. mit ihren historisch gewachsenen Nationalkulturen wären bereit, den Bezugspunkt ‚Nation‘ auch für ihre Armee aufzugeben.

(4) Noch trügerischer, ja, gefährlicher ist eine weitere Illusion: die Leitbildkonstruktion eines ‚Weltbürgers in Uniform‘ oder eines ‚Soldaten der Weltgemeinschaft‘, also eines Soldaten, der für ‚die Menschheit‘ kämpft. Wenn von ‚der Menschheit‘ als politischem Bezugspunkt die Rede ist, wird es stets gefährlich. Und eine gefährliche Illusion wäre es, den Soldaten zum Verteidiger der Menschheit zu erklären. Ein globaler

Leviathan, der wie ein Weltstaat gewissermaßen in Hobbes'scher Logik aus der Anarchie des internationalen Naturzustandes erwachsen könnte und dann von seinem exklusiven Gewaltmonopol Gebrauch machte, ist gleichermaßen unrealistisch wie bedrohlich. Denn ein internationaler Hegemon, die Dominanz nur einer Macht, wäre niemals Garant eines universalen Friedens oder der Menschenrechte. Er wäre entbunden von den Zwängen multilateraler Konsensherstellung und ausgeliefert den Verlockungen unilateraler Interessendurchsetzung und Machtkalküle.[5] Kein Platz auch hier für den Traum vom ‚ewigen Frieden', in dem die Kriege endgültig abgeschafft wären, die vielmehr zu globalen Bürgerkriegen, zu Weltbürgerkriegen würden. „Das Einzige wofür der Weltstaat bürgen könnte, wäre die Verwandlung aller Kriege in Bürgerkriege."[6] Auf Illusionen und utopische Träume, die in der Realität keinen Anhalt finden und von aller historischer Erfahrung sich frei halten, lässt sich kein Leitbild gründen. Der ‚Weltbürger in Uniform' ist kein Leit-, er ist ein Trugbild.

3. Voraussetzungen einer Reformulierung des Leitbildes

Die anstehende Aufgabe einer Reformulierung und Neuvergewisserung des soldatischen Leitbildes, wird – gewiss fernab aller nationalistischer Überhöhung, die wir nicht mehr wollen *können* – auf eine Verankerung nicht verzichten können: auf die Verankerung in der Nation. Die Verpflichtung des Soldaten auf sein Land und die Verpflichtung des Landes für seine Soldaten sind nicht ersetzbar. So kann eine erste Antwort auf die Frage ‚Wofür ist der Soldat da?' nur die neue, alte sein: für sein Land. Doch gibt es für eine Reformulierung und Neuvergewisserung des soldatischen Leitbildes *Voraussetzungen*, die zwar immer schon galten, die aber heute allzu brüchig erscheinen und neu gewonnen werden müssen. Auch hier gilt es, durch den Schleier so mancher Illusion hindurchzustoßen. Dazu in Auswahl folgende vier Punkte, die ich jetzt nur nennen und kaum mehr ausführen kann:

---

5 Formuliert in Anlehnung an Vorländer, Hans: Die Wiederkehr der Politik und der Kampf der Kulturen, in: *Aus Politik und Zeitgeschichte* B 52–53 (2001), S. 4.

6 Kondylis, Panajotis: Der Traum vom Weltstaat. Zerbrechliche Stabilität: Weshalb ökonomische Globalisierung die Politik nicht überflüssig macht, in: *Frankfurter Allgemeine Zeitung*, 25.01.1997, Nr. 21, B2.

(1) Gerade für eine Einsatzarmee gilt: Der Soldat, der wissen muss, wofür er da ist, muss wissen, wozu er in den Einsatz gehen wird. Und das Land, für das er da ist, und die Gesellschaft, die ihn entsendet, müssen wissen, warum dies notwendig sei. Der Primat der Politik, der unverzichtbare Primat der Politik über das Militärische, zwingt zur Formulierung der politischen Interessen, der materiellen oder ideellen Interessen, die einen Einsatz erfordern. Man muss es, man kann es zumindest mit Carl von Clausewitz sagen: „Man fängt keinen Krieg an, oder man sollte vernünftigerweise keinen anfangen, ohne sich zu sagen, was man mit und was man in demselben erreichen will, das erstere ist der Zweck, das andere das Ziel."[7] Die Ziele (im Krieg) sind Sache der militärischen Strategie, die Formulierung des Zwecks (mit dem Krieg) aber ist Aufgabe der Politik, das heißt bei uns letztendlich des Parlamentes, das *seine* Soldaten entsendet.

Dazu gehört: Die Moralisierung, gar Übermoralisierung eines Einsatzes kann die Formulierung eines nationalen Interesses nicht ersetzen. Denn bloße Moralisierung folgt einer gefährlichen politischen Logik. Sofort muss z. B. die Frage lauten: Wenn es in legitimatorischer Letztbegründung eines Einsatzes etwa um die Durchsetzung universaler Menschenrechte geht, warum dann nur dort, warum nicht woanders? Konkret: Warum Afghanistan, warum nicht Darfur? Es mag gute Gründe für den Einsatz in Afghanistan geben, gewiss auch gute Gründe dafür, nicht nach Darfur zu gehen, aber diese sind nicht allein moralische. Und diese gilt es zu formulieren. Als der vormalige Außenminister Fischer den ersten Kampfeinsatz der deutschen Soldaten nach dem Zweiten Weltkrieg über dem Kosovo damit begründete, es gelte, ein weiteres Auschwitz in Europa zu verhindern, hat er zu einer moralischen Überhöhung gegriffen, die – zumal in Deutschland – als unwiderlegbar dasteht und doch auf eine schlüpfrige Bahn führt: Nicht nur, dass Milošević ein wahrer Kriegsverbrecher, aber doch kein zweiter Hitler war, nicht nur, dass solche politische Instrumentalisierung des Holocaust gerade moralisch inakzeptabel ist. Die Logik dieser Argumentation führt auch hier zu der Frage: Warum erst damals, warum nicht die Jahre vorher, als Europa tatenlos, wohl auch ratlos zusah, als zuerst Kroatien, dann Bosnien überfallen wurde und als in Srebrenica, das unter dem ‚Schutz' der Ver-

---

7 Clausewitz, Carl v.: Vom Kriege, vollst. Ausg. i. Urtext, hrsg. v. Werner Hahlweg, Nachdruck [19]1980, Bonn 1991, S. 952.

einten Nationen stand, in einer Nacht bis zu 8.000 Bosnier ermordet wurden. Moral ist unteilbar, ihre umstandslose *Politisierung* kann nur in das Zwielicht der Illusionen führen.

Auch darauf lässt sich kein Leitbild gründen. Denn ein Soldat, der vorrangig für das Ziel der Befreiung der Menschheit von Not und Unterdrückung und der endlichen universalen Realisierung der Menschenrechte da wäre, er würde zum neuen Kreuzritter, zum Kreuzritter nunmehr im Namen eines neuen säkularen Glaubens und eines politischen Messianismus.

(2) Damit hängt zusammen: Der Soldat ist ein Soldat. Er ist nicht, zumindest nicht vorrangig, Sozialarbeiter, Gendarm, Mitarbeiter des Technischen Hilfsdienstes, Diplomat, Mediator zwischen den Kulturen usw. Wohlgemerkt: Das veränderte Anforderungsprofil unserer Einsatzarmee, bei der es zentral um ‚Peacebuilding‘ und ‚Peacekeeping‘ geht, erfordert hier zweifellos Kompetenzen auch in all diesen Bereichen, und man kann die Ausbildungsanstrengungen der Bundeswehr nur bewundern, auch solche Kompetenzen zu vermitteln. Aber im Zentrum der soldatischen Existenz steht – als hoffentlich ultissima ratio – der militärische Kämpfer. Oder auch hier mit Clausewitz, dem man gewiss nicht in allem mehr folgen muss, an dessen lakonischschlichte Formulierung man aber erinnern darf: „Allem, wozu Streitkräfte gebraucht werden, liegt die Idee eines Gefechts zum Grunde; denn sonst würde man ja dazu keine Streitkräfte gebrauchen."[8]

Zu den wirkungsmächtigen Illusionen der vergangenen Jahre gehörte es, diese Einsicht zu verdunkeln. Was ist bislang terminologisch nicht alles aufgeboten worden, um die Kampfeinsätze in Afghanistan in ein friedensmildes Licht zu tauchen. So wurden die Einsätze mit Waffen, in geradezu Orwell'scher Sprache, umgetauft zu ‚friedenserzwingenden Maßnahmen‘, zu Operationen ‚hoher Intensität‘ oder zu ‚robusten Einsätzen‘. Mit Eric Chauvistré kann man dazu nur sagen: „robuste Illusionen"[9]. Dazu ein letztes Beispiel: Vor knapp zwei Jahren, als es um die Zustimmung des Bundestages zur Übernahme der ISAF-Eingreiftruppe *Quick Reaction Force* durch die Bundeswehr ging, wurde dem

---

8 Clausewitz, Carl v.: Strategie aus dem Jahr 1804 mit Zusätzen von 1808 und 1809, hrsg. v. Eberhard Kessel, Hamburg ²1941, S. 62.

9 Chauvistré, Eric: Wir Gutkrieger. Warum die Bundeswehr im Ausland scheitern wird, Frankfurt a. M. u. New York 2009, S. 44.

Wehrobmann einer Bundestagsfraktion von einer Fraktionskollegin erklärt, sie könne nur zustimmen, wenn er ihr verspreche, dass „die da nicht schießen"[10]. Ja, die schießen auch, wenn es ihr Auftrag erfordert, und es wird auf sie geschossen.

Also: Es gehört zur Reformulierung des soldatischen Leitbildes auch die Neuvergewisserung der Einsicht, der bitteren Einsicht: Im Zentrum der soldatischen Existenz steht, zumindest auch, der Kämpfer. Dies ist über alles Grundsätzliche hinaus, auch von aktualitätsbestimmter Bedeutung. Wenn den Soldaten, der kämpfen muss, im Einsatz ein Leitbild begleitet, das dieser Wirklichkeit ausweicht, wird er sich sein eigenes schaffen und schaffen müssen. Alleingelassen von einer Gesellschaft, die das, was ein Soldat ist, im Grunde gar nicht will, würde er identitätssichernd seinem eigenen Leitbild folgen und folgen *müssen*. Denn der Platz des Leitbildes, des inneren Zielbildes, bleibt niemals leer. Doch aus solch insularer Leitbildselbstkonstruktion könnte sich eine womöglich gefährliche Dynamik entwickeln: Ein mit neuem Pathos, womöglich gar mit neuem Stahlgewitter-Heldenton einherkommendes soldatisches Selbstverständnis, das sich im *Gegenüber* zur Gesellschaft formuliert. Dieses findet seinen klassischen Ausdruck im ‚Soldatenlied' aus Schillers ‚Wallensteins Lager':

> „Wohl auf, Kameraden, aufs Pferd, aufs Pferd!
> Ins Feld, in die Freiheit gezogen.
> Im Felde, da ist der Mann noch was wert,
> Da wird das Herz noch gewogen.
> Da tritt kein anderer für ihn ein,
> Auf sich selber steht er da ganz allein."
> „Aus der Welt die Freiheit verschwunden ist,
> Man sieht nur Herren und Knechte;
> Die Falschheit herrschet, die Hinterlist
> Bei dem feigen Menschengeschlechte.
> Der dem Tod ins Angesicht schauen kann,
> Der Soldat allein ist der freie Mann."[11]

---

10 Chauvistré: Gutkrieger, S. 45.
11 Schiller, Friedrich: Sämtliche Werke, Bd. 2: Dramen II, hrsg. v. Gerhard Fricke u. Herbert G. Göpfert, München [7]1985, S. 309.

Doch in solch gesellschaftlicher und kultureller Isolation, die sich gar im Gegenüber zur Gesellschaft ihr Selbstverständnis sichert, wäre der Abschied vom Leitbild des Staatsbürgers in Uniform beschlossen. Denn dessen Bedeutung, dessen unaufgebbare Bedeutung lag und liegt ja gerade darin, den Soldaten als Teil des ihn beauftragenden Gemeinwesens zu begreifen.

(3) Als dritte Voraussetzung und Bedingung zur Formulierung eines gültigen Leitbildes nenne ich des Weiteren: Leitbild und Tradition. Dies heißt natürlich sofort, die Frage zu stellen: Aus welchen Traditionen lebt die Bundeswehr? Damit freilich ist ein weites Feld eröffnet – mit ideologiepolitisch höchst vermintem Gelände. Ich kann das Thema selbstverständlich nicht abhandeln, auch wenn ich ursprünglich mit der Idee gespielt hatte, den ganzen Vortrag unter das Thema ‚Bundeswehr und Tradition' zu stellen. Auch hier nur knappste Anmerkungen, die der These gelten: Leitbilder bedürfen auch der Verankerung in Tradition. Dabei gilt: Die Frage nach der Tradition ist kein bloßer geisteswissenschaftlicher Luxus oder ein Steckenpferd kulturkritisch gestimmter konservativer Geister, vielmehr ist auch dies eine höchst realistische Frage. Denn: Traditionen sind das, was unsere Herkunft mit unserer Gegenwart verbindet, sie sind eine Form von Gegenwart der Geschichte. Auf solche Vergegenwärtigung der Geschichte, auf solch kulturelle Erinnerung sind nicht nur Völker und Nationen, Staaten und Gesellschaften angewiesen, sondern auch Institutionen, auch Armeen, also auch die Bundeswehr.

Bekanntlich ruhen die offiziellen Traditionsbestände der Bundeswehr auf drei Säulen: (a) auf den Preußischen Militärreformern, (b) dem militärischen Widerstand im Nationalsozialismus, besonders des 20. Juli 1944, und (c) der Geschichte der Bundeswehr selbst in den nun 55 Jahren ihres Bestehens. Ich will und kann der Frage nicht nachgehen, die man freilich *auch* stellen kann, nämlich: Ob die genannten Traditionsbestände alles umfassen, was in der deutschen Geschichte – auch Militärgeschichte – als traditionsstiftend aufzubewahren, also zu vergegenwärtigen ware. Jedoch allein schon im Blick auf die genannten drei Traditionslinien ist doch kritisch zu fragen, ob deren Erinnerung inzwischen nicht in bloßer Rhetorik erstarrt ist. Im Umgang mit Tradition gibt es die zweifache Gefahr: Absage an Tradition und damit bloße Gegenwartsfixierung zum einen, zum andern aber museale Historisierung. Nietzsche nennt dies den „antiquarischen" Umgang mit Geschichte. Ein gelingender, lebensdienlicher Umgang mit geschichtlicher Herkunft aber ruht auf der Einsicht, dass wir der historischen Erinnerung um unserer *Gegenwart* willen bedürfen. Oder noch einmal mit Nietzsche: Es geht darum, „Historie zum Zwecke des Lebens zu treiben"[12], also zum Zwecke unserer Gegenwart.

Also: Da das soldatische Leitbild auch heute, vielleicht gerade heute, der Verankerung auch in der Tradition bedarf, heißt die Aufgabe der Bundeswehr und für die Bundeswehr, in kritischer Durchmusterung des heutigen Umgangs der Bundeswehr mit ihren Traditionen zu fragen, ob der eingeschliffene Umgang mit ihren Traditionsbeständen noch wirklich leistet, was er leisten soll: Vergegenwärtigende Aneignung von Traditionen, die noch zu uns sprechen, als Haltepunkte gegenwärtiger Vergewisserung soldatischer Existenz.

(4) Schließlich: Leitbilder bedürfen der Einübung. Dies gilt insbesondere für ihre ethischen Anteile und normativen Maßstäbe. Schon die antike Philosophie wusste, so Platon und Aristoteles, dass Tugenden eingeübt werden müssen, um sich im Leben und dessen besonderen Herausforderungen, so auch in Kampf und Krieg zu bewähren. Als Beispiel solch eingeübter Tugend wird in Platons ‚Symposion' Sokrates aufgeführt, der auch als Soldat ein Vorbild an Tapferkeit, Pflichterfüllung und Menschlichkeit gewesen sei.[13] Leitbilder also müssen eingeübt werden, um gerade im Ernst- und Extremfall einlösen zu können, was ihre Aufgabe ist: Handlungssicherheit *und* Entlastung des Handelns. Solche Einübung gewinnt ihre Dringlichkeit – auch als Aufgabe militärischer Ausbildung – gerade im Blick auf unsere gesellschaftliche, näherhin geistig-kulturelle Lage: Wie eingangs formuliert, können unsere Soldatinnen und Soldaten nur das an ethischer Orientierungssicherheit in die Truppe mitbringen, was gesamtgesellschaftlich kulturell zuhanden ist oder eben nicht zuhanden ist. Ob nun Wertewandel oder schleichender Wertezerfall: Die Selbstgewissheit dessen, was gelten, gerade auch

12 Nietzsche, Friedrich: Vom Nutzen und Nachtheil der Historie für das Leben, in: Nietzsche, Friedrich: Die Geburt der Tragödie und Unzeitgemäße Betrachtungen I–III (1872–1874) (= Nietzsche Werke. Kritische Gesamtausgabe, Bd. 3,1), Berlin u. New York 1972, S. 253.

13 Vgl. Platon: Sämtliche Werke 2 (= Rowohlts Klassiker der Literatur und der Wissenschaft. Griechische Philosophie, Bd. 3), i. d. Übers. v. Friedrich Schleiermacher hrsg. v. Walter F. Otto u. a., unveränd. Nachdr. d. Ausg. v. 1957, Hamburg 1974, S. 247/248. Dazu auch Göbel, Christian: Ethik in der Bundeswehr, in: Die Neue Ordnung (2007) 5, S. 365/366.

ethisch gelten soll, hat sich aufgelöst. So versteht sich die ethische Grundierung des soldatischen Leitbildes nicht mehr von selbst, muss vielmehr neu nicht nur formuliert, sondern neu erworben und eingeübt werden.

Dieses Desiderat gewinnt seine zusätzliche, fast schon dramatische Dimension durch ein Weiteres: Viel ist derzeit von dem ‚asymmetrischen Krieg‘ die Rede, dessen Realität unsere Soldatinnen und Soldaten im Einsatz begegnen. Gewöhnlich wird damit – gewiss zu Recht – die militärtechnologische Differenz und Asymmetrie zwischen den kriegführenden Parteien bezeichnet, wie sie etwa in Afghanistan zwischen Taliban und NATO ganz offensichtlich ist. Doch die Rede von der Asymmetrie ist nicht auf die militärische Differenz zu reduzieren. Vielmehr, und oft übersehen, sind unsere Soldatinnen und Soldaten im Einsatz auch in eine *kulturelle* Asymmetrie gestellt. Ausgesandt von einem Land, das geprägt ist von prinzipieller Pluralität, Individualität, Säkularität und weithinniger Religionsindifferenz, labiler nationaler Identität usw., treffen sie auf eine ganz andere kulturelle Welt. Diese ist geprägt von kollektiven Bindungen, von Stammessolidarität, von festgefügten Kulturtraditionen, diskursfreien Regeln des Zusammenlebens, womöglich von einer das eigene Leben überwindenden Opferbereitschaft, die bis zum Selbstmordattentat als Mittel der Vernichtung des Gegners führt. Dies alles ist eingefügt in eine religiöse Daseinsdeutung, der dieses irdisch-diesseitige Leben nur eine Zwischen- und Prüfungszeit für das jenseitige ist. So viele Fragen sich durch solch kulturelle Asymmetrie auch stellen, *eine* Herausforderung ist unabweisbar: In der Begegnung gerade mit einer Kultur, die ihrer Grundlagen, mögen sie uns noch so ‚vormodern‘ erscheinen, sicher ist, ist der Frage nach unseren eigenen kulturellen Grundlagen nicht auszuweichen, der Frage also: Aus welchen kulturellen Beständen wir denn leben? Zumindest die *Thematisierung* dieser Frage wird eine Einübung in das soldatische Leitbild heute einschließen müssen.

4. Der Beitrag christlicher Ethik

Wofür ist der deutsche Soldat da? Oder noch einfacher: Was ist er, was soll er sein? ‚Kämpfer in postheroischer Zeit‘ oder ‚Staatsbürger in Uniform‘? Spartaner oder Athener? Konkurrenz also zweier Leitbilder? Die Frage formuliert eine falsche Alternative. Denn die Wirklichkeit selbst drängt dazu, beides zusammen zu denken. Die Aufgabe, in die wir unsere

Soldaten nicht als Söldner, sondern als unsere Mitbürger, als unsere ‚Mit-Staatsbürger' schicken und die sie stellvertretend für uns alle tun, ist zugleich eine Aufgabe voller Gefahr, auch von Kampf und Krieg, die den militärischen Kämpfer unabdingbar fordert. Unausweichlich also wird ein Leitbild für den Soldaten heute beides aufnehmen müssen. Das Schattenreich der Illusionen aber, in dem man von den politischen Real-lagen, auch von der fortwirkenden Eigenmacht der Kulturen, Völker und Nationen auch in der globalisierten Welt nichts mehr weiß, ist ein schlechter, ein gefährlicher Ort, um die Aufgabe anzugehen, die vor uns liegt: Eine Neuvergewisserung und Reformulierung des soldatischen Leitbildes.

Nun mag sich der Eine oder die Andere unter Ihnen schon die Frage gestellt haben, wann denn nun der Vortragende zu seinem eigentlichen Fach, der Ethik, noch genauer: einer *christlich* fundamentierten Ethik, kommt? Ich darf darauf hinweisen: Von einer *Voraussetzung* gerade christlich-theologischer Ethik war die ganze Zeit schon die Rede, von der Voraussetzung nämlich eines illusionsfreien Blicks auf die Wirklichkeit. Das Schattenreich der Illusionen ist auch ein gefährlicher Ort für eine christliche Ethik, denn deren normativ-positionelle Orientierungen können erst lebensdienlich und kulturkräftig werden, wenn sie in der Wirklichkeit selbst Anhalt und Verortung finden. Gewiss ist damit nicht alles formuliert, was in theologischer Perspektive zu unserem Thema zu sagen wäre. Doch dies führte in ein anderes und weites Feld. Ich wünschte mir aber, dass *eine* Dimension christlicher Ethik in das soldatische Leitbild einginge: nämlich die *Entlastung* davon, ein perfekter Soldat sein zu *müssen*. Vielmehr bestünde ein unverwechselbar unersetzbarer Bei-trag zur ethischen Orientierung des Soldaten und der Soldatin darin, dem Menschen in Uniform dabei zu helfen, im Einsatz und nach dem Einsatz Mensch zu sein und Mensch zu bleiben, ihm dabei zu helfen, nicht mehr sein zu müssen als – Mensch.[14]

Ganz zum Schluss: Auch christliche Ethik findet zu einem ‚Ja' zum Sol-daten als ‚Kämpfer'. Gewiss ist ‚Friede' und nicht ‚Krieg' ein zentrales Schlüsselwort der christlichen Botschaft, und den εἰρηνοποιοί, den Friedensmachern, gilt die Verheißung des Evangeliums.[15] Wenn aber in

---

14 Formuliert in Anlehnung an Bohn, Jochen: Vorüberlegungen zu einer berufsethi-schen Ausbildung in den Streitkräften, in: Gneisenau Blätter 7 (2008), S. 69.
15 Mt 5,9.

der unerlösten und unversöhnten Welt, in der die Vision des Micha, dass Schwerter zu Pflugscharen würden,[16] ein Traum bleibt, wenn uns Waffen, Kampf und Krieg zuletzt doch aufgezwungen werden, ist das ‚Ja‘ zu unseren Soldaten und ihrem Auftrag auch ein ‚Ja‘ christlich-politischer Ethik. 1526, im Rückblick auf den Bauernkrieg, veröffentlicht Martin Luther seine Schrift „Ob Kriegsleute auch in seligem Stande sein können". Über den Bruch der Zeit hinweg, die uns von Luther trennt, bleiben die zwei Hauptpositionen Luthers in dieser Schrift bis heute bedeutsam. Zunächst: „Hütet Euch vor Krieg", vor allem: „Wer Krieg anfängt, der ist im Unrecht". *Aber*: Wenn „ihr euch wehren und schützen müßt, und euer auferlegtes Amt euch Krieg zu führen zwingt", dann führt diesen Krieg als Soldaten, als Kämpfer, dann – und nur dann – „laßts gehen und hauet drein […] und erweist euern Harnisch."[17]

---

16 Mi 4,3.
17 Luther, Martin: Ob Kriegsleute auch in seligem Stande sein können, in: Aland, Kurt (Hg.): Luther deutsch. Die Werke Martin Luthers in neuer Auswahl für die Gegenwart, Bd. 7, Göttingen ⁴1991, S. 69 u. 72.

Fabian Schmidt

Wofür kämpfen? –
Die Notwendigkeit einer nationalen
Sicherheitsstrategie

Die Identität eines Kollektivs wird durch verschiedene Dinge geprägt. Wenngleich facettenreich, lassen sich die meisten Aspekte der Identität als Antworten auf die Fragen: Wer sind wir? und: Was tun wir? formulieren. Während der ersten dieser Fragen an anderer Stelle Beiträge gewidmet sind, soll hier die Frage nach dem Tun betrachtet werden. Hierzu wird die Perspektive auf die deutsche Sicherheitspolitik gerichtet, die Auftrag und Aufgaben der Bundeswehr definiert – kurz: vorgibt, was die Bundeswehr tun soll.

Die sicherheitspolitischen Ziele und Interessen der Bundesrepublik Deutschland gelangten unlängst im Zusammenhang mit dem Rücktritt Horst Köhlers vom Amt des Bundespräsidenten im Mai 2010 in den Fokus der Öffentlichkeit.

Köhler hatte am 22. Mai desselben Jahres – nach einem Besuch der deutschen Truppen in Afghanistan – in einem Interview mit dem Deutschlandfunk unter anderem einen offenen Diskurs über die Ziele und Interessen dieses Einsatzes und die deutsche Sicherheitspolitik im Ganzen gefordert:

> „Wir kämpfen dort auch für unsere Sicherheit in Deutschland, wir kämpfen dort im Bündnis mit Alliierten, mit anderen Nationen auf der Basis eines Mandats der Vereinten Nationen, […]. Alles das heißt, wir haben Verantwortung. Und ich finde es in Ordnung, wenn in Deutschland darüber immer wieder auch skeptisch mit Fragezeichen diskutiert wird. Meine Einschätzung ist aber, dass insgesamt wir auf dem Wege sind, doch auch in der Breite der Gesellschaft zu verstehen, dass ein Land unserer Größe mit dieser Außenhandelsorientierung und damit auch Außenhandelsabhängigkeit auch wissen muss, dass im Zweifel, im Notfall auch militärischer Einsatz notwendig ist, um unsere Interessen zu wahren, zum Beispiel freie Handelswege, zum Beispiel ganze regionale Instabilitäten zu verhindern, die mit Sicherheit dann auch auf unsere Chancen

zurückschlagen [...]. Alles das soll diskutiert werden, und ich glaube, wir sind auf einem nicht so schlechten Weg."[1]

Ob nun die auf diese Äußerung folgende Kritik aus verschiedensten Richtungen, die hierin die Rechtfertigung für Kriege aus primär wirtschaftlichem Interesse sah, der wesentliche Grund für Köhlers Rücktritt war, soll hier nicht Thema sein. Der Tenor[2] der Kritik aber, der die Aussage auf den Afghanistan-Einsatz bezog und nicht, wie von Köhler gemeint, allgemein verstand, war und ist bezeichnend für das schwierige Verhältnis der deutschen Öffentlichkeit zu Themen der nationalen Interessen – und darunter insbesondere der nationalen Sicherheit.

Dabei stützte sich die Aussage Köhlers auf das bereits 2006 erschienene Weißbuch, in dem die damals regierende Große Koalition aus CDU und SPD die deutsche Sicherheitspolitik skizzierte. Als ein Interesse dieser Sicherheitspolitik ist dort unter anderem die Förderung des „freien und ungehinderten Welthandel[s] als Grundlage unseres Wohlstands"[3] genannt. Da weiterhin als Auftrag der Bundeswehr genannt wird, nicht nur die nationale Verteidigung, sondern auch die nationale Sicherheit zu gewährleisten,[4] ist die logische Schlussfolgerung leicht erbracht, dass „im Notfall auch militärischer Einsatz notwendig ist, um unsere Interessen zu wahren, zum Beispiel freie Handelswege" – wie Köhler es formulierte.

---

1 „Sie leisten wirklich Großartiges unter schwierigsten Bedingungen". Bundespräsident Köhler nach seinem Besuch in Afghanistan (im Gespräch mit Christopher Ricke am 22.05.2010). Das ungekürzte Interview ist unter http://www.dradio.de/aktuell/1191138/, zuletzt abgerufen am 02.12.2012.

2 Hier nur zwei Beispiele: Thomas Oppermann, der parlamentarische Geschäftsführer der SPD, betonte gegenüber *Spiegel Online*, Deutschland führe „keinen Krieg um Wirtschaftsinteressen, sondern es geht um unsere Sicherheit". Fischer, Sebastian u.a.: Köhler entfacht neue Kriegsdebatte, http://www.spiegel.de/politik/deutschland/bundeswehr-in-afghanistan-koehler-entfacht-neue-kriegsdebatte-a-696982.html, zuletzt abgerufen am 02.12.2012. Der Fraktionschef der Grünen, Jürgen Trittin, forderte eine Rücknahme von Köhlers Aussage; siehe: (ohne Autor) Militäreinsatz für deutsche Interessen?, http://www.zeit.de/politik/deutschland/2010-05/koehler-bundeswehr-wirtschaft-2/komplettansicht, zuletzt abgerufen am 02.12.2012.

3 Bundesministerium der Verteidigung (Hg.): Weißbuch 2006, Berlin 2006, S.9.

4 Ebd., S.66.

1. Von der Verteidigungs- zur Sicherheitspolitik

Die Debatte um die Äußerungen Köhlers machte abermals deutlich, dass der enorme Wandel der Anforderungen an die Sicherheitspolitik seit dem Ende des Kalten Krieges nicht ausreichend kommuniziert wird. Während der sicherheitspolitische Fokus einstmals auf der Landes- und Bündnisverteidigung lag, sind „[d]ie Gefahren und Konflikte des 21. Jahrhunderts […] aufgrund ihrer Asymmetrie unberechenbarer und abstrakter, deswegen oftmals schwerer erkennbar und hinsichtlich ihrer Auswirkungen oft nicht einfach zu vermitteln."[5] Deutlich wurde dies auch im Diktum des ehemaligen Bundesministers der Verteidigung Peter Struck, der bereits im Dezember 2002 erklärte, „dass unsere Sicherheit auch am Hindukusch verteidigt wird."[6] Aus dieser unglücklichen Vermengung der Begriffe „Verteidigung" und „Sicherheit" entwickelte sich die Fehlinterpretation, dass Deutschland am Hindukusch verteidigt werde. Dies ist mitnichten der Fall. Wohl aber wird mit dem Afghanistan-Einsatz ein Beitrag zur Sicherheit der Bundesrepublik geleistet. Wenngleich Struck womöglich genau dies meinte, ist seine Wortwahl bezeichnend für den Trugschluss – sowie die begriffliche Unsicherheit des politischen und medialen Establishments –, Sicherheit werde vorwiegend durch Verteidigung geleistet. Überhaupt ist es sprachlich fragwürdig, von der Verteidigung der Sicherheit zu reden, sie wird vielmehr durch verschiedene Einrichtungen und Maßnahmen gewährleistet. Die klassische Verteidigungspolitik kann dabei nur einen Teilaspekt der Sicherheitspolitik darstellen. Diese ist wesentlich umfassender, sie „beruht auf einem umfassenden Sicherheitsbegriff, ist vorausschauend und multilateral angelegt. Sicherheit kann weder rein national noch allein durch Streitkräfte gewährleistet werden. Erforderlich ist vielmehr ein umfassender Ansatz, der nur in vernetzten sicherheitspolitischen Strukturen sowie im Bewusstsein eines umfassenden gesamtstaatlichen und globalen Sicherheitsverständnisses zu entwickeln ist."[7]

---

5 Christian Schmidt, MdB und Parlamentarischer Staatssekretär beim Bundesminister der Verteidigung im Geleitwort zu Meier-Walser, Reinhard / Wolf, Alexander (Hg.): Neue Dimensionen internationaler Sicherheitspolitik, München 2011.
6 Deutscher Bundestag, Plenarprotokoll 15/17, S. 1314.
7 Bundesministerium der Verteidigung (Hg.): Weißbuch 2006, Berlin 2006, S. 9.

Die Sicherheitspolitik des Kalten Krieges mit seiner verhältnismäßig klaren Blockstruktur war im Vergleich relativ überschaubar. Sie orientierte sich hauptsächlich an den vier Faktoren Staaten, Strategie, Wissenschaft und Status quo. Der Status quo galt in der Theorie als das von den Staaten – als Hauptakteure der Sicherheitspolitik – primär zu bewahrende Ziel.[8] Die sicherheitspolitische Lage aber hat sich seit den 1990er-Jahren tief greifend verändert. Besonders vor dem Hintergrund der Globalisierung ist sie in weiten Teilen gänzlich anderen Bedingungen und Herausforderungen ausgesetzt, „Sicherheit allein als Abwehr physischer Bedrohung der territorialen und funktionalen Integrität und die Souveränität des Staates reicht nicht mehr aus."[9]

Allein die Ebene der Akteure hat sich maßgeblich gewandelt. Einerseits werden vermehrt nichtstaatliche Akteure als Bedrohung erkannt, da vor allem der internationale Terrorismus nicht an Landesgrenzen und -strukturen gebunden ist. Ein Bedrohungspotenzial liegt gegenwärtig „weniger in der Stärke anderer Staaten, als in deren Schwäche. Durch zerfallende und zerfallene Staaten entstehen Bedrohungen wie Bürgerkrieg, Destabilisierung von Regionen, humanitäre Krisen und damit verbundene Phänomene wie Radikalisierung und Migrationsbewegungen. Aktions- und Rückzugsräume für internationalen Terrorismus und Strukturen Organisierter Kriminalität werden hierdurch begünstigt."[10]

Andererseits sind die staatlichen Akteure verstärkt in inter- und supranationale Organisationen eingebunden, welche eigene sicherheitspolitische Ziele und Richtlinien vorgeben. Dies führt dazu, dass „die nationale territoriale Einheit durch die Globalisierung und durch regionale politische und wirtschaftliche Zusammenschlüsse in vielen Teilen der Welt aufgehoben [wird]; wirtschaftliche, politische und kulturelle Bereiche werden denationalisiert."[11] Eine Folge dieser Entwicklung ist die Inter-

---

8 Vgl. dazu Wolf, Alexander: Die Auswirkungen der Globalisierung auf die Sicherheitspolitik, in: Meier-Walser, Reinhard / Wolf, Alexander (Hg.): Neue Dimensionen internationaler Sicherheitspolitik, S. 43.

9 Hacke, Christian: Vernetzte Sicherheit: Intention und Wirklichkeit, in: Meier-Walser, Reinhard / Wolf, Alexander (Hg.): Neue Dimensionen internationaler Sicherheitspolitik, S. 45.

10 Bundesminister der Verteidigung (Hg.): Verteidigungspolitische Richtlinien 2011, Berlin 2011, S. 2.

11 Wulf, Herbert: Internationalisierung und Privatisierung von Krieg und Frieden, Baden-Baden 2005, S. 20.

nationalisierung von Konflikten, wenn auch der Ort seiner physischen Austragung regional begrenzt sein mag. Das Bild der Konflikte hat sich ebenso verändert, eine „Trennung zwischen Krieg und Frieden, Krieg und Gewalt oder militärischen Aktivitäten und organisierter Kriminalität ist nicht immer klar erkennbar"[12] – sie sind unübersichtlicher geworden.

Die Interessen deutscher Sicherheitspolitik sind davon nicht unbeeinflusst geblieben. Während schon das Weißbuch 1994 den Sicherheitsbegriff erweiterte, rückten mit dem Weißbuch 2006 unter dem Eindruck der beschleunigten Globalisierung verstärkt wirtschaftliche Interessen in den Mittelpunkt. So werden als deutsche Interessen anfangs die klassischen, sich auf die Souveränität des Staates beziehende Punkte genannt, nämlich

> „– Recht und Freiheit, Demokratie, Sicherheit und Wohlfahrt für die Bürgerinnen und Bürger unseres Landes zu bewahren und sie vor Gefährdungen zu schützen [und]
> – die Souveränität und die Unversehrtheit des deutschen Staatsgebietes zu sichern,"[13]

darauf folgen allerdings Interessen, die weitaus breiter angelegt und international verortet sind – und auch wirtschaftliche Intentionen haben, die zwölf Jahre zuvor noch wesentlich vorsichtiger formuliert waren. Diese sind:

> „– Regionalen Krisen und Konflikten, die Deutschlands Sicherheit beeinträchtigen können, wenn möglich vorzubeugen und zur Krisenbewältigung beizutragen,
> – globalen Herausforderungen, vor allem der Bedrohung durch den internationalen Terrorismus und der Weiterverbreitung von Massenvernichtungswaffen, zu begegnen,
> – zur Achtung der Menschenrechte und Stärkung der internationalen Ordnung auf der Grundlage des Völkerrechts beizutragen,

---

12 Ebd., S. 21.
13 Bundesminister der Verteidigung (Hg.): Weißbuch 2006, Berlin 2006, S. 9.

– den freien und ungehinderten Welthandel als Grundlage unseres Wohlstands zu fördern und dabei die Kluft zwischen armen und reichen Weltregionen überwinden zu helfen."[14]

Mit einem breiten Sicherheitsbegriff gehen auch vielfältige Instrumente einher. Zur Verwirklichung der Ziele wird das Konzept der vernetzten Sicherheit[15] angewandt. Diese Vernetzung ist in einem doppelten Sinne zu verstehen. Zum Einen ist die Bundesrepublik Deutschland verstärkt in supranationale Systeme kollektiver Sicherheit eingebunden, da nach dem Zerfall des Kommunismus in Europa und die einige Zeit darauf folgende Erweiterung von EU und NATO die Vernetzung der europäischen Sicherheitsstrukturen vorantrieb.[16] Zum anderen hat die ressortübergreifende Vernetzung – sowohl auf nationaler wie auch internationaler Ebene – zugenommen. Die deutsche Sicherheitspolitik umfasst „neben den klassischen Feldern der Außen-, Sicherheits-, Verteidigungs- und Entwicklungspolitik unter anderem die Bereiche Wirtschaft, Umwelt, Finanz-, Bildungs- und Sozialpolitik"[17] – was einen großen und schwierigen Koordinierungsbedarf mit sich bringt.

2. Neue Herausforderungen: Das Beispiel Piraterie

Die Piraterie vor der Küste Ostafrikas ist ein anschauliches Beispiel der sicherheitspolitischen Veränderungen. Die Küste Somalias umfasst das gesamte Horn von Afrika und erstreckt sich im Norden bis zum Golf von Aden, durch welchen einige der wichtigsten Schifffahrtsrouten der Welt – von Norden vom Suez-Kanal und durch das Rote Meer führend – verlaufen. Durch den Golf von Aden gehen pro Jahr ca. 21.000 Schiffspassagen mit über 722 Millionen Tonnen Fracht.[18] Bis Anfang des vergangenen Jahrzehnts hielt sich die Zahl der gemeldeten Piratenüber-

---

14 Ebd.

15 Vgl. ebd., S. 25 ff.

16 Hacke, Christian: Vernetzte Sicherheit: Intention und Wirklichkeit, in: Meier-Walser, Reinhard / Wolf, Alexander (Hg.): Neue Dimensionen internationaler Sicherheitspolitik, S. 48.

17 Bundesminister der Verteidigung (Hg.): Weißbuch 2006, Berlin 2006, S. 26.

18 Vgl. Stehr, Michael: Piraterie – Bedrohung der Seeschifffahrt, in: Meier-Walser, Reinhard / Wolf, Alexander (Hg.): Neue Dimensionen internationaler Sicherheitspolitik, S. 209.

fälle in dieser Region im niedrigen zweistelligen Bereich, von 1994 bis 2004 wurden jeweils 1 bis maximal 23 Überfälle registriert. Die in den Jahren 2005 und 2007 gemeldeten 45 bzw. 44 Überfälle wirkten vorerst wie Ausreißer, waren aber nur die ersten Ausschläge einer Eskalierung. Seitdem stieg die Zahl der Überfälle bis 2010 jedoch massiv und stetig an und lag 2009 und 2010 deutlich über 200. Die Dunkelziffer dieser Zahlen ist weitaus höher einzuschätzen.[19]

Mit der Resolution 1816 des Sicherheitsrates der Vereinten Nationen vom 2. Juni 2008 ermächtigte dieser erstmals die seefahrenden Staaten zum Kampf gegen die Piraterie in den Hoheitsgewässern eines Staates – allerdings in Abstimmung mit der somalischen Exekutive. Begründet wird dies unter anderem mit „der in Somalia herrschenden Krisensituation und des Umstands, dass die Übergangs-Bundesregierung nicht über die Fähigkeiten verfügt, um Seeräuber aufzugreifen oder die internationalen Seeschifffahrtsstraßen vor der Küste Somalias oder die Hoheitsgewässer Somalias zu patrouillieren und zu sichern"[20]. Die Unfähigkeit eines *failed state*, seine hoheitlichen Aufgaben wahrzunehmen, führte zu einer zwar regional begrenzten, aber international spürbaren Bedrohung. Die Resolution 1816 diente als Ermächtigungsgrundlage der noch im selben Jahr anlaufenden *Operation Atalanta*, bei der es sich um einen Einsatz der räumlich entfernten, aber in den Interessen ihrer Mitgliedsstaaten direkt betroffenen EU handelt, in deren Rahmen auch deutsche Fregatten vor der somalischen Küste patrouillieren.

Der Seeraub vor der Küste Somalias ist ein gutes Beispiel dafür, wie sich die Auswirkungen eines regionalen Konflikts zu global sicherheitsrelevanten Problemen agglomerieren. Er ist „keine klassische Kriminalität, er ist als Auswuchs des somalischen Bürgerkrieges ein Kaperkrieg, der an historische Ereignisse erinnert, er ist letztlich ein Wirtschaftskrieg."[21] Vor diesem Hintergrund verwundert es nicht, dass der ehemalige Bundesminister der Verteidigung Karl-Theodor von und zu Guttenberg ein halbes Jahr nach dem Rücktritt Horst Köhlers in der Eröffnungsrede der 9. Berliner Sicherheitskonferenz im November 2010 noch eine Lanze

---

19 Vgl. ebd., S. 206 f.
20 Resolution des Sicherheitsrates der Vereinten Nationen Nr. 1816.
21 Stehr, Michael: Piraterie – Bedrohung der Seeschifffahrt, in: Meier-Walser, Reinhard / Wolf, Alexander (Hg.): Neue Dimensionen internationaler Sicherheitspolitik, S. 215.

für diesen brach und forderte, dass der Zusammenhang von regionaler Sicherheit und deutschen Wirtschaftsinteressen offen und ohne Verklemmung angesprochen werden müsse.[22]

Die deutsche Bevölkerung steht dem Einsatz der Streitkräfte zur Überwachung des internationalen Seeverkehrs offenbar wohlwollend gegenüber: 78 Prozent der Befragten einer Umfrage des Sozialwissenschaftlichen Instituts der Bundeswehr (SWInstBw) sprechen sich dafür aus. Auch der allgemeineren Formulierung, die Bundeswehr solle den freien und ungehinderten Welthandel sichern, stimmen 70 Prozent grundsätzlich zu – womit diese Begründungen für Einsätze mehr Zustimmung finden als die Verhinderung der Verbreitung von Massenvernichtungswaffen (66 Prozent), die Beteiligung am Kampf gegen den internationalen Terrorismus (63 Prozent) und die Unterstützung bei der Durchführung demokratischer Wahlen (61 Prozent).[23] Die Bevölkerung lässt sich auf die veränderte sicherheitspolitische Lage ein – anscheinend unbefangener, als es bei der politischen Öffentlichkeit der Fall ist.

3. Die Bundeswehr als Instrument gegenwärtiger Sicherheitspolitik

Trotz der veränderten weltpolitischen Lage und des von den politischen Akteuren verlangten breiten Spektrums an Kompetenzen bleibt die Bundeswehr wesentliches Instrument deutscher Sicherheitspolitik. Sie bildet „das Rückgrat für die Sicherheit und den Schutz Deutschlands und seiner Bürger. Nur mit Streitkräften kann die Androhung und Durchsetzung militärischer Gewalt im Rahmen des geltenden Völkerrechts erfolgen. Streitkräfte sind Grundlage des Selbstbehauptungswillens und der

---

22 Vgl. (ohne Autor): Guttenberg auf Köhlers Spuren, http://www.sueddeutsche.de/politik/wirtschaftsinteressen-und-die-bundeswehr-guttenberg-auf-koehlers-spuren-1.1021529, zuletzt abgerufen am 02.12.2012.

23 Vgl. Bulmahn, Thomas: Vorstellungen von den Aufgabenfeldern der Bundeswehr im In- und Ausland, in: Sozialwissenschaftlichen Instituts der Bundeswehr (Hg.): Sicherheits- und verteidigungspolitisches Meinungsklima in der Bundesrepublik Deutschland. Ergebnisse der Bevölkerungsbefragung 2012 des Sozialwissenschaftlichen Instituts der Bundeswehr, Straußberg 2011, S. 64. Die Prozentwerte ergeben sich aus den addierten Werten der Angaben „stimme zu" und „stimme eher zu".

Verteidigungsbereitschaft der Nation."[24] Ihre Aufgaben haben sich den oben genannten Zielen der nationalen Sicherheitspolitik entsprechend angepasst, vor allem in der internationalen Konfliktverhütung und Krisenbewältigung inklusive des Kampfes gegen den internationalen Terrorismus[25] schlägt sich dies nieder.

Dies ist das Aufgabenfeld, welches aktuell das Gros an Personal und Ressourcen bindet. Die verfassungsrechtliche Grundlage für die gegenwärtigen Einsätze der Bundeswehr – welche nach Art. 87a Abs. 1 und 2 GG grundsätzlich nur zur Landes- und Bündnisverteidigung eingesetzt werden sollte – wurde durch ein Urteil des Bundesverfassungsgericht vom 12. Juli 1994 gelegt, nach welcher Art. 24 Abs. 2 GG (betreffend die Einordnung des Bundes in Systeme kollektiver Sicherheit) „den Bund nicht nur zum Eintritt in ein System gegenseitiger kollektiver Sicherheit und zur Einwilligung in damit verbundene Beschränkungen seiner Hoheitsrechte [berechtigt]", sondern auch „die Übernahme der mit der Zugehörigkeit zu einem solchen System typischerweise verbundenen Aufgaben und damit auch für eine Verwendung der Bundeswehr zu Einsätzen, die im Rahmen und nach den Regeln dieses Systems stattfinden"[26] rechtfertigt. Dies ermöglicht theoretisch eine große Bandbreite von Einsätzen, solange sie von Systemen kollektiver Sicherheit getragen werden. Die zentralen Einsätze (ISAF, KFOR, *Operation Active Endeavour*), an denen die Bundeswehr beteiligt ist, werden nach wie vor von der NATO geführt. Die Sicherung der Wahlen im Kongo 2006 und die *Operation Atalanta*, beide von einem Mandat der Vereinten Nationen ermächtigt, bezeugen aber ebenso die steigende Wahrnehmung internationaler sicherheitspolitischer Verantwortung durch die europäische Staatengemeinschaft – auch außerhalb der Grenzen Europas. Die Europäische Sicherheitsstrategie, in welche die Sicherheitspolitik der Bundesrepublik verflochten ist, hat neben relativ konkreten Zielen – wie die Abwehr und Eindämmung des internationalen Terrorismus, der organisierten Kriminalität, der Verbreitung von Massenvernichtungswaffen und der Gefah-

---

24 Bundesministerium der Verteidigung (Hg.): Verteidigungspolitische Richtlinien 2012, Berlin 2012, S. 10.

25 Vgl. Bundesministerium der Verteidigung (Hg.): Weißbuch 2006, Berlin 2006, S. 67 und Bundesministerium der Verteidigung (Hg.): Verteidigungspolitische Richtlinien 2011, Berlin 2011, S. 11.

26 Bundesverfassungsgericht, Aktenzeichen 2 BvE 3/92.

ren durch *failed states* sowie die Beseitigung regionaler Konflikte – auch allgemeiner benannte Ziele, wie eine „Weltordnung auf der Grundlage eines wirksamen Multilateralismus" oder die „Wahrung und Weiterentwicklung des Völkerrechts", die durch ihre wohl bewusst offene und interpretationsbedürftige Formulierung eine Vielzahl an möglichen Einsatzszenarios denkbar macht, die freilich nicht rein militärischer Natur sein müssen.[27]

Die Einbindung Deutschlands in Systeme kollektiver Sicherheit gibt den sicherheitspolitischen Handlungsrahmen maßgeblich vor. Dies hat zwangsläufig wesentliche Wirkungen auf die nationale verteidigungspolitische Entscheidungsfindung.

4. Die vernachlässigte Parlamentsarmee?

Die Einbindung in Systeme kollektiver Sicherheit darf nicht zu einem parlamentarischen Automatismus führen, auf supranationaler Ebene getroffenen Entscheidungen arglos zuzustimmen. Die deutsche Bundeswehr ist als Parlamentsarmee „eine Besonderheit, denn die Streitkräfte eines Staates sind ein Instrument seiner Außenpolitik. Diese wird traditionell von der Exekutive [...] gestaltet."[28] Durch das Budgetrecht des Deutschen Bundestages, welches auch den Verteidigungshaushalt einschließt, das Privileg des Verteidigungsausschusses, als Untersuchungsausschuss bei Vorkommnissen in der Truppe zu fungieren, das Amt des Wehrbeauftragten sowie das 2005 verabschiedete Parlamentsbeteiligungsgesetz, welches die Rechte des Parlaments bestätigte und bestärkte, sind Ausdruck einer umfangreichen gesetzmäßigen Verflechtung der Bundeswehr als Organ der Exekutive mit der deutschen Legislative. Während aber die formale Kontrollfunktion des Bundestages verfestigt wurde, sank die „Zahl der Debatten [...], in denen sich das Parlament konkret und umfassend mit verteidigungspolitischen Fragen auseinan-

---

27 Vgl. Rat der Europäischen Union (Hg.): Ein sicheres Europa in einer besseren Welt. Europäische Sicherheitsstrategie, Brüssel 2011.

28 Kraus, Janina: Der Rückhalt der Bundeswehr bei den Fraktionen des Deutschen Bundestages, in: Adorf, Stella / Schaffeld, Jan-Florian / Schössler, Dietmar (Hg.): Die Sicherheitspolitische Streitkultur in der Bundesrepublik Deutschland. Beiträge zum 1. akademischen Nachwuchsförderpreis „GoldeneEule" des Bundesverbands Sicherheitspolitik an Hochschulen, Magdeburg 2011, S. 41.

dersetzte, [...] stetig ab."[29] Der Primat der Politik erfordert aber eine Expertise, die für eine Parlamentsarmee nicht nur auf exekutiver, sondern auch auf legislativer Ebene eingefordert werden muss. Während aber die Entscheidungen über die Einsätze der Bundeswehr vom Parlament beschlossen oder bestätigt werden, sind echte sicherheits- und verteidigungspolitische Debatten – in der Politik wie auch in der Öffentlichkeit – eine Seltenheit. Die grundsätzlich positive Kontrollfunktion des Parlaments „hat den Begleiteffekt, dass über Gesamtkonzepte und damit über die Verbindung der militärischen mit den zivilen Komponenten der Einsätze im Bundestag nicht mit gleicher Verbindlichkeit gesprochen wird."[30] Während die Entscheidungen über konkrete Bundeswehreinsätze – etwa bei den regelmäßig anstehenden Mandatsverlängerungen – medial stets präsent sind und auch im Bundestag lebhaft diskutiert werden, ist eine grundsätzliche sicherheitspolitische Strategiedebatte kaum wahrnehmbar. Diese Haltung des Parlaments scheint dabei den Zustand der Beziehung der deutschen Bevölkerung zu ihren Streitkräften widerzuspiegeln, welche Horst Köhler während seiner Amtszeit als freundliches Desinteresse beschrieb, denn „[e]inerseits ist das Verhältnis zur Bundeswehr von einer seit Jahren auf hohem Niveau stabilen positiven Grundeinstellung gegenüber der Institution Bundeswehr und großem Vertrauen in sie geprägt.[31] Andererseits stagniert das Interesse der Deutschen an ihren Streitkräften wie auch ihr Wissen über sicherheits- und verteidigungspolitische Zusammenhänge im gleichen Zeitraum bestenfalls."[32] Diese Beurteilung wird von dem Ergebnis einer Studie des SWInstBw untermauert, nach welcher die Streitkräfte zwar von 44 Prozent der Befragten regelmäßig durch Beiträge in Zeitungen und Fernsehen wahrgenommen werden, bei Gesprächen im privaten und berufli-

---

29 Ebd., S. 76.

30 Naumann, Klaus: Einsatz ohne Ziel? Die Politikbedürftigkeit des Militärischen, Bonn 2010, S. 35.

31 Vgl. dazu auch die Ergebnisse einer Bevölkerungsbefragung bei Bulmahn, Thomas: Die Bundeswehr im Vergleich: Vertrauen und wahrgenommene Aufgabenerfüllung, in: Sozialwissenschaftlichen Instituts der Bundeswehr (Hg.): Sicherheits- und verteidigungspolitisches Meinungsklima, S. 75–79.

32 Fiebig, Rüdiger: Die Deutschen und ihr Einsatz. Einstellungen der Bevölkerung zum ISAF-Einsatz, in: Seiffert, Anja / Langer, Phil C. / Pietsch, Carsten (Hg.): Der Einsatz der Bundeswehr in Afghanistan. Sozial- und politikwissenschaftliche Perspektiven, Wiesbaden 2012, S. 187.

chen Alltag hingegen nur von jeweils 13 Prozent.[33] Die Bundeswehr, die ursprünglich aus der Mitte der Gesellschaft hervorgehen sollte, steht an deren Rand; eine echte sicherheitspolitische Debatte – die auch die Rolle der Bundeswehr zu thematisieren hat – muss aber auch aus der Mitte heraus geführt werden.

5. Die Notwendigkeit einer nationalen Sicherheitsstrategie

Die schon von Horst Köhler geforderte sicherheitspolitische Debatte muss überhaupt, grundsätzlich und beherzt geführt werden sowie in das Zentrum der Öffentlichkeit rücken. Die bisherigen sicherheitspolitischen und strategischen Positionspapiere sind fast ausschließlich exekutiven Ursprungs und somit stets auch von den jeweils regierenden Koalitionsparteien beeinflusst. Sicherheitspolitische und strategische Grundsätze aber sollten nicht nur von einer zeitlich befristeten Regierung, sondern auch von einer Mehrheit des Volkes (als grundgesetzlichem Souverän) legitimiert sein.

Um dem Anspruch einer Parlamentsarmee gerecht zu werden, darf der Bundestag in Bezug auf die Bundeswehr nicht nur seiner Gesetzgebungs- und Kontrollfunktion, sowie im Verteidigungsausschuss seiner Arbeitsfunktion nachkommen, sondern muss auch seine Rolle des Redeparlaments (als Ort der politischen Debatte) ausgiebig wahrnehmen. Die zivile Kontrolle des Parlaments, nicht nur bei den konkreten Einsatzentscheidungen, sondern auch in Form einer umfassenden Grundsatzdebatte, ist eine „notwendige Vorraussetzung, um ein Einverständnis der Öffentlichkeit erwarten zu können."[34]

Die geforderte sicherheitspolitische Debatte muss aber den Rahmen des Parlaments überschreiten und einen breiten Platz in der politischen Öffentlichkeit finden. Nicht förderlich dabei ist, dass im Bereich der Außen- und Sicherheitspolitik der „Kreis der parlamentarischen Fach-

---

33 Vgl. Jacobs, Jörg: Politisches Interesse, Mediennutzung und Wahrnehmung der Streitkräfte, in: Sozialwissenschaftliches Institut der Bundeswehr (Hg.): Strategische Kulturen in Europa. Die Bürger Europas und ihre Streitkräfte. Ergebnisse der Bevölkerungsbefragungen in acht europäischen Ländern 2010 des Sozialwissenschaftlichen Instituts der Bundeswehr, Straußberg 2011, S. 93 f.

34 Wulf, Herbert: Internationalisierung und Privatisierung von Krieg und Frieden, Baden-Baden 2005, S. 42.

leute [...] immer klein geblieben [ist], vor allem aber ist er relativ iso-
liert."[35] Die vernetze Sicherheit erfordert auch eine Vernetzung des
sicherheitspolitischen Diskurses, bisher aber stehen sich „[a]uf der
einen Seite [...] der ‚diplomatisch-militärische Komplex' der Fachleute
aus den Ministerien, den nachgeordneten Behörden, den Fraktionen,
Medien und Think-Tanks, auf der anderen Seite die überwiegende Zahl
der Bundestagsabgeordneten und die politische Öffentlichkeit"[36] gegenüber. Der Graben zwischen diesen Gruppen muss überwunden werden,
um den Boden für eine substanzielle strategische Diskussion zu bereiten.

Es besteht die Gefahr, dass die Effizienz der Sicherheitspolitik kurzfris-
tig unter einer solchen Debatte leidet. Dieses Wagnis muss aber eingegangen werden, um eben diese Effizienz langfristig sicherzustellen und
zu steigern. Denn eine nationale Sicherheitsstrategie ist „als Referenz-
und Kommunikationsdokument anzulegen, das in gleicher Weise der
Vergewisserung (‚Selbstbestimmung') nach innen wie der Berechenbar-
keit und Verlässlichkeit nach außen dient."[37] Eine Grundsatzdebatte ist
aber im Sinne der Legitimation notwendig, denn „[d]er einzelfallbezo-
gene Zustimmungsvorbehalt [i.S. des Parlamentsbeteiligungsgesetzes,
Anm. F.S.] greift zu spät, wenn ein bewaffneter Einsatz schon bevorsteht
und außenpolitische Zwänge geschaffen wurden"[38] – eine ausführliche
und seriöse Debatte über einen Einsatz ist unter solchen Bedingungen
nicht denkbar und muss daher zuvor stattgefunden haben. Freilich muss
ein lage- und situationsabhängiger Ermessensspielraum für den konkreten Einzelfall bleiben, grundlegende Richtlinien sind aber nötig. Die drei
Komponenten „des Primats der Politik – Subordination, Legitimation,
Integration – bedürfen anders als in früheren Epochen [...] nicht mehr
in erster Linie ihrer rechtlichen Sicherung, sondern ihrer inhaltlichen
Ausgestaltung. Solange Deutschland über kein politisch-militärisches
Konzept unter Beteiligung aller maßgeblichen Ressorts verfügt, zu welchen Zwecken, mit welchen Zielen und aus welchen Interessen die Bun-

---

35 Naumann, Klaus: Einsatz ohne Ziel? Die Politikbedürftigkeit des Militärischen,
    Bonn 2010, S. 38.
36 Ebd., S. 39.
37 Freuding, Christian: Streitkräfte als Instrument deutscher Außen- und Sicherheits-
    politik seit Mitte der neunziger Jahre, Hamburg 2007, S. 112.
38 Dietz, Andreas: Das Primat der Politik in kaiserlicher Armee, Reichswehr, Wehr-
    macht und Bundeswehr. Rechtliche Sicherungen der Entscheidungsgewalt über
    Krieg und Frieden zwischen Politik und Militär, Tübingen 2011, S. 678 f.

deswehr wann und wo eingesetzt werden soll, bleibt die Außen- und Militärpolitik Stückwerk."[39] Die Volksmeinung muss dabei einerseits beachtet werden – es darf mehr Demokratie gewagt werden – andererseits aber nicht gefürchtet werden. Die oben aufgeführten Umfragen sind ein Indiz für die vorhandene Sensibilisierung der Bevölkerung für sicherheitspolitische Themen und die veränderte sicherheitspolitische Lage.

Eine außen- und sicherheitspolitische Strategie darf nicht nur diskutiert, sondern muss auch ernsthaft durchgesetzt werden. Dafür bedarf es der Strategiefähigkeit der politischen Klasse und der Strategiefreundlichkeit der politischen Institutionen.[40] Hierfür erscheint die Institution einer strategischen Zentrale sinnvoll, die über Parlaments-, Ressort- und Koalitionsgrenzen hinweg Sicherheitspolitik be- und vorantreibt. Institutionen wie der existierende Bundessicherheitsrat in Form eines Kabinettsausschusses sind bei Weitem nicht ausreichend. Eine Initiative aus dem Jahr 2008, einen nationalen Sicherheitsrat nach dem Vorbild der Vereinigten Staaten einzurichten, wurde von der damals regierenden Großen Koalition nicht umgesetzt. Hier kann und sollte neu angesetzt werden, um eine effiziente Vernetzung der Sicherheitspolitik zu forcieren: eine strategische Zentrale, in welcher die Kompetenzen der außen- und sicherheitspolitischen Ressorts auch unter Einschluss eines effizienten militärischen Stabes gebündelt werden.

Mit einem klaren Bekenntnis zu beherzt diskutierter und aktiv gestalteter Sicherheitspolitik und einer klaren Formulierung derselben wird der Politik, vor allem aber den Soldaten, Handlungssicherheit gegeben. Für die Bundeswehr stellt dies darüber hinaus einen wichtigen Beitrag zu ihrer Identität dar: Der Leitsatz der gegenwärtigen Werbekampagne der Bundeswehr („Wir. Dienen. Deutschland.") gibt eine kernige und charakterisierende Antwort auf die eingangs stehende Frage: Was tun wir? Was er nicht mitteilt ist, warum es getan wird. Die Antwort auf diese Frage muss eine nationale Sicherheitspolitik geben.

---

39 Dietz, Andreas: Das Primat der Politik in kaiserlicher Armee, Reichswehr, Wehrmacht und Bundeswehr. Rechtliche Sicherungen der Entscheidungsgewalt über Krieg und Frieden zwischen Politik und Militär, Tübingen 2011, S. 678 f., S. 679.
40 Naumann, Klaus: Einsatz ohne Ziel? Die Politikbedürftigkeit des Militärischen, Bonn 2010, S. 42.

CORA STEPHAN

Bundeswehr und Öffentlichkeit: Militärische Tradition als gesellschaftliche Frage[1]

1. Ein heikles Thema?

Warum eigentlich ist es „mutig", eine Diskussion über die Traditionen anzustoßen, in denen die Angehörigen der Bundeswehr sich aufgehoben fühlen könnten? Warum ist das Thema „problematisch", ja: „nicht opportun"?

Eine müßige Frage, offenbar. Es gibt viele Beispiele dafür, dass die deutsche Öffentlichkeit allein schon tradierten militärischen Sprachgebrauch ablehnt. Was in Afghanistan passiert, „Krieg" zu nennen, wie es der damalige Verteidigungsminister zu Guttenberg tat, kam einer Revolution gleich. Dabei bezeichnete die als harmloser empfundene Formulierung „Kampfeinsatz" mitnichten einen harmloseren Vorgang. Der Verzicht auf das gefürchtete K-Wort lässt das Dilemma erkennen, das in der Ächtung des Kriegs liegt: wo es kein *ius ad bellum* gibt, erübrigt sich das *ius in bello* und damit die vielfältigen Einhegungen (Verreglungen und Verrechtlichungen) des Geschehens. Auch Ignoranz hat politische Folgen.

Auch der Vorschlag von Verteidigungsminister de Maizière, einen „Veteranentag" einzuführen, wurde jüngst nachgerade rituell zurückgewiesen. Linksaußen fand man das „geschmacklos" und wollte darin eine „Militarisierung der Gesellschaft" erkennen. Sinnvoller sei es, na klar, auf Auslandseinsätze zu verzichten. Andere wiederum halten einen solchen Tag für „künstlich aufgepropft", das müsse „von unten kommen"[2]. Von den Soldaten? Oder ihren Familien? Und ob das gnädig aufgenommen würde?

Dabei müsste doch allen klar sein: Die Bundeswehr ist eine kämpfende Truppe geworden. Wer mit dem Tod rechnen muss, möchte Gedenken.

---

1 Gekürzter Beitrag aus: Birk, Eberhard / Heinemann, Winfried / Lange, Sven (Hg.): Tradition für die Bundeswehr. Neue Aspekte einer alten Debatte, Berlin 2012, S. 33–54.

2 *Süddeutsche Zeitung*, 16.02.2012.

Und wer einen Kampfeinsatz besteht und überlebt, wünscht sich ein Zeichen der Anerkennung. Warum tut man sich gerade in Deutschland damit so schwer?

In den meisten anderen Demokratien gelten militärische Traditionen und Rituale nicht als problematisch, selbst wenn sie in der zivilen Welt auf freundliches Befremden stoßen mögen. Siegern fällt es leicht, sich mit Stolz zu erinnern, auch wenn sie den Sieg schierer Übermacht, günstigen Bedingungen oder dem Zufall verdanken und nicht die „Besseren" mit dem edleren Anliegen gewonnen haben. Doch das komplizierte Verhältnis der Deutschen zur Bundeswehr verdankt sich nicht militärischen Niederlagen allein. Der entscheidende Traditionsbruch geschah im Dritten Reich und mit der Beteiligung von Soldaten an den Verbrechen, die Hitlers Angriffskrieg begleiteten.[3] Doch die Wurzeln des Missverhältnisses zu einer Institution, die seit der deutschen Einheit und mit der Wiedergewinnung nationaler Souveränität wieder „dazugehört", liegen womöglich tiefer.

präventiv
?

In die nationalen Mythen der Deutschen dürfte gerade noch die Varus-Schlacht Eingang finden, die der moderne Mensch gern als eine Art Befreiungskrieg (der Deutschen gegen die Römer) betrachtet. Schon Sedan spielt in der Erinnerung keine Rolle mehr, obzwar der Sieg über die Franzosen am 1./2. September 1870 ein wichtiger Schritt in Richtung auf die kleindeutsche Reichseinheit war.

In Deutschland redet man nicht vom Krieg – und wenn, dann mit Abscheu und Empörung oder in der Kombination „und Frieden". Dass sich die Ablehnung alles Militärischen auch auf die Soldaten selbst überträgt, wie es noch zur Zeit der hitzigen Debatte über den Tucholsky-Spruch „Soldaten sind Mörder" in den 1980er-Jahren galt, mag heute weniger häufig der Fall sein. Doch die Kluft zwischen der Zivilgesellschaft und dem Organ, das ihr zu dienen, ja, sie zu schützen verspricht, ist nach wie vor groß.

Und nun ist auch noch die Wehrpflicht abgeschafft, für viele Zeitgenossen Garant der gesellschaftlichen Einbindung, ja Voraussetzung für die demokratische Kontrolle einer Institution, die im Grunde nur bedingt demokratisch sein kann. Muss die zivile Gesellschaft nun wieder

---

3 Dass es ein Vernichtungskrieg war, wissen wir heute. Die Soldaten der Wehrmacht wussten es beim Angriff auf die Sowjetunion am 22. Juni 1941 nicht. Siehe Neitzel, Sönke / Welzer, Harald: Soldaten, Frankfurt 2011, S. 28.

einen „Staat im Staate" fürchten, eine Armee, die jedem Zweck zu dienen vermag, vom Genozid bis zur Niederschlagung der eigenen Bevölkerung?

2. Der Bürger und die Uniform

„Innere Führung" und „Staatsbürger in Uniform" sollten diesen Befürchtungen Rechnung tragen, Konzepte, die den fundamentalen Unterschied zwischen Bürger und Soldat leugnen, denn ein Soldat ist nicht frei, Befehle zu diskutieren, bis ein Konsens hergestellt ist. Der Auftragstaktik zufolge aber soll er „mitdenken und mitentscheiden."

Das ist ein hehres Ziel. Da darf man schon fragen, ob solche aufgeklärten Soldaten auch auf die entsprechend aufgeklärte Öffentlichkeit treffen? Im internationalen Vergleich ist die Bundeswehr eine gläserne Armee: Sie ist eine Parlamentsarmee, sie kann nicht agieren ohne demokratisch herbeigeführten Beschluss, dem sie sich unterzuordnen hat, selbst wenn er aus militärischen Gesichtspunkten bedenklich sein mag. Die Ziele, für die sie kämpft, werden öffentlich diskutiert und kritisiert. Je wichtiger politischer Einfluss auf militärische Entscheidungen ist, desto mehr, denkt der Laie, müsste sich die Politik mit den Gesetzmäßigkeiten des Militärischen befassen. Das ist gerade hierzulande nicht der Fall.

Schon hier beginnt der Konflikt: Wenn von Soldaten erwartet wird, dass sie die politischen Hintergründe, sicherheitspolitischen Interessen und die daraus hervorgehende Notwendigkeit von Einsätzen der Bundeswehr verstehen und reflektieren, erwartet man mehr von ihnen als es die sie entsendenden Politiker und die Öffentlichkeit in der „Heimat" vermögen. Diese Kluft hilft, genau das zu schaffen, wovor man doch Angst hat: eine eigene militärische Realität, in der man sich in Ermangelung anderer eigene Wertmaßstäbe setzt.

Bislang erwartet man in Deutschland von seiner Armee eher weniger als mehr. Doch das kann sich ändern – denn das Primat der Politik muss nicht notwendigerweise mäßigend wirken, ebenso möglich ist, dass die Politik der Armee weit radikalere Vorgaben macht als militärische Vorsicht für wünschenswert hält. In einer Demokratie ist die Legitimation von Kriegen wichtiger denn je, da es keinen Diktator gibt, der ihn befehlen kann – doch das schließt Manipulation und Propaganda nicht aus. Das Militärische ist nicht mehr nur seinen eigenen Gesetzen unterworfen (etwa denen, konservativ Risiken zu vermeiden), sondern ebenso einer zunehmend sensibilisierten und empörungsbereiten Öffentlichkeit.

Die will bislang am liebsten gar keine militärischen Einsätze: siehe Afghanistan. Doch aus ebenso moralischen Erwägungen heraus könnte sie Interventionen favorisieren, die überaus riskant sind: etwa in Somalia. Das Zusammenspiel von beidem wird also wichtiger und prekärer zugleich. Und dabei fehlt uns doch selbst ein Minimum dessen, was in anderen Ländern üblich ist, wo man, egal, ob man die politisch gesetzten Einsatzziele teilt, die zurückkehrenden Soldaten öffentlich begrüßt und die Toten betrauert.

Wie also kann man das Verhältnis zwischen Zivilgesellschaft und Armee neu gestalten, wie dem Bedürfnis der Soldaten nach Anerkennung entsprechen, ohne den „Rückfall" in Heldenverehrung fürchten zu müssen? Wer sich an die Zeiten erinnert, als es üblich war, noch gegen vergleichsweise zurückhaltende Zeremonien wie öffentliche Gelöbnisse zu demonstrieren, weiß, dass es in Deutschland in der Tat heikel ist, über die Eigenheiten der Institution und ihrer Angehörigen zu reden.

Reden über das Bedürfnis nach Symbolen und Ritualen angesichts einer existenziellen Lage, die mit dem Tod der Soldaten enden kann. Über Kameradschaft und Zusammenhalt kämpfender Menschen, die Schutz, Solidarität und Angstabwehr zugleich bieten sollen. Reden über die gesellschaftliche Anerkennung, der feierliche öffentliche Gelöbnisse dienen könnten, die ja die Verpflichtung der Soldaten auf Zivilgesellschaft und Demokratie ausdrücken. Ganz zu schweigen von militärischen Auszeichnungen für die Bewährung im Kampf. Und über die Tatsache, dass es bei uns, wie in anderen Ländern auch, der Truppe zukommt, „mittels ihrer Symbolsprache staatlichen Hoheitsakten einen feierlichen Charakter" zu verleihen,[4] etwa bei Staatsbesuchen oder bei der Verabschiedung eines Bundespräsidenten.

Warum ist das hierzulande ein so heikles Thema? Deutschland ist in zwei Weltkriegen nicht nur unterlegen, sondern empfindet sich als schuld daran. Es ist unvorstellbar, dass die Bundeswehr sich an einem Vorbild namens Wehrmacht orientiert. Hitler hat sie zum Instrument eines Angriffs- und Vernichtungskriegs gemacht. Die Beteiligung an

---

4 Lange, Sven: Die Entzauberung der Welt, in: Birk, Eberhard / Heinemann, Winfried / Lange, Sven (Hg.): Tradtion für die Bundeswehr, a.a.O., S. 185

oder die Duldung von Massenmorden (nicht nur) an Juden im Osten Europas sind Kriegsverbrechen unerhörten Ausmaßes. Die NVA der DDR, bis zum bitteren Ende alarmbereit, taugt ebenso wenig als Vorbild, selbst wenn man ihrem Führungspersonal zugesteht, dass es in den letzten Tagen der DDR die Waffen nicht gegen die eigene Bevölkerung gerichtet und sie bis zum Ende unter Verschluss gehalten hat.

Mit diesen beiden möglichen Traditionslinien hat die heutige Bundeswehr erkennbar nichts zu tun. Doch sie ist damit nicht schon gleich das, was wir deutschen Zivilisten am liebsten hätten: Eine Friedensmacht, die Brunnen baut und afghanischen Mädchen sicheres Geleit zur Schule gibt, eine Art liebenswerter Mischung aus GTZ und Amnesty International. Kehren Soldaten als traumatisierte Opfer heim aus Afghanistan, sind sie immerhin ein Argument gegen den Krieg. Dazwischen aber liegt das *factum brutum*, dass deutsche Soldaten längst wieder tun, was ihr Beruf von ihnen verlangt: kämpfen und töten. Das Mandat dafür haben sie von deutschen Volksvertretern erhalten.

Kurz: das Verhältnis zur Bundeswehr schwankt zwischen schlichter Ablehnung, Ignoranz und Instrumentalisierung (für „gute" Zwecke). Vor allem aber ist es unüblich, sich mit dem Innenleben der Institution zu befassen, mit Regeln und Riten, mit „Drill" und Disziplin, mit modernem „Berufsbild" (von „Dienstleister für den Frieden" bis „Wir managen Krieg") und Traditionen wie Eid und Totenehrung.

Womöglich liegen die Wurzeln für den anhaltenden Affekt gegen alles Militärische in Deutschland nicht nur im 20. Jahrhundert. Vielleicht reichen sie tiefer.

3. Der totale Krieg als deutsches Trauma

Wenn es so etwas wie eine kollektive Erinnerung gibt, dann dürfte der Dreißigjährige Krieg bewusstseinsprägend sein. Er vereint, was man sich in Deutschland unter Krieg vorstellt: zielloses Gewüte, das keinen Unterschied zwischen Schlachtfeld und dem Land insgesamt kennt und sich primär gegen die Zivilbevölkerung richtet. Es ist mit anderen Worten der *bellum romanum*, der das deutsche Kriegsbild bestimmt, Verwüsten und Plündern also, wie es das frühe Mittelalter prägte, und nicht die eingehegte, also räumlich und personell begrenzte Schlacht stellvertretender Heere. Dass die Ritterheere des 11. und 12. Jahrhunderts ein Segen waren, weil sie die der Gesellschaft inhärente Gewalt bündelten, kanalisierten, regelten und ritualisierten, also: einkapselten, hält der Alltagsverstand für bloße Legende.

Der Dreißigjährige Krieg, das vollständige Ende der Ritterlichkeit, fegte alle Einhegungen hinweg. Nicht seine Schlachten haben sich in die Erinnerung eingefräst, sondern das ziellose Hin- und Herwogen von Horden ausgehungerter Söldner, die keinen Stein auf dem anderen ließen. Der Schrecken dieses Krieges war gewiss groß genug, aber er wurde ins Ungeheuerliche vergrößert durch die unzähligen Flugschriften und deren Propaganda. Der Krieg wurde durch die neuen Kommunikationsmittel als globales Ereignis, als allumfassendes Verhängnis und als besonders tödlich empfunden.

Das deutsche Kriegsbild ist, mit anderen Worten, geprägt nicht von Krieg als militärischer Operation mit Entscheidungsschlacht, sondern von einem entgrenzten Geschehen, dessen Hauptopfer die nichtkämpfende Zivilbevölkerung war. Bis 1939 galt deshalb vielen Historikern der Dreißigjährige Krieg als die „traumatischste Periode in der Geschichte Deutschlands", ja, er ist zum negativen deutschen Gründungsmythos geworden – womit wir uns von unseren Nachbarn unterscheiden, die es vorziehen, militärische Siege zur Gründungslegende zu verklären.

Das Schreckensbild von Deutschland als dem Austragungsort des Weltuntergangs hat sich festgesetzt, ist mit den Bombennächten des Zweiten Weltkriegs aufgeladen und bestimmte die Nachrüstungsdebatte der 1980er-Jahre. Die Friedensbewegung Ost wie West sah Deutschland als künftiges Opfer – und die Evidenzen sprachen dafür. Im Falle eines Schlagabtauschs zwischen den beiden damaligen Weltmächten wäre Deutschland zum Schlachtfeld geworden, und damit, angesichts der atomaren Potenz der Kontrahenten, ausgelöscht. Ist nicht die Atombombe *die* Waffe des *bellum romanum*, da sie in ihrer Wirkung den Unterschied zwischen Kombattanten und Zivilbevölkerung auslöscht?

4. Soldaten und Volk

Im Dreißigjährigen Krieg waren die Soldaten angeheuerte Söldner, denen es im Prinzip gleich sein konnte, für wen und aus welchem Grund sie kämpften. Eine dramatische Wende brachte die *levée en masse* des französischen Revolutionsheers 150 Jahre später. Es siegten die sich mit der eigenen Sache identifizierenden Bürgersoldaten. Tatsächlich bedeuteten die modernen Massenarmeen, die Rekrutierung aller geeigneten

Männer im Ersten Weltkrieg, und damit die Aufhebung des Stellvertreterprinzips, die größte Entfesselung des Krieges, die man bis dato erlebt hatte. Die Kehrseite der Bürgerarmee: sie zivilisiert nicht den Krieg, aber sie ist geeignet, die Gesellschaft zu militarisieren.

Übrigens traf eine Wehrpflichtigenarmee bei konservativen Militärs selten auf Begeisterung. Dort setzte man auf die pragmatische Distanz von Berufssoldaten, nicht auf die womöglich ausufernden Energien der von feuriger Identifikation mit der Nation getriebenen Rekruten. Dass nicht nur das staatliche, dass auch das Gewaltmonopol einer Elite friedensstiftenden Charakter hat, wird offenbar in der Schule ebenso wenig gelehrt wie der Vorzug eingehegter Stellvertreterschlachten.

Mag sein, dass das am schlechten Ruf liegt, den das „staatliche Gewaltmonopol" noch in den Anfangszeiten der „Grünen" genoss. Man war für seine Abschaffung – und dachte dabei sicherlich nicht ans Ende des Rechtsstaates und an die Wiedereinführung von Lynchjustiz, sondern lebte in der Vorstellung, dass es auch in der Bundesrepublik Deutschland Grund für legitimen Widerstand geben könnte. Im Nachhinein überrascht und erschreckt, wie wenig der Unterschied zwischen der zivilen und rechtssicheren Bundesrepublik Deutschland und dem Dritten Reich noch in den 1980er-Jahren zählte.

Nun ist es sicher kein deutsches Spezifikum, „Befreiungsarmeen" die größere Legitimität zuzusprechen als regulären Heeren. Dass irreguläre Kämpfer die Grenze zwischen Kombattanten und Zivilbevölkerung zum Nachteil der letzteren verwischen, wird den regulären Kräften selten zugute gehalten.

Dabei ist es bewährte Guerillastrategie, sich wie „ein Fisch im Wasser in den Volksmassen" (Mao Tse-tung) zu bewegen und sie als Schutzschild und Geisel zu missbrauchen. Der Aufschrei der Empörung trifft, wie man an der Debatte über den Begriff des „Kollateralschadens" sehen kann, die Soldaten, insbesondere dann, wenn sie Amerikaner sind, denen die öffentliche Meinung unterstellt, sie würden zivile Opfer als nebensächlich in Kauf nehmen.

Das Wort „Kollateralschaden" ist 1999 zum Unwort des Jahres gewählt worden. Die Begründung war vielschichtig und doppeldeutig: der Begriff treibe, so die Begründung der Jury, die „Versuche auf die Spitze", militärisches Vorgehen „in ein freundlicheres Licht zu rücken." Außerdem sei er geeignet, „auf doppelte Weise die Tötung vieler Unschuldiger durch die NATO-Angriffe" zu vernebeln: zum einen durch seine Schwerverständlichkeit und zum anderen dadurch, dass er „die militärischen Verbrechen […] als belanglose Nebensächlichkeiten" verharmlose.

Der Begriff „Kollateralschaden" mag im Deutschen schwerverständlich sein, womöglich aber nur deshalb, weil der Terminus „kollateral" im Deutschen als fachsprachlicher Ausdruck gilt. Dort heißt er, dem lateinischen Wortstamm collateralis (also seitlich) entsprechend: seitlich angeordnet.

Doch das ist keine Beschönigung, sondern tatsächlich eine recht präzise Fassung dessen, was im militärischen Zusammenhang mit *collateral damage* gemeint ist – salopp formuliert: der Treffer ist daneben gegangen. Und damit ist der Fachterminus weit näher an der Realität als die Übersetzung des reinen Adjektivs, die sich im Wörterbuch findet: dort heißt *collateral* nebensächlich oder zusätzlich.

Collateral damage ist also etwas, das man Selbstmordattentätern, die ihre Sprengladung im vollbesetzten Schulbus zünden, sicherlich nicht unterstellen kann: dass es als nicht beabsichtigte Nebenwirkungen einer militärischen Operation zu zivilen Opfern kam. Zivile Opfer aber gibt es um so eher, je stärker die Bevölkerung als Schutzschild missbraucht wird. Zivilisten stehen in einer Auseinandersetzung zwischen regulären und irregulären Kräften stets „zwischen zwei Feuern", da hilft auch nicht, wenn sich die einen „Volksbefreiungsbewegung" nennen.

5. Soldaten sind Mörder

In einer Glosse für die „Weltbühne" hatte Kurt Tucholsky 1931 geschrieben: „Soldaten sind Mörder." Von der Anklage, die Reichswehr beleidigt zu haben, wurde der verantwortliche Redakteur Carl von Ossietzky 1932 freigesprochen, da keine konkreten Personen angesprochen worden waren und man eine unbestimmte Gesamtheit nicht beleidigen könne. Erneut flammte die Diskussion 1984 auf. Das Bundesverfassungsgericht entschied zugunsten der Meinungsfreiheit. Doch zugleich verstärkte diese Entscheidung die Tendenz, den Unterschied zwischen der Institution und ihrer Befehlsstruktur einerseits sowie möglichen individuellen Motiven der Handelnden andererseits aufzuheben. Ein Mörder ist, wer aus niederen Beweggründen tötet, etwa, um sich zu bereichern. Aber handelt ein Soldat aus persönlichen Motiven? Ist er eine enthemmte Bestie? Oder, ganz im Gegenteil, eine zynische Kampfmaschine? Gewiss: manchmal das eine, manchmal das andere. Aber als Typus?

Es scheint, als wäre es eine deutsche Spezialität, das Militärische mit einem bestimmten, verächtlichen Menschentypus zu verknüpfen. Heinrich Manns „Untertan" (1914) und Klaus Theweleits „Männerphantasien" (1977/78) haben, auf unterschiedliche Weise, gewiss Anteil an der Vorstellung, das Soldatische sei auf besondere Weise Ausdrucksform des autoritären deutschen Mannes. Daniel Goldhagens Buch „Hitlers willige Vollstrecker" (1996) mit seiner These vom „eliminatorischen Antisemitismus" der „ganz normalen" Deutschen war bezeichnenderweise insbesondere in Deutschland ein großer Erfolg. Im Alltagsbewusstsein hebt all das den Unterschied zwischen Kombattanten und Zivilbevölkerung auf: alles (potenzielle) Verbrecher.

Die Debatte über die Wehrmachtsausstellung hat ihr Übriges getan. Offenbar entging man nur mit individuellem Widerstand, Tyrannenmord oder Desertion dem kollektiven Schuldspruch der Nachgeborenen, die sich sicher waren, dass sie damals alles anders, nämlich besser gemacht hätten.

In die Frage nach dem Verhältnis zwischen Gesellschaft und Bundeswehr spielt auch das hinein: Wem Krieg an sich schon als Verbrechen gilt, dem sagt die Unterscheidung zwischen Krieg und Kriegsverbrechen logischerweise nichts. Genau das aber steht dem Verständnis für die Rolle der Bundeswehr in einer demokratischen Gesellschaft im Weg. Anders gesagt: Politik und demokratische Öffentlichkeit, ja die Zivilgesellschaft insgesamt müssen sich ohne selbstentlastende moralische Empörung auseinanderzusetzen lernen mit dem, was Krieg und militärisches Handeln in seinen vielfältigen Formen bedeuten und welchen Regeln sie folgen. Schon, um im Konfliktfall nicht in die Falle moralischer Überdeterminierung zu laufen.

6. Krieg und Menschenrecht

Wer sich mit nüchternem Blick anschaut, wie Kanzler, Verteidigungsminister und Außenminister der frischgewählten rotgrünen Regierung 1999 in der Kosovo-Krise agiert haben, wird ihnen bescheinigen müssen, dass sie unter Bündnisaspekten kaum eine andere Option hatten. Was ihre Überzeugungsarbeit nach innen betrifft, so gebührt ihnen indes das durchaus fragwürdige Verdienst einer bis dato in Deutschland nicht bekannten verbalen Aufrüstung.

Jeder hätte der neuen Regierung verziehen, wenn sie sich auf Bündnisverpflichtungen herausgeredet und ansonsten den Konflikt heruntergespielt hätte. Das Gegenteil war der Fall. Man war mit tiefem moralischen Einverständnis dabei, begleitet von einer Bevölkerung, die all dies ohne großen Widerspruch hinnahm, ja gutzuheißen schien – was womöglich auch daran lag, dass Widerspruch in einen moralischen Konflikt hineingeführt hätte.

Denn die Regierung argumentierte von vornherein mit dem Unüberbietbaren. Im Kosovo-Konflikt gehe es um die Verteidigung höchster Werte, wie das Menschenrecht, begründete etwa Joschka Fischer, der frischgebackene Außenminister, seine Position, die er zusammenfasste im Imperativ „Nie wieder Auschwitz!". Fischer erklärte damals dem französischen Journalisten Bernard-Henri Lévy, dass er Deutschlands Verfassung, ja Deutschland selbst betroffen sehe, wenn es irgendwo auf der Welt zu einem Genickschuss komme, also zu einem mit den von Deutschen unter Hitler begangenen vergleichbaren Verbrechen. Hieß das – die Frage drängte sich damals auf – die Pflicht zur Intervention allüberall auf dem Globus? Und wenn ja, auf welcher rechtlichen Grundlage? Etwa um die gleiche Zeit hatte Fischer anklingen lassen, wenn das Menschenrecht verletzt sei, müsse die Einhaltung völkerrechtlicher Regularien hintanstehen. Nun, angesichts der bekannt geringen Entscheidungsfähigkeit der UN mochte es erlaubt sein, über die Notwendigkeit eines entsprechenden Mandats nachzudenken, denn darauf zu warten hieß faktisch gar nichts zu tun. Für eine Generation, die mit der Lust am Regelbruch aufgewachsen war, klang das indes gerade so, als ob der Außenminister das Völkerrecht zum Papiertiger erklären wollte. Das wäre in der Tat ein kühner Verzicht auf all das, was europäische Tradition in Hinblick auf Verregelung und Verrechtlichung von Konflikten hervorgebracht hat.

Die historische Überdeterminierung schwieriger außenpolitischer Entscheidungen ist eine gefährliche Waffe. Sie immunisiert gegen Zweifel und lässt vor allem das uralte Gebot der Mäßigung in Kriegsdingen außer Acht. Dass man in Milošević einen wie Hitler bekämpfe und ein neues Auschwitz verhindern müsse, kommt im Verständnis der meisten Menschen der Aufforderung nahe, alle, auch die schlimmsten Mittel einzusetzen, um eine Menschheitsgefahr bis zur bedingungslosen Kapitulation niederzuringen. Hatte Bundeskanzler Gerhard Schröder das gemeint, als er davon sprach, dass Milošević „mit allen Mitteln" bekämpft werden müsse? Dann hätte die historische Analogie – die NATO bekämpft in Jugoslawien einen neuen Adolf Hitler – eine nachgerade ungeheuerliche

Militarisierung der deutschen Außenpolitik bewirkt. Überdies setzte die Rhetorik, in der Milošević als „Schlächter" und „Massenmörder" figurierte, im Handumdrehen das Vergleichsverbot außer Kraft, das bislang gerade auf der Seite der beiden Regierungsparteien ehernes Gesetz war – das Verbot, irgendeinen anderen Diktator oder Kriegsverbrecher mit Adolf Hitler gleichzusetzen. Und schließlich, die Lehre könnte man aus dem Ersten Weltkrieg ziehen: Wer den Kriegsgegner, wie damals die Briten die Deutschen, als „barbarisch" bezeichnet, betreibt nicht nur Propaganda zur Mobilisierung der eigenen Bevölkerung oder gibt gar eine Charakteranalyse ab, sondern beschreibt auch, was er selbst zu tun gedenkt: Nämlich den anderen als jemanden zu behandeln, für den die Regeln nicht gelten, die nur den „Zivilisierten" zukommen, also – barbarisch.

Solche Rhetorik ist die Sprache der Entfesselung des Krieges. Wie kamen 1999 ausgerechnet die Deutschen dazu, die sich in den Jahrzehnten davor in einer von anderen geschützten Nische mit Prinzipienfragen befassen durften und darüber das mühselige Geschäft außenpolitischen Abwägens in den Grauzonen der Wirklichkeit verlernt zu haben schienen?

Spielte die Vorstellung vom „guten", vom „gerechten Krieg" hinein? Gewiss, das geltende Völkerrecht präsentiert in Fällen wie desjenigen des Kosovo ein moralisches Dilemma. Doch das wird nicht dadurch gelöst, dass Politiker im Konfliktfall argumentieren, als ob es *in extremis* nicht so ankomme auf die Regeln und die Formen. Mit Regeln und Regularien schützen sich Soldaten und Armeen und die Gesellschaften, die sie entsenden, seit tausenden von Jahren vor der völligen Entfesselung des Krieges und vor dem eigenen Irrtum. Mäßigung verlangt, dass man nicht dämonisiert, mit wem man so schnell wie möglich Frieden schließen will. Das eigene Interesse gebietet, dem Gegner nicht mit einem „Kampf bis zum Letzten" zu drohen, gar noch mit einem markigen „Gefangene werden nicht gemacht!". Der Kriegsgott ist ein unzuverlässiger Kerl, das Glück ist nicht immer auf der Seite der „Guten", für die sich im Übrigen meist beide Seiten halten, weshalb es im Interesse einer Begrenzung des Blutvergießens liegt, dem anderen durch Zusicherung fairer Behandlung das Aufgeben zu erleichtern und nicht zu erschweren. Absolute Ziele und der Einsatz „aller Mittel" machen den Krieg zum Existenzkampf und damit tendenziell unendlich bis zur Auslöschung aller.

Menschen haben Regeln und Verfahren erfunden, um sich und andere vor den Folgen von Irrtümern zu schützen, die sie in gutem Glauben begehen. Da im Krieg die Grenzen zwischen Gut und Böse unweigerlich verschwimmen – auch Gewalt für den Frieden bleibt nun mal Gewalt – sind militärische Aktionen umso eher auf das angewiesen, was Rechtsstaatlichkeit auszeichnet: Dem Prinzip der Verfahrensgerechtigkeit gemäß wird eine Entscheidung nicht nach moralischen Gesichtspunkten bewertet, sondern danach, ob sie nach Recht und Gesetz zustande gekommen ist.

Moralisierung ist das Kennzeichen eines sich zum Totalen hin wendenden Kriegsgeschehens. Die moralische Aufladung, die Dämonisierung des Gegners und die Ausweitung von Kriegszielen über die eigenen Interessen hinaus widerspricht einer uralten Kriegsökonomie, wonach es in Kriegen nicht um die Ausrottung des Gegners geht, sondern auf eine möglichst schnelle und möglichst wenig blutige Entscheidung in strittigen Fragen ankommt. Schlimmer noch: die Gewissheit, „im höheren Auftrag" zu handeln, appelliert an das, was Krieg seit Menschengedenken so unwiderstehlich machte – nicht an das Böse, sondern an das Gute im Menschen, an seine ungeheure Fähigkeit zum Altruismus, seine Bereitschaft, sich für das, was er als das Gemeinwohl erkennt, zu opfern. Moral, das ist das entscheidende Argument gegen sie, macht Kriege tendenziell unendlich.

Der Erlösungsgedanke, die Hoffnung auf einen „Krieg, um den Krieg zu beenden" – oder darauf, die Welt sicher für die Demokratie zu machen – hat schon im Ersten Weltkrieg den moralischen Überbau abgegeben, der allen Kriegsparteien die Mobilisierung sämtlicher Ressourcen abverlangte. Große Ziele und hohe Werte, „heilige" Kriege um die „gerechte" Sache treiben Krieg über alle Ufer. Dass in einer Demokratie kein Despot seine Untertanen ins Feuer schicken kann, dass sich militä-

rische Aktionen vor einem zivilen Publikum rechtfertigen müssen, ist gut und richtig. Der Nachteil solcher hohen Anforderungen an die Legitimität aber ist ihre paradoxe Wirkung, gerade heute, in westlichen Kulturen, in denen Gewalt als Alltagserfahrung keine Rolle mehr spielt. Friedliche Bürger sind nur um allerhöchster Ziele willen bereit, das Gewaltverbot zu durchbrechen und die Waffen aufzunehmen, erst recht, wenn die wehrfähigen Männer in einer älter werdenden Gesellschaft zur Seltenheit geworden sind.[5] Nur höchste Ziele rechtfertigen den Einsatz

---

5 Saddam Hussein erklärte einmal höhnisch, er könne Millionen von opferbereiten jungen Männern aufs Schlachtfeld schicken, während der Westen die wenigen, die er noch hat, am liebsten im Frieden und zu Hause hätschelt.

aller Mittel. Das muss wissen, wer sie – „Nie wieder Auschwitz!" – geltend macht.

Wer über Krieg nicht reden will, hat im Konfliktfall die Mittel aus der Hand gegeben, ihn zu begrenzen.

7. Krieg und „Werte"

Woran also soll ein Soldat sich orientieren, wenn die Notwendigkeit, das Vaterland zu verteidigen, nicht klar ersichtlich ist?

In der alten Bundesrepublik wäre die Antwort sicher eindeutig ausgefallen. Man hatte aus der Geschichte gelernt – „Nie wieder Krieg". Im damals vorherrschenden Alltagsverständnis war es pazifistisch begründet, auf militärisches Eingreifen zu verzichten. An militärstrategische Bedenken wurde nicht gedacht. Zum Beispiel jene, dass man keine Soldaten opfert, wenn es die Verteidigung des Landes nicht gebieterisch fordert. Militärisches Eingreifen bleibt damit eng an eingrenzbare Interessen gebunden. Und, natürlich, ans schlichte Überlebenskalkül: Wer reingeht, muss wissen, wie er rauskommt.

Intervention zugunsten allgemeiner Werte traf in früheren Zeiten auf Misstrauen, und eine Einmischung in die „inneren Angelegenheiten" eines anderen Landes war illegitim. Heute verstehen wir unter dem Verbot der „Einmischung in die inneren Angelegenheiten" eine Klausel, die es Despoten erlaubt, „ihre" Bevölkerung nach eigenem Gutdünken niederzuhalten oder niederzuschlagen. Aus der Perspektive der „Despoten" stellt sich die Sache anders dar, als Unterstützung Aufständischer: Wieso sollte man dem äußeren Feind erlauben, sich auf einen inneren Feind zu berufen, der sich „Befreiungsbewegung" nennt, um einmarschieren zu dürfen? Und wer beurteilt eigentlich, ob die Befreiungsbewegung nicht neues Despotentum birgt? Niemals hätten unsere Altvorderen einer Interventionsmacht abgenommen, dass sie einmarschiert, um Freiheit und Glückseligkeit zu bringen. Napoleon hat die Länder, durch die seine Armeen zogen, ihre „Befreiung" teuer bezahlen lassen.

Bei aller Sympathie für die „Arabellion": Hier zeigt sich das Dilemma in aller Deutlichkeit. Keine Intervention, auch in bester Absicht, ist ohne schwere Nebenfolgen. Hinzu kommt, dass die Verteidigung von Freiheit und Menschenrechten unsere Soldaten zu unzählig vielen Krisenherden rufen würde. Werte wie „das Menschenrecht" sind indes unteilbar, eine pragmatische „Auslese" derer, die unserer Intervention würdig sind, wäre demzufolge undenkbar. Aber sie geschieht, notwendigerweise. Warum und wie – das wäre eine öffentliche Debatte wert, in der nicht nur Emotionen gehandelt werden.

Doch mit dem Begriff des „Interesses", um militärische Interventionen deutlich zu beschränken, tut man sich gerade in Deutschland schwer. Das bekam Bundespräsident Horst Köhler zu spüren, als er davon sprach, man müsse wissen, dass „im Notfall auch militärischer Einsatz notwendig ist, um unsere Interessen zu wahren, zum Beispiel freie Handelswege".[6] Der Sturm der Empörung, der damals über ihn niederging, mag zu seinem vorzeitigen Rücktritt beigetragen haben.

Bloße Interessen sollen Kriege entzünden? Gar die des Handels? Also Interessen „des Kapitals"? Noch immer gibt es hierzulande ein Unbehagen gegenüber dem kühlen interessegeleiteten Pragmatismus, den wir den Briten unterstellen, denen doch, wie Richard Wagner es einst formulierte, die Welt „ein Krämerkasten" sei. In Deutschland muss es mehr sein, was uns in Bewegung setzt. Aber was? Die Antwort lautet allenthalben: Werte.

Was ist damit gemeint? Und wie verhalten sich „Werte", die ja die der Gesellschaft sein müssen, die Soldaten entsendet, zu den *rules of conduct*, die primär eine Angelegenheit des Militärischen sind? Sie beinhalten Schonung der Zivilbevölkerung, Fairness und Respekt vor dem Gegner, ohne ideologisch begründete Entmenschung. Mäßigung, wo möglich. Konsequenz, wo nötig. Und ein Interesse am baldigen Ende des Konflikts ohne allzu große Verluste.

Sind das nicht aber die ureigensten Werte jener Mäßigung, die dem Krieg in Stellvertretung für die Gesellschaft innewohnt? Stellvertretung heißt: gewalttätige Konflikte aus dem Herzen der Gesellschaft hinaustragen, damit sie nicht als Ganzes zerbricht. Und heißt womöglich auch, den Wünschen (und Anmaßungen) von Politik und Zivilgesellschaft zu widerstehen, wenn sie den bedingungslosen Kampf für höchste Ziele fordern sollten.

Denn in der Tat: In der offenen Gesellschaft ändern sich Werte, vielleicht nicht gerade „permanent und rasant", aber doch kaum noch von Tradition gebremst. Gerade die Geschichte des Verhältnisses von Gesell-

---

6 Am 22.05.2010 in einem Interview mit dem *Deutschlandfunk*. Das Zitat ist in größerem Zusammenhang abgedruckt bei Stephan, Cora: Angela Merkel. Ein Irrtum, München 2012, S. 175.

schaft und Bundeswehr zeigt, wie sehr der Zeitgeist die jeweils hochgehaltenen „Werte" diktiert. Einmal ist der höchste Wert „Nie wieder Krieg", später heißt es „Nie wieder Auschwitz", beides absolute Werte, die einander ausschließen. Und genau deshalb wünscht man sich manchmal ein verzögerndes Moment wie „Tradition".

Was die deutsche Tradition nicht bereitstellt, bietet die europäische Tradition. Zu ihr zählen die Befreiungskriege gegen Napoleon ebenso wie jene unblutigen Kabinetts- oder Manöverkriege, über die sich Clausewitz belustigte und deren Grenzen Napoleon sprengte. Trotz der beiden Weltkriege mit ihrem Brandherd in Europa zeigt die Zeit nach dem Dreißigjährigen Krieg, was konservative und entideologisierte Kriegsführung im Sinne von Mäßigung und Einhegung vermag. Diese europäische Tradition steht durchaus im Gegensatz zur amerikanischen, die noch immer von der Erfahrung des Bürgerkriegs geprägt ist. In einem Bürgerkrieg muss der Kampf bis zur gänzlichen Niederringung des Gegners gehen, denn in einem einzigen Gemeinwesen kann es nur eine Regierung geben. Das macht Bürgerkriege so schrecklich – und unterscheidet sie zugleich von Staatenkriegen, in denen es insofern nicht um die Existenz geht, als die Fortexistenz des anderen Staates in der europäischen Kriegstradition nicht infrage steht.

Bürgerkrieg ist immer zugleich Wertekrieg. Der Appell sowohl an die *morale* als auch an die Moral von Bürgerkriegern macht sie zu einer formidablen Waffe. Der Schaden fürs Gemeinwesen ist womöglich ebenso beachtlich.

8. Helden braucht das Land?

Politik und Öffentlichkeit in Deutschland müssen sich entscheiden, welche Soldaten sie wollen. Glühende Bürgerkrieger? Kaltblütige Profis? Pragmatische Gewaltmanager, kühl und beherrscht, die ihren Job tun, ohne groß zu reden? Leute, die man erst dann wieder zur Kenntnis nimmt, wenn sie als blutende Opfer zurückkehren? Den Rest zahlt die Versicherung?

Die Verbindung zwischen Gesellschaft und Armee hierzulande war und bleibt fragil. Wer weder heldenhafte Kämpfer noch bezahlte Profis möchte, muss sich überlegen, wie er das Band stärkt. Ein Soldat, der einen Kampfeinsatz erlebt und überlebt, hat eine Leistung erbracht, die ein Symbol braucht. Und wenn es das Eiserne Kreuz nicht mehr sein darf – dann sollte die zivile Gesellschaft den Anstand haben, ein neues zu stiften.

Doch erinnert das Eiserne Kreuz nicht an eine Tradition, auf die man sich auch in Deutschland berufen darf? Es wurde vom preußischen König Friedrich Wilhelm III. 1813 zu Beginn der Befreiungskriege gegen Napoleon eingeführt, es ist Auszeichnung für den Kampf der europäischen Verbündeten gegen einen freiheitsbedrohenden Tyrannen.

Vielleicht braucht es ja gar keine speziell deutsche Tradition, wenn man im Bündnis mit den Nachbarn eine gemeinsame europäische hat. Eine Tradition, in der Respekt vor dem einzelnen Menschen so viel gilt, dass man bei uns ein Selbstmordattentat weder nachzuvollziehen noch einzuordnen weiß. Gewiss – nicht immer hilft der Stolz auf die Regeln der Mäßigung, um die hilflose Wut auszubremsen, die ein Gegner auslöst, der sie höhnisch mit Füßen tritt.

Doch ebenso gewiss ist: Eine Kultur kann sich auf zweierlei Weise auslöschen. Indem sie sich nicht wehrt, wenn sie angegriffen wird. Und indem sie im Kampf ihre eigenen Maßstäbe preisgibt.

MICHAEL WOLFFSOHN

Die Bundeswehr: Rechts und prekär? –
Ein (welt)historischer Rahmen

1. Thema verfehlt?

Wird hier das Thema verfehlt: „Rechts und prekär?" Die Identität der sowie die Berufung zum Soldatenberuf werden in diesem Sammelband dar- und in Frage gestellt, Antworten ge- und versucht.

Von Identität und Berufung ist in meinem Text keine Rede. Scheinbar. Tatsächlich aber doch, und zwar zentral, denn eine Bundeswehr, deren Personal politisch rechtsaußen, also in der Identität altneuer NS-Kontinuität, stünde, ist normativ weder innen- noch außenpolitisch hinnehmbar. Sie widerspräche den Fundamenten der Bundesrepublik Deutschland, wäre im Staat eine Art Gegenstaat zum Staat. Nicht akzeptabel. Wir reden demnach sehr wohl über die Identität der Bundeswehr.

Wir reden nicht über die ideologische, doch die soziologische Identität der Bundeswehr, wenn gefragt wird, aus welchen Einkommens- und Bildungsschichten sich ihr Personal zusammensetzt. Damit stoßen wir auch zur Frage „Beruf oder Berufung?"

Berufung setzt Idealismus voraus, den unbedingten Willen, gerade in der Bundeswehr und nicht woanders wirken zu wollen. Wirken, nicht nur arbeiten, etwas, gar vieles, auf jeden Fall Gutes für „die Gemeinschaft" freier Bürger bewirken zu wollen, damit diese weiter frei bleibe, blühe und rechtsstaatlich bleibe. „Einigkeit und Recht und Freiheit" nicht nur für das (veraltet?) „deutsche Vaterland", für ein freies Deutschland in einem freien Europa als Teil der freien Welt, nicht zuletzt mit den USA durch gemeinsame Werte verbunden. Gemeinschaft kann nur als Ganzes verstanden werden, zumindest als eine Gesellschaft, die sich trotz aller Pluralität als Ganzes versteht. Wenn jedoch nur ein Teil aller Wirtschafts- und Gesellschaftsschichten im Militär zu finden ist, kann es nicht das Ganze repräsentieren. Ein Ganzes, hier Deutschland, kann gedanklich und faktisch nur durch alle vergegenwärtigt werden. Das bedeutet: Zumindest theoretisch, wenigstens auf dem Papier, müsste es eine wirklich *allgemeine* Allgemeine Wehrpflicht geben, müsste das gesellschaftlich Ganze im Militär gewärtig sein. Die Allgemeine Wehrpflicht ist seit Juli 2011 „ausgesetzt", tatsächlich aufgehoben. Schon vorher gab es sie nicht wirklich. Nur auf dem Papier bestand sie.

Welthistorisch betrachtet ist dieser Sachverhalt weder typisch (bundes)deutsch noch neu. Die Allgemeinheit der Allgemeinen Wehrpflicht gab es welthistorisch nur in Ausnahmesituationen. Die politische und mediale Diskussion in unserem Land unterstellt das Gegenteil, besonders für die Bundeswehr. Diese Illusion wird durch das kaum zu übertreffende, sympathische Motto, eigentlich Ziel, vom „Bürger in Uniform" genährt. Leider bedeutet sympathisch nicht immer zugleich realistisch. Welthistorisch gilt stattdessen: Nur wer musste und keine Alternative hatte, griff zu den Waffen oder diente im Militär. Wer ginge freiwillig Todesrisiken ein? Die Wenigsten. Entweder Idealisten oder diejenigen, die keine Wahl hatten. Es gehört daher zu den Konstanten der Militärgeschichte als Weltgeschichte, dass die meisten Menschen das Militär meiden und wenn es denn sein müsse, sollten „lieber die anderen". Auch das soll dieser Beitrag zeigen. Ist das „gut oder schlecht"? Das mögen die Leser beurteilen. Vor dem Werten muss man wissen. Dann kann man auch politisch seriöser entscheiden.

Rechts und prekär? – Gerade diese Frage zielt ins Zentrum von Identität und Berufung der Bundeswehr.

2. Rechts und prekär?

Die gute Nachricht zuerst: Rechtsextremisten waren und sind in der Bundeswehr alles andere als willkommen. Das wird auch so bleiben. Die politische und militärische Führung der Bundeswehr hat, allen gegenteiligen Unterstellungen zum Trotz, nie liebevoll nach rechts geschielt. Im Gegenteil. Auch das wird bleiben.

Gewiss, hier und da gab es rechtsextremistische Personen und Aktionen, Nazilieder und -parolen. Das waren jedoch, ohne Bundeswehrlyrik, Ausnahmen. Sie wurden, wo erkannt, geahndet und bestraft. Jenseits der leicht auffind- und vorzeigbaren Einzelfälle und subjektiven Eindrücke oder Erfahrungen zählt auf der gesamtpolitischen Makroebene nur der empirisch-repräsentative, sozusagen „objektive" Befund. Er ist eindeutig: Seit Jahrzenten zeigen Umfragen, dass Bundeswehrangehörige zwar „rechter" als die Gesamtgesellschaft stehen, aber keinesfalls rechts im Sinne von „rechtsextrem" denken, geschweige denn handeln. Im Klartext: Bundeswehrangehörige wählten und wählen häufiger CDU/CSU und FDP als andere Bundesbürger. Wer Schwarz-Gelb für Braun und nur Rot, Dunkelrot oder Grün für demokratisch hält, wird damit nicht zufrieden sein, doch das ist Parteipolitik und Ideologie – keine Empirie und für die wissenschaftliche Analyse bedeutungslos.

Zur schlechten Nachricht: Strukturell übt die Bundeswehr, wie jedes Militär auf der Welt und in der Weltgeschichte, auf national und nationalistisch Gesinnte, also eher Rechte, ja, Rechtsextremisten eine stärkere Anziehungskraft aus als auf linke oder liberale Bürger jedweder Ausprägung und jeglichen Landes.

Zu Zeiten der (vermeintlich) Allgemeinen Wehrpflicht mieden, nicht nur in der bundesdeutschen Demokratie, linke und liberale Bürger den Wehrdienst, wo und wenn sie nur konnten, weil sie nicht „dienen", nicht „zum Bund" wollten.

Das bedeutete: Linke und Liberale jedweder Schattierungen schufen, nicht nur in Deutschland, im Militärpersonal eine Art ideologischen Vakuums und überließen somit den Rechten/Rechtsextremisten strukturell das Feld. Dass die Bundeswehr dennoch nicht nach rechts oder gar rechtsaußen kippte, ist Verdienst ihrer politischen und militärischen Führung. Diese beruhigend erfreuliche Feststellung ist auch der Tatsache geschuldet, dass es zwar zu viele, aber eben in absoluten Zahlen doch nicht so viele Rechtsextreme in Deutschlands Gesellschaft gibt. Für einen erfolgreichen Marsch durch die Institutionen, allen voran die Bundeswehr, fehlt dem Rechtsextremismus die Massenbasis. Ich füge hinzu: erfreulicherweise. Ein Verdienst aller Demokraten.

Die Abwehr von Rechten bzw. Rechtsextremisten ist neben „der Politik" und den Offizieren der Bundeswehr auch ihren Mannschaftsdienstgraden zu verdanken. Im Gesamtpersonal der Bundeswehr gab es bislang genügend Idealisten, die bereit waren und sind, die Freiheit, die demokratische und menschliche Lebensordnung der Bundesrepublik Deutschland, zu sichern – „für den Fall der Fälle". Wohlgefühl und Dankbarkeit gegenüber dem Weg der bundesdeutschen Demokratie war und ist, wie die Empirie (Umfragen und teilnehmende Beobachtung) zeigt, ein Motivationsfaktor, der, neben anderen, für das dominant nicht-rechte/-rechtsextreme Bundeswehr-Ethos und -Pathos sorgte.

Kann, wird das so bleiben? Wer die Vergangenheit kennt, kann die Zukunft leicht(er) und zutreffend(er) vorhersagen. Zumindest künftige Problemfelder erkennen und benennen.

3. Die Wirklichkeit der Waffenwilligkeit[1] – Ein universalhistorischer Exkurs über Macht(-beteiligung), Geld und Ansehen

Aus der Allgemeinen Menschheits- und dort der Militärgeschichte wissen wir: Jenseits vorsätzlicher Tötungs- oder Raubabsichten kämpfen Menschen freiwillig nur, wenn Leib und Leben unmittelbar bedroht sind. Das eigene Leben, der Liebsten und Nächsten sowie der eigene Grund und Boden, individuell oder kollektiv.

Jenseits jener reinen Defensive, kommen Menschen nur dann freiwillig zu den Waffen, wenn sie folgende drei Belohnungen, und zwar alle drei zusammen, bekommen: 1.) Macht oder Machtbeteiligung, 2.) Geld; daher Sold-aten, 3.) Ansehen bzw. Wertschätzung, Achtung oder Ruhm.

Wenn, wo und solange die Allgemeine Wehrpflicht galt, konnte man auf diese Sonderkonditionen verzichten. Im Prinzip musste jeder die Uniform anziehen und Waffen tragen, quasi zum Nulltarif. So gesehen, war die Allgemeine Wehrpflicht nicht nur eine gesellschaftliche und militärhistorische, sondern auch wirtschaftliche Revolution. Sie kehrte die bestehenden Verhältnisse vollständig um. Der Staat bekam fast unentgeltlich Kämpfer, die nur noch dem Namen nach „Soldaten" waren. Der Sold war nun nämlich entfallen; abgesehen vom eher kümmerlichen Wehrsold oder wie immer man diesen Sold nennen mag. Jedenfalls waren diese Soldaten im ursprünglichen Wortsinne keine wirklichen Sold-aten mehr.

So und nun politisch gesehen, waren Volksbewaffnung und Volksherrschaft, sprich „Demokratie", Wehrpflicht und Wahlrecht, seit jeher zwei Seiten derselben Medaille. Zumindest tendenziell und strukturell. Diese welthistorische Regel (kein geschichtliches Gesetz) galt seit dem antikgriechischen Hoplitenheer bis zur jüngsten Vergangenheit, also von 600/500 vor unserer Zeitrechnung, über die *levée en masse* der Französischen Revolution bis, bezogen auf Deutschland, Juli 2011.

An ausgewählten Beispielen, topisch vorgehend, sei diese These untermauert.

---

1 Als Überblick und auch für Details sind sehr nützlich Müller, Rolf-Dieter: Militärgeschichte, Köln 2009; Frevert, Ute (Hg.): Militär und Gesellschaft im 19. und 20. Jahrhundert, Stuttgart 1997.

Am Anfang war der Heerführer (lateinisch *dux* von *ducere* – führen), derjenige, der das Herr führte, das Heer zog. Weil dieser das Heer zog bzw. führte, erlangte oder behielt er auch die politische Führung. Der das Heer ziehende wurde „Herzog", also Hochadel. Diese Belohnungsaussicht lockte ins Heer und im Heer an dessen Spitze.

Da jedoch nicht jedermann im Heer an die Spitze kommen konnte, doch gebraucht wurde, mussten alle Kämpfer irgendwie belohnt werden. Je besser, sprich: erfolgreicher der Heerführer auch bei Beutezügen, desto besser ging es seinen Truppen, desto motivierter, um so mächtiger und so weiter. Sparta und Athen, die antiken griechischen Stadtstaaten, unterschieden sich fundamental, doch in beiden galt die allgemeine Wehrpflicht, weil aus der (Personal-)Not eine Tugend gemacht wurde: die politische Mitsprache oder Beutebeteiligung und durch Beutebeteiligung relativer Wohlstand.

Die Allgemeinheit der allgemeinen Wehrpflicht, die militärische Beteiligung des gesamten ‚Demos‘, war im alten Athen Voraussetzung der Demokratie. „Für ein stehendes Herr reichten die Ressourcen nicht, jeder einzelne Bürger musste notfalls zu den Waffen greifen."[2] Die Bürgerrechte waren mit den Dienstpflichten im Hoplitenheer der Steuerzahler bzw. Steuerpflichtigen verbunden.[3] Die „städtischen Unterschichten" Athens kamen „ihrer Bürgerpflicht durch den Dienst in der Flotte" nach. Erst dann, durch den Ausbau der und den Dienst in der Flotte, bekamen auch sie politische Mitsprache. Als die Bürgerarmeen Athens und Spartas im Peloponnesischen Krieg (431–404 v.Chr.) ausbluteten, mussten beide Seiten zunehmend auf Söldner zurückgreifen, die in späteren Friedenszeiten das Gemeinwesen von innen bedrohten, denn sie brauchten eine Lebensgrundlage. Die war nur durch Machtübernahme oder Plünderungen möglich. Die Sozial- und Wirtschaftsstruktur des griechischen Kriegswesens (freundlicher: Wehrwesens) wurde durch die Kommerzialisierung des Sold-atentums entbürgerlicht – und weiter verroht.

Der Aufstieg Roms zur antiken Weltmacht hing ebenfalls eng mit dem Heer- und Wehrwesen zusammen: Kämpfer der Legionen waren die „proletarisierten Massen", Adel und Ritter, die Heerführer. Sie hatten die Macht, doch ohne jene Massen wäre ihre Macht wirkungslos geblieben.

---

2 Müller, Rolf-Dieter: Militärgeschichte, Köln 2009, S. 57.

3 Vgl. ebd., S. 59.

Die Legionäre bekamen soziale Sicherheit und durch Beute Eigentum. Den Ober- und Unterschichten war so gedient. Ohne sein Heer hätte nicht einmal Augustus die Macht erkämpft. Das später offene Militärkaisertum war strukturell programmiert.[4] „Hunderttausende besitzloser römischer Bürger" waren das Rückgrat des Heeres.[5] Nunmehr war aber das Militär Staat im Staate, *noch genauer*: das Militär war der Staat und der Militärführer zugleich der Staatsführer. Dieses Modell glich eher dem der traditionellen Orientalischen Despotie, in der die Berufskrieger„kaste" Säule politischer, gesellschaftlicher und wirtschaftlicher Macht war. Die Säule selbst bestand vornehmlich aus Söldnern, meist ausländischer Herkunft, und ehemaligen Kriegsgefangenen.[6]

Wir springen ins Mittelalter: Der „Kern" der „personenrechtlichen" bzw. feudalen Bindungen „lag im Waffendienst". Die „Gemeinschaft der Freien war zugleich Kampfgemeinschaft. Landeigentümer bzw. Lehnsherr war der Herrscher, Land- und Lehnsempfänger bzw. Landbesitzer und Landbearbeitender war der Gefolgsmann bzw. Vasall. Zu dessen Pflichten gehörte der Kriegsdienst."[7] Kein Privileg, also Land und Lebensgrundlage, ohne lebensgefährlichen Waffendienst. Landarbeit, Kriegs„handwerk" und eigenständige Finanzierung von Pferd(en) und Waffen waren dauerhaft nicht zu bewerkstelligen. Die Folge: Je weiter ins Mittelalter, desto mehr besoldete Kämpfer. Die nächste Folge: Die „Armeen schrumpften zu relativ kleinen Elitetruppen von Berufskriegern". Auch das bedeutete eine weitere „Barbarisierung des Krieges".[8]

Die Frühe Neuzeit war die Epoche der „Söldner und Kriegsunternehmer".[9] Die meisten der Krieger waren, leicht vorstellbar, keine Lyriker und Sänger, sondern Arme und Ärmste. Sie kamen aus dem In- und Ausland. Von einer Territorial-Streitkraft im eigentlichen Sinne konnte keine Rede sein. Nach dem Dreißigjährigen Krieg begann das Zeitalter der stehenden Heere. Auch deren Personal bestand überwiegend aus wirtschaftlich zu kurz Gekommenen in- und ausländischer Herkunft. Der Übergang zur Wehrpflicht der Landeskinder war gleitend. „Die Rück-

---

4 Dahlheim, Werner: Die Römische Kaiserzeit, München 2013, S. 25 ff.
5 Ebd., S. 32.
6 Müller, Rolf-Dieter: Militärgeschichte, Köln 2009, S. 55.
7 Ebd., S. 85. Zur folgenden Skizze vgl. ebd., S. 85 ff.
8 Ebd., S. 86.
9 Vgl. ebd., S. 113 ff.

sicht auf Produktivität und Steuerleistung sorgte dafür, dass bürgerliche Berufe und Landwirte meist keinen Wehrdienst leisten mussten und man bei der Rekrutierung vorzugsweise auf untere soziale Schichten ausländischer Freiwilliger zurückgriff.["][10] Weil die Zahl der – immer wieder – armen inländischen „Unterschichten" sowie der ausländischen Freiwilligen ebenfalls nicht ausreichte, „wurden auch Rekruten mit List und Gewalt zum Kriegsdienst gepresst."[11] Keine Überraschung: Sie kamen nicht aus dem Adel oder wohlhabenden Bürgertum. Am Ende des *Ancien Régime* in Preußen, 1806, waren 40 Prozent der Soldaten Ausländer, die meisten zwangsweise ausgehoben.

Zeitenwende – Französische Revolution und Preußische Reformen. Wir sind am Ende unseres galoppartigen universalhistorischen Exkurses und knüpfen den Gedanken- und Faktenfaden weiter.

4. Die „Allgemeinheit" der Allgemeinen Wehrpflicht

So allgemein wie oft unterstellt war die Allgemeinheit der Allgemeinen Wehrpflicht nie. Das betrifft nicht nur die Bundesrepublik Deutschland bis zum Sommer 2011, sondern auch Anfänge und Entwicklung der vermeintlich Allgemeinen Wehrpflicht.[12]

Schon im revolutionären, erst recht im nachrevolutionären Frankreich konnten sich wohlhabende Bürger vom Wehrdienst freikaufen. Dem wohlhabenden bzw. wohlhabenderen Adel gegenüber war das preußische System seit Friedrich Wilhelm I. (dem Vater von Friedrich dem Großen) ebenso skrupellos wie subtil. Der Adel bekam Zuckerbrot und Peitsche. Die Peitsche: Im Militär dienen – als Offiziere, Todesrisiko inklusive. Das Zuckerbrot: Der Adel konnte auf seinen Gütern praktisch nach eigenem Gutdünken schalten und walten, Recht sprechen und Polizeifunktionen, also Herrschaft, ausüben.

Wir springen in die Zeit der Freiheitskriege gegen Napoleon: Voller Inbrunst hätten die Männer die Waffen ergriffen – sagt die Legende. Tatsächlich drückte sich, wer konnte. Es konnten nur die Wohlhabenderen

---

10 Müller, Rolf-Dieter: Militärgeschichte, Köln 2009, S. 151.
11 Ebd.
12 Vgl. dazu Kapitel VI.–IX in: Müller, Rolf-Dieter: Militärgeschichte, Köln 2009. Vgl. ebenso: Frevert, Ute (Hg.): Militär und Gesellschaft im 19. und 20. Jahrhundert, Stuttgart 1997.

und Besser-Ausgebildeten. Diese lieferten vom heimischen Schreibtisch den Kämpfern die Kampfparolen. In den deutschen Staaten, auch in Preußen, empfanden städtisches Bürgertum und Bewohner der Gewerberegionen die Aussicht, im Militär ihr Leben riskieren zu müssen, als „schockierend". Es kam zu Protesten und Demonstrationen gegen die allgemeine Wehrpflicht.[13] Sie hatten Erfolg: Für die „feinen Leute", die „höheren Stände", wurde das „Einjährige" eingeführt. Wer zahlen konnte, musste nur ein Jahr dienen, wer nicht, durfte drei Jahre in die „Schule der Nation". Alle waren gleich, einige gleicher. Wer konnte, drückte sich.[14] Ärzte, Fabrikanten, Fachleute, Kaufleute, Beamte konnten besonders gut. Und Simulanten à la Felix Krull. Diesen Typus hat Thomas Mann, bezogen aufs Kaiserreich, literarisch verewigt. Besonders eine Gruppe drückte sich nicht, weil sie sich nicht drücken wollte, um zu beweisen: „Wir gehören dazu. Wir sind gute, ja, vorbildliche Deutsche": Deutschlands jüdische Männer.[15] Das Vaterland dankte es ihnen innig. Schon vor 1933. Ironisch formuliert: Drückeberger warfen den sich nicht drückenden vor, sich vor dem Kommiss zu drücken.

Der Militär-Patriotismus des britischen Bürgertums war mehr pekuniär. Es zahlte, damit die prekären Schichten ins Militär konnten und die Bourgeois selbst nicht mussten.[16] In den Amerikanischen Südstaaten wurde die Allgemeine Wehrpflicht während des Bürgerkriegs eingeführt, 1862. Sie war so allgemein, dass seltsamerweise die Wohlhabenden Schlupflöcher fanden. Was Wunder, dass der Protestruf der ärmeren Schichten lautete: „A rich man's war and a poor man's fight."[17] Nicht anders als in Großbritannien – und in den Nordstaaten, wo die Allgemeine Wehrpflicht im März 1863 begann. Wer konnte, durfte bezahlte Ersatzleute stellen. Die Unterschichten konnten nicht.[18] Sowohl im Norden als auch im Süden erhob sich ein regelrechter Widerstand gegen die allgemeine Wehrpflicht. Er wurde gleichermaßen hart niedergeschlagen.

---

13 Frevert, Ute (Hg.), Militär und Gesellschaft im 19. und 20. Jahrhundert, Stuttgart 1997, S. 23.
14 Ebd., S. 30.
15 Ebd., S. 34.
16 Strachan, Hew; in: Frevert, Ute (Hg.): Militär und Gesellschaft im 19. und 20. Jahrhundert, Stuttgart 1997, S. 86–93.
17 Förster, Stig; in: ebd., S. 115.
18 Förster, Stig; in: ebd., S. 155 f.

Und der Ausbruch des Ersten Weltkrieges? Gab es da nicht die Begeisterung der Massen? In Deutschland und anderswo in Europa? Jüngst hat Christopher Clark die Legende vom Kriegsrausch im August 1914 widerlegt.[19] „Die neuere Forschung hat herausgearbeitet, dass der Taumel an Kriegsbegeisterung in der Bevölkerung vielfach nur eine Inszenierung gewesen ist, die sich auf die Großstädte beschränkte."[20] So viel, nebenbei, zur historischen Aussagekraft von Bildern. Auch hier gibt es solche und solche – doch keine ohne Quellen- bzw. Fotokritik. Weltkrieg zwei? Keine Begeisterung weit und breit. Angst und Schrecken. Selbst Hitler, Göring und Goebbels, die ihn vom Zaume brachen, schauten nach der unerwarteten Kriegserklärung durch Großbritannien und Frankreich nicht gerade euphorisch.

In die Bundeswehr drängten oder drängelten die Wehrpflichtigen ebenfalls eher selten. Gerne siedelten in der „Alt-BRD"-Epoche junge Männer nach West-Berlin um, wo so mancher seine „systemverändernden" Neigungen auslebte, statt (damals unwahrscheinlich genug), sein Leben „beim Bund" zu riskieren. Im wiedervereinigten Deutschland träumten viele gerne den Traum vom Ewigen Frieden, hielten die Bundeswehr, mangels direkter, benachbarter Feinde, für überflüssig und drückten sich nach Kräften.

Noch etwas lehrt die Allgemeine Gesellschafts- und Militärgeschichte: Wer nicht „zum Militär" muss, sondern will, ist nicht nur Idealist. Es gibt auch viele Ideologen. Keine linken oder liberalen Ideologen, sondern eher national und nationalistisch Gesinnte, Rechte bzw. Rechtsextremisten. Sie waren und wären auch ohne das Berufsfeld Offizier/Soldat weder perspektiv- noch arbeitslos, aber sie „witter(te)n Morgenluft": dass sie in den Streitkräften gezielter Nachwuchs werben und an sich binden können. Wie in jedem Militär, ist hierfür auch in der Bundeswehr als Berufsarmee das Potenzial größer als in der allgemeinen Gesellschaft. Die Gründe wurden genannt.

---

19 Clark, Christopher: The Sleepwalkers. How Europe Went to War in 1914, London 2012, bes. S. 552 ff.
20 Müller, Rolf-Dieter: Militärgeschichte, Köln 2009, S. 226; Weber, Thomas: Hitlers erster Krieg, besonders Teil I, Berlin 2011, S. 23–43.

5. Das Personal-Reservoir der Bundeswehr

Seit dem Sommer 2011 stehen Politik, Gesellschaft und Bundeswehr (sowie, mit Ausnahme Israels, eigentlich alle Demokratien) vor einer neuen national- und welthistorischen Herausforderung: Die Volksherrschaft, Demokratie, ohne Volksbewaffnung zu bewahren und zu verhindern, dass die im Volk Bewaffneten, das Militär, die Volksherrschaft abschafft. Wer ist sich dieser Megaherausforderung bewusst? Das bisher gemalte Bild bedarf einiger Nachzeichnungen. Sonst wäre es falsch. Strukturell und tendenziell stimmen die Aussagen zur Allgemeinen Wehrpflicht, sie bedürfen allerdings einiger Ergänzungen.

„Drückeberger", freundlicher formuliert: „Wehrunwillige", gab es zu allen Zeiten und an allen Orten, denn freiwillig sterben wollte und will kaum jemand, und das Todesrisiko ist in jedem Militär erheblich größer als bei jedem zivilen Arbeitgeber. Ohne die Allgemeine Wehrpflicht, bei einer Berufsarmee, müssen die Streitkräfte mit anderen, zivilen Arbeitgebern konkurrieren. Die Geschichte lehrt: Zu den Streitkräften kommen, neben wenigen Idealisten, nur oder fast nur diejenigen, die auf dem zivilen Arbeitsmarkt weniger oder keine Möglichkeiten finden. Was wissen wir über diese Bevölkerungsgruppen, unabhängig davon, ob sie zur Bundeswehr gehen oder nicht? Wir wissen, dass diese Menschen in der Regel perspektivlos und deshalb gegen „das System" verführbar sind – zum Beispiel für extremistische, meist rechtsextremistische Ideologien. Das ist seit Jahren empirisch-repräsentativ belegt, und Wahlergebnisse bestätigen dieses Muster, in Deutschland ebenso wie in anderen Demokratien.

Diese Ökonomie der Demoskopie (Umfragen) sowie die Ökonomie der Wahlgeografie werden durch die Geografie der Ökonomie bestätigt. Im Klartext: Rechtsextreme Parteien haben dort den größten Erfolg, wo die Wirtschaft, wo der zivile Arbeitsmarkt schwächelt, also in den wirtschaftlich strukturschwachen Regionen. Diese gibt es auch im Westen unseres Landes, doch im Osten sind sie leider zahlreicher. Vor allem aus diesen wirtschaftlich strukturschwachen Regionen Deutschlands kamen bis 2011 die meisten Berufs- und Zeitsoldaten der Bundeswehr. Auf der Ebene der Mannschaftsgrade war (ist?) diese Tendenz offenkundig, weniger auf der Offiziersebene. Ähnlich übrigens die Situation bei der Polizei.

Die skizzierten Rahmenbedingungen haben dazu geführt, dass, gemessen an der Gesamtbevölkerung der Bundesrepublik, Bürger Ostdeutschlands häufiger zur Bundeswehr stoßen als Bürger Westdeutschlands. Unter den Ostdeutschen sind es wiederum diejenigen, die in ihrer Heimatregion auch bei guter Ausbildung keinen zivilen Arbeitsplatz finden. Die Zahlen sind eindeutig. Sie stammen aus dem Bundesministerium der Verteidigung. Wer sie leugnet, löst das Problem nicht.

Das Problem sind natürlich nicht die Ostdeutschen, das Problem ist die innerdeutsche Gerechtigkeitslücke. Sie ist in der Wehrpolitik so vehement zu bekämpfen wie in der Gesundheitspolitik. Hier besteht darüber Einigkeit, dass diese Aussage nicht gelten soll, nicht gelten darf: „Weil du arm bist (also zur „Unterschicht" gehörst), musst du früher sterben." Statt arbeitslos zu werden, lassen sich die ärmeren Bevölkerungsschichten unseres Landes als Soldaten anwerben. Historisch betrachtet ist das ein Rückfall in vormoderne Zeiten, als die Ärmsten der Armen als Soldaten geworben, meist zwangsgeworben und im wahrsten Sinne des Wortes „gefasst" bzw. „gepresst" wurden – weil sie arm waren.

Strukturell und historisch betrachtet entstand somit seit 2011 in Deutschland gesellschaftlich gewollt und deshalb politisch beschlossen, doch weder von Gesellschaft, Politik noch Bundeswehr gewollt (weil nicht zu Ende und nicht historisch-soziologisch gedacht?) das Großproblem, die selbstgeschaffene Herausforderung: die neue Bundeswehr, wie die alte, als Garant und Garantie der bundesdeutsch demokratischen Republik zu erhalten und auszubauen – Volksherrschaft ohne Volksbewaffnung, Wahlrecht für alle ohne Wehrpflicht für alle, wobei es politisch leichter durchsetzbar ist, eine Berufsarmee der Wenigen als eine Wehrpflichtarmee aller in Kriege zu schicken. Diese dem Todesrisiko auszusetzen, ist politisch heikler als gegenüber Berufssoldaten, die in den Augen der Allgemeinheit für diese vermeintliche „Dienstleistung" bezahlt und nicht geehrt werden.

Fazit: Bislang, als Wehrpflichtarmee, konnte die Bundeswehr Binnenangriffe von rechts bzw. rechtsaußen erfolgreich abwehren. Durch den Übergang zur Berufsarmee wird diese selbstgestellte und -gewollte Aufgabe erheblich schwerer. Wir alle, Bürger dieses Landes, sind daher gefordert. Wie kann es das Zivil vom Militär fordern, wenn es das Militär nicht fördert? Mehr Ansehen verleihen und mehr Geld geben kann das Zivil dem Militär – mehr Macht nicht. Sonst wäre es nicht die Berufsarmee eines demokratischen Staates. Weil auch im Bereich der Militär- und Gesellschaftsgeschichte das Rad bereits erfunden ist, kann man, abgeleitet aus der allgemeinen militärhistorischen Vergangenheit, dies für die

Zukunft der Bundeswehr, der Identität und möglichen Berufung ihres Personals vorhersagen. Idealisten wird die Bundeswehr nur gewinnen können, wenn dieser Staat, vor allem seine politische Klasse, die Ideale des Grundgesetzes nicht nur predigt, sondern lebt. Der Staat aber sind wir alle. Wir delegieren und kontrollieren die Legislative und damit auch die Exekutive. Spezialisten, als gut und bestens Ausgebildete, braucht die neue Bundeswehr als Hochtechnologie-Streitkraft. Diese Fachkräfte bekommt sie nur, wenn ihre ideelle und materielle Grundausstattung mehr als nur zufriedenstellt. Kopf und Kasse unseres Staates, unserer Gesellschaft, sind gefordert.

Auch zur Personalgewinnung von Mannschaftssoldaten, denn die Bundeswehr wird mit dem zivilen Arbeitsmarkt um dasselbe Reservoir werben müssen. Wenn die Bundeswehr – nur (!) mit unseren Partnern und demokratisch, parlamentarisch legitimiert – Interventionsarmee wird, braucht sie eher mehr als weniger Personal. Erst recht, wenn der gleiche politische Fehler wie in Afghanistan ab 2002 begangen wird, also die längere Stationierung und *Nation-Building*. Letzteres kann keine Streitkraft der Welt leisten, denn sie ist als Streitkraft ausgebildet, sie ist keine eigenständige, spezialisierte Aufbau- und Hilfsorganisation wie etwa das Technische Hilfswerk. Daher war der Afghanistaneinsatz in dieser Form ein totaler Fehlschlag. Vor künftigen sollte sich die politische Führung hüten. Wird sie? Ich fürchte, nein. Ihr bleibt jedoch – bei Vollbeschäftigung – das Personal aus, denn ... Bei Vollbeschäftigung leeren sich die Reihen der Streitkräfte. Wenn man statt hochtechnologischen Rein-Raus-Interventionen, von Kommando-Aktionen, Sabotage oder Cyberwarfare absieht und Soldaten aus Deutschland für den „Aufbau von Nationen" wie für Afghanistan abzieht, wird dieses Personal gebraucht. Woher bei inländischer Vollbeschäftigung nehmen? Die Antwort ist eindeutig, und Alternativen sind weit und breit nicht erkennbar: Die Bundeswehr bräuchte „wie einst" vor Einführung der scheinbar Allgemeinen Wehrpflicht, ausländische Söldner oder – die Wiedereinführung der Allgemeine(re)n Wehrpflicht.

Wie auch immer: Ein neuer Abschnitt der Allgemeinen und deutschen Militärgeschichte hat begonnen. Was wird er uns bringen? *Nostra res agitur.* Wie gesagt: wir alle sind gefordert!

III. Feindbild

BERNHARD SCHREYER

Von der Notwendigkeit des Feindes im Krieg oder Feindschaft und Demokratie

1. Kein einfacher Begriff

Wer vom Soldaten spricht, kann vom Feind nicht schweigen. Wie in der hegelianischen Dialektik von Herr und Knecht verweist die bloße Existenz des einen auf das Sein des anderen. Nur weil zumindest die Möglichkeit besteht, dass es – wenn nicht jetzt, dann in Zukunft – Feinde geben könnte, ist es für ein Land sinnvoll, Soldaten auszubilden und Armeen zu unterhalten, was für nahezu alle Staaten auf dem Erdball gilt. Dennoch lässt sich feststellen, dass der Feind aus dem politischen Vokabular der westlichen Welt fast gänzlich verschwunden ist. In den Sozialwissenschaften taucht der „Feind" nur mehr als Bestandteil eines Kompositums wie den „Feindbildern" auf, die es selbstverständlich zu dekonstruieren gilt. Alles was mit Feind und Feindschaft auch nur in Berührung kommt, erscheint kontaminiert. Doch ist es zweifelhaft, dass mit der Bezeichnung zugleich das Bezeichnete erledigt ist. Bei Konfuzius findet sich eine Stelle, in der er fordert, dass man in einen Staat zuerst die Begriffe in die richtige Ordnung setzen muss, denn das bildet letztlich die Basis für das richtige Verhalten der Menschen.[1] Dieses Unterfangen scheint auch in unserem Fall dringlich zu sein. Zugegeben, wir bewegen uns, wenn wir uns mit dem Feind beschäftigen, auf vermintem Gelände. Große Vorsicht ist geboten, um darauf halbwegs sicher manövrieren zu können. Das ist allerdings nicht verwunderlich, wenn man sich vor Augen führt, wie viel Unheil mittels der Vorstellung vom vermeintlichen oder tatsächlichen Feind angerichtet wurde und immer noch wird. Wir haben es mit einem sehr gefährlichen Begriff zu tun und sollten daher damit nicht leichtfertig hausieren gehen. Dennoch ist es durch die Auslandseinsätze der Bundeswehr auch in der deutschen Diskussion wieder wichtig, in einem richtigen Sinn vom Feind zu sprechen. Als Feind wer-

---

1 Vgl. hierzu: Konfuzius: Gespräche, aus dem Chinesischen übersetzt und hrsg. v. Ralf Moritz, Stuttgart 2003, S. 79.

den in den nachfolgenden Ausführungen all' jene Gruppen verstanden, denen wir mit militärischen Mitteln begegnen.

Die Beschäftigung mit dem Feind beinhaltet zunächst vor allem eine Selbstprüfung derer, die diese Rede führen. „Der Feind ist unsere eigene Frage als Gestalt"[2], heißt es bekanntlich bei Carl Schmitt, der dieses Wort von Theodor Däubler übernommen hat. Wenn wir uns mit unserem Feind auseinandersetzen, erfahren wir viel über uns, immer vorausgesetzt, dass wir, so offen es möglich ist, uns auch selbst ins Blickfeld der eigenen Überlegungen nehmen wollen und können. Denn es sind letztlich unsere Vorstellungen vom und unser Umgang mit dem Feind, die an dieser Stelle wirksam werden. Unser Denken und unser Handeln bestimmen den Feind unweigerlich mit. Sie sind geprägt durch unsere Erfahrungen. Und es gilt zu fragen, was wir erreichen oder verteidigen wollen, welche Mittel wir dafür einzusetzen bereit sind und schließlich welchen Preis wir entrichten wollen. Mit einem Wort: was ist *uns* so wertvoll und wichtig, dass wir darum kämpfen wollen? Gleichsam gilt es im selben Maße, den Feind zu analysieren. Wir müssen um seine Stärken und Schwächen wissen, seine Vorlieben und Abneigungen studieren, seine Taktik durchschauen und seine Waffen untersuchen. „Um einen Feind zu bekämpfen, muss man ihn kennen. Dies ist eines der ersten Prinzipien einer gesunden Strategie."[3] Ein erfolgreicher Kampf bedarf notwendigerweise einer intellektuellen Prüfung. Ein Unterlassen dieser Übung zeitigt eine dann praktisch grundsätzlich eintretende Niederlage, sofern sie nicht durch den bloßen Zufall abgewendet wird. Das Glück allerdings bietet keine verlässlichen Verbündeten.

2. Der Feind – Ein Versuch zur genaueren Bestimmung

Die Existenz des Feindes erzwingt den Kampf. Im Gegensatz zur bloßen Gegnerschaft ist die Vermittlung gegensätzlicher Positionen nicht mehr möglich und vom Feind auch nicht erwünscht. Ein weiterer Aspekt tritt aber noch hinzu. Es kann nicht bei der bloßen Feststellung der Unvermittelbarkeit bleiben. Im Unterschied zum politischen Alltag, der dies

---

2 Schmitt, Carl: Theorie des Partisanen. Zwischenbemerkung zum Begriff des Politischen, Berlin ²1975, S. 85.

3 Cassirer, Ernst: Der Mythus des Staates, Philosophische Grundlagen politischen Verhaltens, Frankfurt a. M. 1985, S. 388.

zulässt, weil zwar nicht alle Differenzen aufgelöst werden können, jedoch mittels demokratischer Verfahren in ihren Auswirkungen Abschwächungen erfahren, drängt der Feind auf eine – wenn möglich endgültige – Entscheidung zu seinen Gunsten.[4] Er lässt sich „um seine Beute nicht betrügen" (Elias Canetti). Diese Entschlossenheit zum Kampf stellt ein zentrales Moment beim Feind dar. Allerdings sind Situationen möglich, in denen er Kompromissbereitschaft signalisiert. Sollte es dabei zu einer Einigung kommen, verspricht sich der Feind einen taktischen Vorteil, der es ihm letztlich umso leichter macht, sein Ziel zu erreichen.

Als Mittel steht dem Feind die Gewalt in all ihren Ausprägungen zur Verfügung. Das ist das letzte und entscheidende Element, das dem Feind von Gegner unterscheidet. Gegnerschaft stellt keine gewalttätige Konstellation dar. Dem politischen Gegner begegnen wir dagegen innerhalb einer Arena, in der durch Verfahren und vorgängigen Wertvorstellungen die gewaltsame Durchsetzung eigener Interessen unterbunden ist.[5] Dies gilt nicht nur auf der Ebene des einzelnen Staates, sondern immer stärker auch auf dem Feld der internationalen Beziehungen. Im Unterschied dazu hat der Feind diesen Raum entweder verlassen oder erst gar nicht betreten. Er beugt sich einem wie auch immer gearteten Regelwerk nicht unbedingt. Es ist seiner Entscheidung überlassen, ob er sich auf diese Weise selbst bindet oder ob er das Regelwerk missachtet. Schließlich kann er zudem so agieren, als ob er sich an allgemeine Normen und Wertvorstellungen hält. Gerade diese Unsicherheit macht dem Umgang mit ihm so gefährlich.

---

4 Vgl. hierzu selbstverständlich: Schmitt, Carl: Der Begriff des Politischen. Der Text von 1932 mit einem Vorwort und drei Corollarien, Berlin 1963. Im Gegensatz zu Schmitt sei allerdings darauf hingewiesen, dass der Freund-Feind-Gegensatz zwar für den Bereich des Politischen wichtig ist, sich das Politische aber darin nicht erschöpft. Weder ist jedes Freund-Feind- Denken politisch, noch ist alles Politische im Freund-Feind-Modus codiert. Zur Kritik an dieser Reduktion des Politischen, die mit der Negation der Feindschaft zugleich das Politische auslaufen lässt, vgl. z.B.: Derrida, Jacques: Politik der Freundschaft, Frankfurt a.M. 2002, S.125.

5 Vgl. hierzu ebenso grundlegend: Fraenkel, Ernst: Deutschland und die westlichen Demokratien, Frankfurt a.M. ²1991. Im Neopluralismus Fraenkels spielt der nichtkontroverse Sektor eine zentrale Rolle. In ihm findet sich jener Werte- und Verfahrenskonsens, der politische Gegenspieler auf den friedlichen Konfliktaustrag verpflichtet.

Was ist der Feind? Bevor diese Frage im Sinne einer, wenn auch vorläufigen, Definition, zu beantworten ist, soll die schon oben erwähnte Gestalt des Feindes in Form seiner zentralen Eigenschaften genauer beschrieben werden. Dabei geht es an dieser Stelle nicht um eine existenzielle Bestimmung des Feindes[6], sondern um strategische Überlegungen, die bei der Betrachtung des Feindes von Bedeutung sind. Die wohl wichtigste Maxime in diesem Zusammenhang lautet: *Rechne bei deinem Feind stets damit, dass er jedes ihm zur Verfügung stehende Mittel einsetzt, um dich zu besiegen.* Ob dies auch in der Realität geschieht, ist zunächst völlig zweitrangig. Auch wenn man kein Sozialkonstruktivist sein will, haben doch die bisherigen Überlegungen hinlänglich gezeigt, dass der Feind sich uns, wie wir dem Feind, nur durch unsere bzw. seine Brille zeigt. Denn alles was wir über den Feind aussagen, sagt er spiegelbildlich über uns aus. Feindschaft ist eine Beziehung auf Gegenseitigkeit, wie die der Freundschaft auch.

Die von uns dem Feind zugeschriebenen Eigenschaften brechen sich Bahn in einer doppelten ambivalenten Struktur unseres – an dieser Stelle ist der Begriff unumgänglich – Feindbildes. Die angeführte Ambivalenz drückt sich zuerst in seinem ihm von uns zugeschriebenen Machtpotenzial aus. Er muss mächtig sein, um überhaupt als Feind anerkannt zu werden. Diese Anerkenntnis ist die Bestätigung seines Ranges als politischer Akteur, auf dessen Maßnahmen man reagieren *muss*. Ein Feind, der mit seinen Aktionen keine Gegenwehr erzeugt, ist keiner, so gern er als solcher angesehen werden möchte. Der Feind ist darauf angewiesen, dass er als Feind wahrgenommen wird. Macht und Machtausübung heißt in diesem Zusammenhang ganz konkret, bemerkbaren Schaden anzurichten. Dabei ist die Spannweite sehr groß. Sie reicht von kleineren Sabotageakten bis zur gänzlichen Vernichtung des Gegners. Allerdings darf der Feind nicht zu mächtig werden, damit der Kampf gegen ihn

---

6 Vgl. hierzu Schmitt; für ihn gilt: Der Feind „ist eben der andere, der Fremde, und es genügt zu seinem Wesen, dass er in einem besonders intensiven Sinne existentiell etwas anderes und Fremdes ist, so daß im extremsten Fall Konflikte mit ihm möglich sind, die weder durch eine im Voraus getroffene Normierung noch durch den Spruch eines ‚unbeteiligten‘ und daher ‚unparteiischen‘ Dritten entschieden werden können" (Schmitt: Der Begriff des Politischen, S. 27). Wie unterschiedlich aber über den Feind gesprochen und gedacht werden kann, zeigt August Nitschke (vgl. hierzu ders.: Der Feind. Formen politischen Handelns im 20. Jahrhundert, Stuttgart 1964).

noch als sinnvoll angesehen werden kann. Gegen den politischen Feind muss die Perspektive des Sieges zumindest im Rahmen des Möglichen gehalten werden, da man sonst die eigenen Reihen demotiviert. Zwar mag sich ansonsten zumindest für eine Weile die Position des „verlorenen Postens" behaupten lassen, die jedoch keine politische, sondern allenfalls eine ästhetische Wirkung entfalten kann. Zudem ist es nicht nötig, dass der Feind uns direkt schädigt. Es ist ausreichend, wenn er einen Verbündeten angreift oder eine Gruppe von Menschen verfolgt, für die wir uns verantwortlich fühlen. In jeder dieser Lagen ist uns die Option entzogen, neutral zu bleiben.

Eine zweite ambivalente Struktur offenbart sich in der Weise, wie wir ihn als geistigen Gegenpart beurteilen. Der Feind verfügt über die Fähigkeit zum rationalen Handeln. Er kann seine Interessen formulieren und Konzepte erarbeiten, wie er diese am besten durchsetzt. Doch weil wir ihm alles zutrauen müssen, ist seine Intelligenz auf eine spezifische Weise eingeschränkt, weil sie vornehmlich im taktischen Bereich anzusiedeln ist. Der Feind ist listig und verschlagen, er stellt Fallen und lockt auf falsche Fährten, er täuscht und verrät, er lügt und betrügt. Ihm steht das ganze Arsenal des Unlauteren zur Verfügung. Er darf daher auf keinen Fall unterschätzt werden, wobei er die Möglichkeit, dass er unterschätzt werden kann, selbst als höchst effektives Mittel einsetzen wird. Dennoch ist er nicht vernünftig genug, einzusehen, dass er zumindest auf lange Sicht gesehen keine Chance hat, den Kampf für sich zu entscheiden. Er steht auf der falschen Seite, was immer er auch gegen uns zu unternehmen imstande ist. Er ist nur schlau, aber nicht klug, denn dann würde er einsehen können, dass unsere Position die richtige ist.

Dies führt uns zum entscheidenden Unterscheid zwischen uns und dem Feind. Zwischen ihm und uns besteht eine moralische Differenz. Der Feind befindet sich immer im Unrecht, während wir immer im Bereich des Rechts stehen. Wir können von uns nicht behaupten, Unrecht zu tun, weil wir damit automatisch die Legitimität des eigenen Handelns negieren.[7] In der gewaltsamen Auseinandersetzung bedürfen die poli-

---

7 Vgl. hierzu: Sternberger, Dolf: Grund und Abgrund der Macht. Über Legitimität von Regierungen. Neue Ausgabe in fünfzehn Kapiteln, Schriften Bd. VII, Frankfurt a. M. 1986, S. 20. Sternberger bezeichnet den Begriff Legitimität als „universal", weil jede Regierung ihn für sich beansprucht.

tisch Verantwortlichen die Vermutung eigener Legitimität aber in einem besonderen Maß, weil in der Gewaltanwendung der tragische Gehalt des Politischen am deutlichsten zu Tage tritt.[8] Je mehr Gewalt wir einsetzen müssen, desto tiefer müssen wir in die Tasche der Legitimität greifen und umso größer wird der moralische Abstand zwischen uns und dem Feind. „Es ist wirklich etwas Seltenes, ja unwahrscheinlich Humanes, Menschen dahin zu bringen, daß sie auf eine Diskriminierung und Diffamierung ihrer Feinde verzichten"[9], schreibt Carl Schmitt. An dieser Stelle bietet sich die fast einmalige Gelegenheit, über Schmitt hinauszugehen. Jemanden, den ich nicht moralisch diskriminieren kann und möchte, bzw. den ich nicht als mir moralisch unterlegen diffamiere, kann ich schwerlich als meinen Feind bezeichnen. Mit allen Personen, die wir als gleichwertig in moralischer Hinsicht betrachten, können wir uns friedlich auseinandersetzen. Damit entfällt jeglicher Grund für die Feindschaft.

Fassen wir kurz zusammen: Der Feind will mir schaden. Er tut dies mit unlauteren Mitteln und in unmoralischer Absicht. In dieser Konstellation kommt mir das Recht zu, mich zu wehren und zwar auf die Weise, die es mir erlaubt, den Feind wirksam in die Schranken zu weisen. Wenn der Feind gegen mich gewaltsam vorgeht, bin ich berechtigt, zu meiner Verteidigung auch Gewalt zu gebrauchen. Als Feind kann deshalb ein Mensch oder eine Gruppe von Menschen bezeichnet werden, gegen den ein Staat in legitimer Weise Gewalt anwenden darf.

3. Der Feind in der Demokratie

Was wir bisher erörtert haben, gilt für alle politischen Systeme. Wenn uns der Feind begegnet, ist es sinnvoll, nach der oben erörterten Maxime zu handeln. Dennoch existieren gravierende Unterschiede, wenn wir von der Betrachtung des Feindes auf den Umgang mit ihm kommen. Hier lässt sich zuerst darauf hinweisen, inwieweit der Feind zur Grundausstattung einer Herrschaftsform gehört. Fällt der Blick auf Diktaturen

---

8 Vgl. hierzu: Schreyer, Bernhard: Über das Politische – einige Überlegungen, in: ders./Walkenhaus, Ralf (Hg.): Ideen – Macht – Utopie. Festschrift zum 65. Geburtstag von Ulrich Weiß, Würzburg 2012, S. 261–272.

9 Schmitt: Theorie des Partisanen. Zwischenbemerkung zum Begriff des Politischen, Berlin ²1975, S. 92.

oder totalitäre Regime, so lässt sich erkennen, wie darin Feinde gleichsam systemimmanent produziert werden.[10]

Durch die Unterdrückung abweichender Meinungen und damit zugleich jener Personen, die diese vertreten, werden Dissidenten jeglicher
Couleur als Feinde markiert. Außerdem sind autoritäre Regime dadurch
gekennzeichnet, dass sie die Steuerungsfähigkeit der Politik grundsätzlich überschätzen. Dies führt zu regelmäßigen Fehlleistungen – beispielsweise in der Wirtschaft –, deren Folgen sich jedoch nicht die jeweilige
Regierung selbst zuschreiben kann, weil sie sich selbst delegitimieren
würde. Also bleibt nichts anderes übrig, als das eigene Versagen Feinden
zuzuschieben, deren Bekämpfung als Akt höchster politischer Vernunft
verkauft wird. Dabei ist in keinerlei Hinsicht nötig, dass die Feinde tatsächlich existieren. Ganz im Gegenteil, die unsichtbaren Feinde sind
sogar noch nützlicher, weil man sie nur zu propagieren braucht. Jedoch
geht man mit aller Härte gegen vermeintliche Kollaborateure vor, die
umso härter bestraft werden.

Demokratische Systeme sind nicht auf Feindlichkeit ausgerichtet. Sie
gewähren persönliche Freiräume und wollen nicht jeden Lebensbereich
mehr oder minder umfassend regeln. Daher kann man in demokratischen Ordnungen auf Feinde verzichten. Sie bilden keinen notwendigen Bestandteil der politischen Herrschaft. Dennoch sind Demokratien
nicht per se feindlos. Denn demokratischen Systeme können zum Feindbild derer avancieren, die diese Art der politischen Entscheidungsfindung und in der ihr innewohnenden Lebensart und Kultur durchaus
als feindlich ansehen, da sie als wirkmächtige Konkurrenz zum eigenen
Gesellschaftsentwurf wahrgenommen wird. Demokratien befinden sich
bezogen auf den Feind in einer Situation, die sie nicht oder nur sehr
bedingt beeinflussen können. Sie wählen sich ihre Feinde nicht aus, sondern werden erkoren. Es ist ein höchst passiver Akt, der demokratische
Systeme in eine Feindbeziehung zwingt.[11] Solchermaßen gestellt, muss

---

10 Zur Theorie diktatorischer Regime vgl.: Bracher, Karl Dieter: Diktatur, in: Görres-
Gesellschaft (Hg.): Staatslexikon, Bd. II, Freiburg u. a. [7]1986, Sp. 55–59.

11 Diese Grundsituation erinnert an den Melierdialog aus dem Peloponnesischen
Krieg, der beschreibt, wie die Melier von den Athenern als Feinde markiert werden,
weil sie sich weigern, an der Seite Athens in den Krieg zu ziehen. Dabei dienen sich
die Melier nicht den Feinden Athens an, sondern wollen lieber neutral bleiben.
Aber schon diese neutrale Haltung wird ihnen von den Athenern als feindlicher Akt

der Kampf aber angenommen werden, möchte man nicht das eigene Selbstverständnis untergraben. Zugegeben, dies ist selbstverständlich sehr idealistisch argumentiert, aber es spiegelt doch das grundsätzlich andere Verständnis zum Feind wider. Es kann allerdings auch für Demokratien verlockend sein, als Feind zu gelten, weil die negative Identitätsfindung über ein Feindbild (das Nicht-So-Sein-Wollen wie der Feind) die einfachste Art darstellt, Solidarität unter der Bevölkerung und Zustimmung zur Regierung zu erheischen.[12]

4. Die Einhegung des Krieges

Neben der Betrachtung des Feindes und der Generierung der Feinde unterscheiden sich demokratische Systeme und diktatorische Regime auch durch die Behandlung des Feindes. Der Feind stellt für Demokratien – wie gesehen – keine existenzielle Kategorie dar. Dieser Aspekt schlägt sich auch nieder in der Kriegsführung. Jenseits der rechtlichen Unternehmungen, den Krieg einzuhegen, soll gezeigt werden, dass bei Demokratien ein sich gegenseitig abstützendes Gerüst von drei Grenzziehungen besteht, das es ermöglicht, Feinde zwar zu bekämpfen, aber auch Feindschaften wieder abzubauen. Diese Grenzen sind in den systemischen Grundlagen der liberal-rechtsstaatlichen Demokratie verankert und stehen daher nicht zur Disposition der politischen Entscheider. Krieg kann daher nur als eine Ultima Ratio betrachtet werden, wenngleich interpretatorische Differenzen existieren, wann alle anderen nichtmilitärischen Mittel in einem Konflikt wirklich ausgeschöpft sind.

a) Grenzen der Zeit

Demokratie ist eine Herrschaftsform der Endlichkeit und Vorläufigkeit. Nicht nur, dass in Demokratien Herrschaft auf Zeit vergeben wird, um damit einen stetigen Wandel in der Führungsspitze zu ermöglichen, damit ist auch zeitliche Begrenzung aller politischen Entscheidungen und Maßnahmen verbunden. Dies gilt gleichfalls für die Entscheidung zum Krieg. Sie muss für eine Regierung revidierbar sein. Damit ist jegli-

---

ausgelegt (vgl. hierzu: Thukydides: Der Peloponnesische Krieg, übersetzt und hrsg. v. Helmuth Vretska, Stuttgart 1973, S. 267ff.).

12 Vgl. zu dieser Problematik: Beck, Ulrich: Die feindlose Demokratie. Ausgewählte Aufsätze, Stuttgart 1995.

cher Kriegseinsatz per se nicht von Dauer. Die Entscheidung, einen Krieg zu beenden, kann unterschiedlichen Begründungen entspringen. Das Erreichen des Kriegsziels ist sicherlich die einfachste, weil sie für eine Regierung am nützlichsten ist und am einfachsten zu kommunizieren ist. Aber auch das Eingeständnis, eben jene Ziele nicht erreichen zu können, führt zur Beendigung der Kampfhandlungen, was politisch dann von Nutzen sein kann, wenn zwischenzeitlich die Regierung, unter deren Ägide man in den Krieg zog, abgewählt wurde und der Krieg unpopulär geworden ist. Das Vorhandensein einer Exit-Strategie stellt daher in jedem Fall nicht nur eine Frage der politischen Klugheit dar, sondern bildet eine substanzielle Grundlage jeglicher Kriegführung eines demokratischen Staates.

Sicherlich lässt sich ein Kriegseinsatz nicht dergestalt planen, als man Jahr und Tag seiner Beendigung angeben kann. Dies wäre ebenso unklug, weil dann der Feind im Grunde genommen nur abzuwarten bräuchte. Hier müssen Spielräume für Nachjustierungen eingebaut werden. Doch nicht nur die Entscheidung für den Krieg ist an ein zeitliches Limit gebunden, auch die Feindschaft selbst ist es. Es gibt im demokratischen Verständnis keine Erz- oder Erbfeinde, deren Bekämpfung man als Schicksalsfrage der Nation begreifen müsste. Es besteht vielmehr die Aufgabe, die Feindschaften so umzuwandeln, dass zumindest eine nicht-gewaltsame Beilegung von Konflikten eine realistische Option vorstellbar wird, sofern der dann ehemalige Feind dies zulässt.

b) Grenzen der personellen Beschädigung

Wenn Feindschaften nicht von Dauer sind, dann auch deshalb, weil wir im Feind nicht das völlig Andere sehen können, sondern immer zugleich den uns in seine fundamentalen Rechten gleichgestellten Mitmenschen,[13] selbst wenn dies nicht im umgekehrten Falle gilt. Daraus lässt sich die Konsequenz ableiten, dass die Notwendigkeit besteht, beim militärischen Einsatz von Gewalt Beschädigungen möglichst gering zu halten. Dies ist zuvörderst für die Zivilbevölkerung sofort eingängig. Da sie nicht aktiv oder überhaupt nicht an den Kampfhandlungen beteiligt ist,

---

13 Zur Problematik der Menschenrechte und ihrer universelle Ausgestaltung vgl.: Weiß, Ulrich: Menschenwürde / Menschenrechte: Normative Grundorientierung für eine globale Politik?, in: Lütterfelds, Wilhelm / Mohrs, Thomas (Hg.): Eine Welt – eine Moral? Eine kontroverse Debatte, Darmstadt 1997, S. 217–243.

muss sie auch dementsprechend geschont werden. Allerdings müssen aber auch die feindlichen Kombattanten soweit es geht geschützt werden. Unproblematisch ist dies im Fall der Gefangennahme. Aber auch während des Gefechts sind Opfer auf Seiten der Feinde zu vermeiden.

Eine dritte Gruppe ist diesbezüglich dagegen oftmals weniger im Fokus des Interesses. Es sind die eigenen Truppen. Auch sie müssen geschützt werden. Die effizienteste Maßnahme bildet an dieser Stelle sicherlich eine gute Ausbildung, die die Soldaten bestmöglichst auf die Kampfsituation vorbereitet. Wir sollten nicht so tun, als wäre ein Kampfeinsatz mit irgendeiner anderen Tätigkeit zu vergleichen. Es geht schließlich grundsätzlich und wortwörtlich um Leben und Tod. Hier darf an nichts gespart werden, was ebenso für die nötige Ausrichtung gilt. Niemand könnte verantworten, Soldaten ohne eine entsprechende Unterstützung in einen Kampfeinsatz zu schicken. Denn auch für die eigenen Truppen sind die fundamentalen Menschenrechte nicht außer Kraft gesetzt.

Allerdings wird es zu einem nicht leicht oder vielleicht überhaupt nicht zu lösenden Problem, wenn der Schutz der einen Gruppe mit der Verpflichtung, auch eine andere Gruppe zu schonen, kollidiert. Die ist z. B. dann der Fall, wenn der Feind es darauf anlegt, dass zivile Opfer zu verzeichnen sind. Der Feind kann, um dies zu erreichen, seine Stellungen in dicht besiedelte Wohngebiete verlegen und den Bewohnern verbieten zu fliehen. Eine allgemein anzuwendende Handlungsmaxime scheint für diese Konstellationen nicht zu existieren. Wir betreten den Bereich der „tragischen Wahl", die immer Opfer nach sich zieht und sich nicht in einer moralisch unanfechtbaren oder ethisch reinen Weise auflösen lässt.[14] Es wird deutlich, wie prekär nicht nur der Begriff des Feindes, sondern auch die Konfrontation mit ihm werden kann.

c) Grenzen des Raumes

Als fundamentale Grenze der Feindschaft und ihrer konfliktbeladenen Austragung tritt neben Zeit und Person der Raum in Erscheinung. Feindschaft ist für demokratische Staaten auch räumlich begrenzt. Damit ist gemeint, dass während des Kampfeinsatzes Räume aufrecht bzw. geschaffen werden müssen, in denen die Logik der Feindschaft – akute Bedrohung und Kampf – nicht greifen kann. Ohne diese Räume ist der Schutz

---

14 Vgl. hierzu grundlegend: Calabresi, Guido / Bobbitt, Philip: Tragic choices, New York 1978.

der oben aufgeführten Personengruppen nicht zu gewährleisten. Darüber hinaus ist selbst die Endlichkeit des Kampfes bedroht, weil der Einfall des Krieges in die geschützten Räume, den Wunsch nach Rache und Vergeltung aufkeimen lassen könnte.[15] Geschützte Räume sind in diesem Sinn beispielsweise Gefangenenlager, die zwar die feindlichen Insassen an der Flucht hindern sollen, die ihnen aber auch humanitäre Hilfe und Sicherheit bieten sollten und die nach der Beendigung der Kampfhandlungen aufgelöst werden. Es liegt auf der Hand, dass ein Gefängnis wie die Anstalt in Guantanamo keinen Schutzraum bietet. Außerdem können für die Zivilbevölkerung Flüchtlingslager und Schutzzonen eingerichtet werden, in denen sie gewaltsamen Übergriffen entzogen sind. Dies kann aber nur gelingen, wenn der politische Wille und die militärischen Mittel dafür vorhanden sind. Mangelt es daran, müssen nicht nur die Leidtragenden einen hohen Preis zahlen, sondern auch die Glaubwürdigkeit der Schutzmächte nimmt nachhaltig Schaden.

Doch ist bei der Betrachtung dieses Aspekts der Blick wieder auf die eigene Situation zu richten. So muss die Regierung für den Schutz der Verwundeten ihrer Truppen sorgen oder den Schutz ihrer Bevölkerung vor gewaltsamen Aktionen wie terroristischen Akten wirksam bewerkstelligen.

Demokratien haben beides im Auge zu halten: Sich selbst und ihre Truppen zu schützen und den Feind so wenig wie möglich zu beschädigen. Dies stellt ein anspruchsvolles Unterfangen dar, das jedoch auf ein Ziel hinsteuert, dessen Erreichen aus demokratischer Hinsicht unerlässlich ist. Feindschaft kann nur dann dauerhaft überwunden werden, wenn es gelingt, dass die Feinde zu Verbündeten und Freunden avancieren. Das Durchbrechen der Feindschaftslogik scheint zumindest auf demokratische Strukturen auf einer Seite des Konflikts angewiesen zu sein. Zwar kann kein Regime dauerhaft auf Feindschaft aufbauen, aber diese Erkenntnis dringt dann doch am nachhaltigsten in das kollektive Gedächtnis demokratisch organisierter Gemeinwesen ein. Wiederum ist

---

15 Ganz aktuell ist dies derzeit am Beispiel des chinesisch-japanischen Verhältnisses zu sehen, das immer noch durch die japanischen Eroberungszüge in China während der 1930er- und 1940er-Jahre belastet wird. Die chinesische Führung instrumentalisiert die negative Einstellung weiter Teile der Bevölkerung gegenüber Japan ganz bewusst, vgl. hierzu: Kolonko, Petra: Hassgefühle auf Japan. Die schrecklichen Bilder vom Nachbarn, *Frankfurter Allgemeine Zeitung* vom 01.03.2013.

mit der Metamorphose vom Feind zum Freund kein bescheidener Plan verbunden. Dennoch zeigt nicht nur die europäische Nachkriegsgeschichte, dass er umgesetzt werden kann, auch wenn damit eine Wiederholung nicht garantiert ist.

5. Krieg ist Krieg

In den westlichen Demokratien gilt es die Waage zu halten zwischen den notwendigen Anforderungen der Feindbekämpfung und einer ebenso gebotenen Skepsis gegen den Krieg als Instrument der Politik.[16] Das ist ein schmaler Grat, der gemeistert werden muss, und bei dessen Überquerung immer die Gefahr eines Absturzes besteht. Doch existieren Momente und Situationen, die uns zwingen, dass wir uns auf den Weg machen. Wegducken ist keine Alternative. An dieser Stelle drängt sich noch einmal der Feind in unsere Überlegungen. Für den Kriegseinsatz benötigen die kämpfenden Soldaten einen Feind. Warum soll ein Soldat jemanden bekämpfen, der nicht sein Feind ist? Dafür gibt es keinen plausiblen Grund. Wer jemanden bekämpft, der nicht sein Feind ist, handelt aus Beweggründen, die nicht zu rechtfertigen sind, was genauso für die politisch Verantwortlichen gilt. Und welches Selbstverständnis hätte dies bei den Soldaten zur Folge? Sie wären zu bloßen Söldnern degradiert, die Interessen dienten, die keine ethisch-moralische Begründung aufwiesen. Dann jedoch hätten die eigenen Soldaten den sie tragenden gesellschaftlichen Raum verlassen, was für ein demokratisches System nicht hinnehmbar ist.

Es gibt innerhalb des politischen Entscheidungsapparates der Bundesrepublik Deutschland mit seiner parlamentarischen Absicherung von Kampfeinsätzen zumeist ein über die Grenzen der Regierungsmehrheit gehendes Einvernehmen, was als Grundbedingung gelten muss, denn ein parteipolitischer Streit über einen schon laufenden Militäreinsatz würde die Stellung der Soldaten in Politik und Gesellschaft entscheidend schwächen. Doch schon die Entscheidung, Angehörige der Bundeswehr in einen Kampfeinsatz zu schicken, stellt eine Variante der tragischen Wahl dar, weil es einerseits völlig unrealistisch wäre, würde man die negativen Folgen für Freund und Feind dabei ausblenden, andererseits die Folgen des Nichteingreifens noch tragischer zu beurteilen wären. Und dies ist

---

16   Vgl. hierzu: Keegan, John: Die Kultur des Krieges, Berlin 1995, S. 23 f.

letztlich die stichhaltigste Begründung, die wir liefern können, um eine Kampfhandlung zu legitimieren. Wir sollen und dürfen uns daher nichts vormachen: Auch der Soldat eines demokratischen Rechtsstaates muss kämpfen. Kämpfen heißt bekämpfen, heißt töten und verwunden, versehrt werden und sterben. Dies muss jedem Politiker, der über einen Kampfeinsatz entscheidet, bewusst sein. Vor dieser Verantwortung kann er sich nicht davonstehlen und diese Verantwortung schließt selbstverständlich die Sorge um die Soldaten nach den Kampfeinsätzen mit ein.[17]

Wer also als politisch Verantwortlicher nicht sagen kann oder will „Das ist unser Feind! Bekämpfe ihn!", der soll auch niemanden in den Krieg schicken. Trauen wir uns vom Feind zu sprechen, wenn er das bekämpft, was für unsere Gesellschaftsidee und unser politisches Selbstverständnis unabdingbar ist. Es liegt – wie gesehen – nicht gänzlich in unserer Verfügungsgewalt, ob wir für andere zum Feind werden. Das ist mit Sicherheit kein idealer Zustand. Ob wir jemals als Weltgemeinschaft das noble Ziel einer feindlosen Welt erreichen können, sei hier dahingestellt. Bis es soweit ist, stellt es ein Gebot der politischen Vernunft dar, mit dem Feind zu rechnen. Diese Haltung nennt sich Realismus,[18] nicht weil sie den Idealismus der Menschen leugnet, sondern weil sie auch dessen mögliche fatale Folgen in die Betrachtung der Wirklichkeit miteinzubeziehen versucht.

---

17 Vgl. hierzu: Timmermann-Levanas, Andreas / Richter, Andrea: Die reden – Wir sterben. Wie unsere Soldaten zu Opfern der deutschen Politik werden, Bonn 2012, S. 232.

18 Vgl. hierzu: Geuss, Raymond: Kritik der Politischen Philosophie. Eine Streitschrift, Hamburg 2011, S. 22 f.

LARSEN KEMPF

Der Soldat als Feindbild im Inneren?

Der Krieg ist der Vater aller Dinge

(Heraklit)

Der vorliegende Essay beabsichtigt eine Standortklärung. Er will versuchen, einige Gedanken und Ansätze zu bündeln und Anregungen zu entwickeln, die bisherigen Analysen zum Verhältnis Bundeswehr und (Zivil-)Gesellschaft aus der Perspektive des Feindbildmotivs zu ergänzen. Das ist zweifellos herausfordernd sowie bisweilen unbequem, kann aber nur zwingender Teil einer ehrlich zu führenden Debatte über *Identität und Berufung der Bundeswehr heute* sein. Die hier vorgelegten Gedanken folgen keiner soziologischen Schule, konzeptualisieren kein konkretes Forschungsdesign, was an anderer Stelle geschehen muss, hier jedenfalls völlig den Rahmen sprengte. Daraus leitet sich ihr wesentlich fragmentarischer Charakter ab: der Essay möchte keineswegs abschließend einige Linien über Ursprung und Konsequenzen der Feindbildzeichnung des Soldaten in Deutschland zeichnen und diese als Anstoß einer hoffentlich fruchtbaren wissenschaftlichen Diskussion begreifen. Er ist im Dreischritt von Deskription, Analyse und Konklusion sodann nicht als Wertung gedacht, sondern von einem analytischen wie theoretischen Anspruch geleitet – wenn auch ab und an auf Werturteile nicht verzichtet werden kann. Das impliziert zugleich, dass an erster Stelle gesellschaftspolitische Perspektiven im Fokus stehen, darunter die kritische Sichtung derjenigen Grundbedingungen, von denen her sich soldatische Berufung und Identität in Deutschland bislang begründete.

1. Die gesellschaftliche Rahmenbedingung: „Nie wieder Krieg!"

Eine „Apotheose des Krieges, diesen soldatischen Kämpfertypus […]: Wir wollen sie nicht mehr, wir können sie auch nicht mehr wollen – belehrt durch bitterste historische Erfahrung. Im Gegenteil: Nie wieder Krieg! Dieser Satz ist nicht die bloße Parole eines gesinnungsethischen

Pazifismus, sondern tief verankert im kollektiven Bewusstsein der Deutschen."[1] Mit der normativen Zurückweisung der für die Weltkriege typischen Kriegsverherrlichung charakterisiert Gottfried Küenzlen treffgenau das wohl stärkste positiv-identitäre Merkmal, das der Bundesrepublik Deutschland nach den geschichtlichen Erfahrungen der Weltkriege geblieben ist; wesentlicher Bestandteil mittlerweile deutscher Leitkultur, aber, so soll gezeigt werden, ein mitunter problematisches Fundament soldatischer Identitätsfindung.

Als sich die Bundesrepublik Deutschland nach Ende des Zweiten Weltkrieges inmitten von materiellen und ideellen Trümmern erhob, zeichnete sich im Verfassungskonvent sowie dem Parlamentarischen Rat schnell ab, dass ein neuer Typus von Staat sich gründete: entschieden pazifistisch[2], anti-nationalistisch[3] und auf das Bekenntnis zu Menschenwürde und Menschenrechten fixiert.[4] Dies hing maßgeblich (wenn auch nicht ausschließlich) mit den von den alliierten Kräften vorgegebenen Rahmenbedingungen der entstehenden neuen Staatlichkeit zusammen. Diese wollten mit dem „Gesetz zur Befreiung vom Nationalsozialismus und Militarismus" sicherstellen, dass „nie wieder" von deutschem Boden eine

---

1 Küenzlen, Gottfried: Kämpfer in postheroischer Zeit. Leitbilder für deutsche Soldaten zwischen Vision und Illusion, in: Bohn, Jochen / Bohrmann, Thomas / Küenzlen, Gottfried: Die Bundeswehr heute: Berufsethische Perspektiven für eine Armee im Einsatz, Stuttgart 2011, S. 27–43, hier S. 30.

2 Nach der Verantwortungsbekundung aller Staatsgewalt vor Gott und dem Menschen proklamiert die Präambel des Grundgesetzes den entschlossenen Willen, „in einem vereinten Europa *dem Frieden der Welt zu dienen"*. Noch unter dem Eindruck des Besatzungsrechts fehlt auch in der Erstausfertigung des GG eine Verfassungsnorm zur Aufstellung der Streitkräfte, was mit Art. 87a erst 1968 nachgeholt wurde.

3 Art. 25 GG bestimmt die „allgemeinen Regeln des Völkerrechts" als den Bundesgesetzen vorgeschaltetes Recht.

4 Art. 1 GG ist dabei vor allem der Charakter eines obersten staatlichen Konstitutionsprinzips und dadurch einer besonderen Heraushebung gegenüber auch dem Rechtsinstitut der anderen Grundrechte eigen. Er bestimmt an (hierarchisch) erster Stelle des Verfassungstextes zugleich das Selbstverständnis der Bundesrepublik Deutschland im Allgemeinen wie der Bundeswehr im Besonderen, welche (nach Möglichkeit) gleiche staatsbürgerlichen Rechte dem Soldaten zuspricht wie Pflichten auferlegt. Zur Grundrechteexegese des Art. 1 Abs. 1 GG vgl. besonders: Christoph, Enders: Die Menschenwürde in der Verfassungsordnung. Zur Dogmatik des Art. 1 GG, Tübingen 1997.

militärisch-imperialistische Aggression ausgehen kann.[5] Eine Wehrverfassung wurde folglich so lange ausgespart, bis 1968 die Verfassungslegitimation der Streitkräfte durch die Grundgesetzergänzung um Art. 87a erfolgte – 13 Jahre erst nach Gründung der Bundeswehr und verfassungspolitisch streng auf Verteidigung beschränkt. Schließlich spielte dieser Verfassungsschöpfung auch das neuere Verständnis des Völkerrechts in die Hände, das sich vor dem Hintergrund der Ereignisse des Zweiten Weltkrieges durchsetzte und anders als das vorangegangene *Kriegsvölkerrecht* nicht mehr bloß die rechtliche Einhegung kriegerischer Akte vorsah, sondern auf die unbedingte Verhinderung von Kriegshandlungen im Allgemeinen zielte.[6]

Damit war der politische Grundstein gelegt, der verständliche gesellschaftliche und bürgerliche Reservationen gegenüber dem Militär, das mit dem verheerenden „großen Krieg" 1918–1945 assoziiert werden konnte, verfassungs- und völkerrechtlich institutionalisierte. Kulturwissenschaftlich gewendet: das Schlagwort „Krieg" wurde zum facettenreichen Symbol für die als moralisch verwerflichste Phase der Weltgeschichte beurteilte Zeit des Nationalsozialismus, wurde zum Synonym für alles, was die Bundesrepublik nicht mehr sein wollte. Der Prozess der Institutionalisierung erwies sich auch deshalb als besonders erfolgreich, da dem deutschen Volk die „Lust am Krieg" fundamental vergangen war. Immerhin: Ein politischer Gesellschaftsentwurf war radikal gescheitert, der ein imperialistisches Recht auf der Grundlage von „Blut und Boden"[7] zu etablieren versuchte und mit dem sich ein militärischer Schrecken verband, der bei Kriegsende zu einem tiefen Aufatmen in Deutschland und großen Teilen der Welt führte. Die tief greifende und erschütternde Zäsur des totalen Krieges (mitsamt seiner Niederlage) spiegelt seither die

---

5 Frotscher, Werner / Pieroth, Werner: Verfassungsgeschichte, München [7]2008, S. 351–364.

6 Das Völkerrecht kodifiziert seit dieser Zeit ein (nahezu) absolut geltendes Verbot von Gewalt zwischen den Staaten; vgl. dazu Bothe, Michael: Friedenssicherung und Kriegsrecht, S. 642–678, in: Vitzthum, Wolfgang Graf (Hg.): Völkerrecht, Berlin [4]2007, S. 642–725. Siehe ferner die umfassende Studie von Stelter, Christian: Gewaltanwendung unter und neben der UN-Charta, Berlin 2007.

7 Zur nationalsozialistischen Rechtslehre vgl. besonders Säcker, Franz Jürgen (Hg.): Recht und Rechtslehre im Nationalsozialismus. Ringvorlesung der Rechtswissenschaftlichen Fakultät der Christian-Albrechts-Universität zu Kiel, Baden-Baden 1992.

deutsche Verfassung und, aus ihr abgeleitet, das Selbstverständnis staatlicher Institutionen, zu denen auch die Bundeswehr zählt.

Die Gesellschaftsgeschichte bündelt die aggregierten politischen Tendenzen unter dem Begriff der Friedensbewegung*en*[8], deren „Scheitern" (angesichts der Wiederbewaffnung) bloß vordergründig, nämlich vor allem Notwendigkeit außenpolitischer Zwänge war. Die historische Herleitung bietet jedoch nur einen ersten Ansatz, der einer tiefergehenden systematischen Analyse bedarf, welche erst die Soziologie und Politologie bieten. Sie braucht hier nur skizziert werden, um den Umfang und die Stärke der lapidar gezeichneten Argumentationsfetzen zu verdeutlichen. Dabei fallen jene Akteure in den Blick, welche die zuvor benannten Kernideen gesellschaftlicher Normen durch einen Sozialisationsprozess transportieren und dadurch die Gesellschaft stabilisieren:[9] die Kirchen, die Gewerkschaften, Parteien sowie die öffentlichen und privaten Bildungseinrichtungen.[10] Sie alle tragen eine pazifistische Haltung in die Gesellschaft, aus unterschiedlichen Motivationen und Traditionen, die in ihnen zum Teil apriorisch angelegt scheinen. Schon die allgemeine Soziologie lehrt, dass sie darauf zielen, als soziale Einrichtungen soziales Handeln in Bereichen mit gesellschaftlicher Relevanz dauerhaft zu *strukturieren*, normativ zu *regeln* und zu *legitimieren*.[11] Aus ihrer Bedeutung, so sie im Kontext des gesamtgesellschaftlichen Meinungskampfes über Hegemonien und Diskurshoheiten bestimmen, und: Grenzen des öffent-

---

8 Der Terminus „Friedensbewegung" erscheint im Plural angemessener, da er sich außerhalb seiner politischen (*negativ*: propagandistischen) Schlagkraft, aufgrund innerer Heterogenität und historischen Vielfalt, wissenschaftlich kaum halten lässt. Vgl. zum Überblick die Darstellung bei Wirsching, Andreas: Abschied vom Provisorium. 1982–1990, München 2006, S. 79–106. Interessant aus differenten sozialwissenschaftlichen Perspektiven die Zusammenstellung bei Steinweg, Reiner: Die neue Friedensbewegung. Analysen aus der Friedensforschung, Frankfurt a. M. 1982.

9 Wichtige Anregungen und Differenzierung im Zusammenhang von Gesellschaft und Subjekt finden sich bei: Hurrelmann, Klaus: Einführung in die Sozialisationstheorie, Weinheim [8]2002.

10 Vgl. Werkner, Ines-Jacqueline / Liedhegener, Antonius (Hg.): Gerechter Krieg – gerechter Frieden. Religionen und friedensethische Legitimationen in aktuellen militärischen Konflikten, Wiesbaden 2009.

11 Einen hervorragenden ersten Überblick, mitsamt weiterer Literatur, bietet Gukenbiehl, Hermann: Institution und Organisation, in: Korte, Herrmann / Schäfers, Bernhard (Hg.): Einführung in die Hauptbegriffe der Soziologie, Wiesbaden [6]2006, S. 143–159.

lichen Diskurses identifizieren,[12] resultiert die paradigmatische Geltung des Friedensdenkens. Dessen normativer Geltungsanspruch erfüllt somit unmittelbar systemstabilisierende Funktionen im begrifflichen Verbund mit *Herrschaft*, denn jede Gesellschaft benötigt einen Grundkonsens, das heißt mehrheitlich geteilte Überzeugungen, die auch die Frage nach dem Guten und Bösen entscheiden. Herrschaft aber ist politikwissenschaftlich in etwa gleichbedeutend mit dem facettenreichen Begriff der Macht, die sich, nach Carl Schmitt, in der Unterscheidung von Freund und Feind operationalisiert.[13] Schließlich gründen und münden die angedeuteten Zusammenhänge in einem der Metaphysik entlehnten Letztbegriff, den vor allem Max Weber in seiner Herrschaftssoziologie herausarbeitete: den (Legitimitäts-)Glauben[14], der – so darf ergänzt werden – nicht nur die *Form* eines Glaubenssatzes, sondern auch einen Glaubens-*Inhalt* hat.

Dieser theoretischen Skizze zufolge beruht die Legitimitätslegende der Bundesrepublik (neben dem staatsrechtlichen Ideal bürgerlicher Freiheit) auf dem kompromisslosen Bekenntnis zum Frieden. Da der Herrschaftsglaube folglich auf das Ziel der Friedenserhaltung/Friedensstiftung festgelegt ist, wenn nicht erschöpfend, so doch zumindest entscheidend, kann als Konsequenz dieses Paradigmas eine scharfe Opposition von Militär und bundesrepublikanischer Gesellschaft festgestellt werden. Wie sich die Bundeswehr als Ausdruck des militärischen Machtpotenzials in diese gesellschaftliche Grundordnung (bis in die Gegenwart hinein) einfügt, wird noch zu problematisieren sein.

2. „Theorie des Feindes" und das Soldatische als Exempel

Aus der dargestellten Suprematie des Friedensparadigmas resultiert jedenfalls die Opposition zwischen Bundeswehr und Gesellschaft, zwischen Militär und Pazifismus. Sie äußert sich in Deutschland affektiv und legt das Fundament einer wirkungsvollen politischen Feindbildzeichnung. Deren Diskussion birgt stets die Gefahr von Missverständnissen, stellt aber einen unverzichtbaren Analyseansatz bereit, um die gesellschaftliche Einbettung der Soldaten angemessen zu erschließen. Er bietet

---

12 Vgl. dazu grundlegend: Becker, Florian: Kooperative und konsensuale Strukturen in der Normsetzung, Tübingen 2005.

13 Vgl. den nächsten Abschnitt dieses Beitrages.

14 Vgl. dazu: Weber, Max: Wirtschaft und Gesellschaft, Tübingen ⁵1980, S. 124.

sodann die Möglichkeit, das Verhältnis zwischen Soldat und Gesellschaft *theoretisch* zu durchdringen, das heißt nicht ausschließlich anhand konkreter Erfahrungswerte und insofern nur narrativ zu erfassen (was keinen Mehrwert gegenüber den Sicherheitsberichten staatlicher Behörden besäße). Methodisch geht es dabei nicht, dies sei noch einmal dementiert, um die Bundeswehr als etwaig realem *Feind* der bundesrepublikanischen Gesellschaft, sondern als von der Gesellschaft gezeichnetem Feind*bild*. Der Unterschied besteht folglich im für demokratische Gesellschaften üblichen Verzicht auf bewaffneten, das heißt bürgerkriegsähnlichen (Straßen-)Kampf.[15] Davon unberührt bleibt jedoch die Pflege von patenten Feindbildkonstrukten, die ungesteuert aus dem (moralisch aufgeladenen) gesellschaftlichen Grundkonsens, dem Herrschaftsglauben, erwachsen, ein gewöhnliches Moment jeder politischen Auseinandersetzung.[16]

Im Gegensatz zur bisher ideell erwogenen Opposition zwischen Militär und friedenspolitischem Konsens, handelt es sich beim Gebrauch von Feindbildern schließlich um intentionale (das heißt gewollte) und ambitionierte politische Verfahren. Vor diesem Hintergrund beruhen politische Feindbilder im Allgemeinen auf (1.) äußerst negativen *Vorurteilen* gegenüber Individuen oder Kollektiven sowie (2.) einer mehr oder min-

---

15 Politikwissenschaftlich unterscheiden sich Konflikttheorien (z.B. Hobbes) und Konsenstheorien (z.B. Durkheim) der Gesellschaft; beide Theorien entscheiden darüber, ob politische Gesellschaften konflikt- oder konsensorientiert, homogen oder heterogen, integrierend oder desintegrierend wirken. Im Zusammenspiel von öffentlicher Meinung, gesellschaftlichen Wertevorstellungen und staatlicher Erziehung entsteht ein gesellschaftlicher Grundkonsens. Demokratietheoretisch entscheidet die Fähigkeit des Systems zur Genese eines freiwilligen Konsenses über deren Stabilität, verbunden mit der für Demokratien üblichen Konfliktlösungsstrategie, den offenen Kampf um Vorherrschaft von Interessen und Argumente in Institutionen wie dem Parlament zu verlagern, in denen der Widerstreit von Meinungen durch den Grundkonsens harmoniert wird. Vgl. dazu die große Studie von Sartori, Giovanni: Demokratietheorie, Darmstadt ³2006, S. 94–136. Zur Konfliktvermeidung und Interessenvermittlung siehe beispielsweise Benz, Arthur: Der moderne Staat. Grundlagen der politologischen Analyse, München ²2008, S. 144–155.

16 Dass auch (freiheitliche) Demokratien nicht auf Feindbilder verzichten können, zeigt sich schon bei Popper, Karl: Die offene Gesellschaft und ihre Feinde, (2. Bd.), Tübingen 2003.

der strengen normativen *Dichotomie* (sog. dualistische Weltsicht).[17] Ins Politische gewendet deutet sich der normative Dualismus auf politische Entitäten aller Art aus: den parteipolitischen Gegner, die antagonistische politische Ideologie, eine andere Klasse, Staaten und Völker – oder aber: das Soldatische.

Die gesellschaftspolitische Wirksamkeit des Friedensideals gehört also zu den hervorragend geeigneten Voraussetzungen eines wirkungsvoll inszenierten Feindbildes „Bundeswehr". Denn das Soldatentum als gesellschaftliche Gruppierung, Klasse, überkommen: als Stand des Kriegers, kann sehr einfach mittels negativer (Vor-)Urteile auf die normativ schlechte Seite einer moralischen Dichotomie gerückt werden, insofern das Soldatische als klassischer Antagonismus (d. h. schlechter/böser Widerpart) zum herausgearbeiteten Paradigma des (guten/heilvollen) Friedens gedacht und instrumentalisiert wird.

Eine solch moralische Abwertung des im Feindbild gezeichneten Gegners „Bundeswehr" bestätigt die Legitimationsschwierigkeiten, vor denen sich die Soldaten behaupten müssen, zumal sie – anders als etwa die Polizei – ihren sozialen Wert bis heute nur eingeschränkt „beweisen" können. Gesellschaftliches Minimalziel kann daraus folgend nur die maximale Einhegung des immer als potenziell hochgefährlich betrachteten Militärs sein, das heißt dessen höchstmögliche Kontrolle durch zivile Institutionen. Anhand der Einordnung der Bundeswehr im Rechtsrahmen der verfassungsmäßigen Ordnung Deutschlands lässt sich schnell erweisen, dass diese Abstraktion keineswegs übertreibt: Die nahezu uneingeschränkte Unterstellung der Soldaten unter das zivile Recht, parlamentarische Vorbehalte für den Einsatz der Streitkräfte, der bewusst installierte, jedoch häufig lähmende zivile Sektor in Verwaltung und Rüstung und nicht zuletzt das (normativ sicher richtige) verfassungsrechtliche Verbot des Angriffskriegs (vgl. Art. 26 GG) belegen und festigen gesellschaftliches Misstrauen, mit dem die Bundeswehr in der politischen Kultur Deutschlands zu kämpfen hat.

Diese nur ungefähre *Deskription* dringt noch nicht zu des Pudels Kern. Hier hilft ein Blick in die politische Ideengeschichte. Im „Begriff des

---

17 Vgl. die Definition bei: Nuscheler, Franz: Braucht die Politik Feindbilder?, in: Hilpert, Konrad / Werbick, Jürgen (Hg.): Mit den Anderen leben, Düsseldorf 1995, S. 251. Als theoretische Vorarbeit siehe besonders Nicklas, Hans / Ostermann, Änne: Vorurteile und Feindbilder, München 1976.

Politischen" (1932) entwickelt der Staatsrechtslehrer Carl Schmitt mit dem Bestreben, die Verhältnisse von *staatlich* und *politisch* sowie *Krieg* und *Feind* theoretisch bestimmen zu wollen,[18] ein zweckmäßiges Analyserepertoire, um das Dilemma des Soldatentums in Deutschland in der gebührenden Tiefe zu erfassen. Schmitts Verhältnisbestimmungen des Politischen gehen zurück auf Vorträge der 1920er-Jahre und schlagen eine entscheidende begriffliche Schematisierung vor, in denen das Politische aus einer strengen Unterscheidung von Freund und Feind hervorgeht. Die dichotome Alternative setzt eine autonome Entscheidung, Inbegriff der Souveränität voraus. Die Kategorien von Freund und Feind besitzen dabei einen existenziellen Ernst, sind bei Schmitt keine Metaphern oder Symbole, und gehen über das Profil von Feindbildern hinaus.[19]

Die ganze Tragweite der gesellschaftlichen Feindbildzeichnung wird erkennbar, wenn diese weiterhin erträgliche politik- wie staatswissenschaftliche Analyse des politischen Denkers Schmitt auf den dargestellten Gegensatz von Friedensbewegung und Soldatentum Anwendung findet. Der Soldat als soziale Institution, als Waffenträger, steht diesem Ansatz zufolge nicht bloß auf der falschen Seite dessen, was die Gesellschaft als das normativ Richtige definiert, sondern sinkt als politisches Feindbild folgerichtig von der normativen auf die existenzielle Ebene herab. Dort steht die institutionelle *Existenzberechtigung* des Soldaten schließlich ganz infrage. Denn: Die Gegenüberstellung erschöpft sich nicht mehr bloß im unpersönlich-weltanschaulichen Gegensatz von Friedensbewegung und Militär, sondern gewinnt eine persönliche Qualität, inklusive jener Anfeindungen, welche viele Soldaten in Deutschland bereits einmal erlebt haben. Auch der (militante) Pazifismus, das heißt gegen die Bundeswehr gerichtete Gewalt, erhält trotz staatlich verfolgter Illegalität einen Schein von Legitimität, mag auch die Aufforderung zur Abschaffung der Bundeswehr sicherheitspolitischer Unsinn sein und Gewalt gegen Soldaten verworfen sowie polizeilich verfolgt werden. Frie-

---

18 Schmitt, Carl: Der Begriff des Politischen. Text von 1932 mit einem Vorwort und drei Corollarien, Berlin ⁷2002, S. 9. Es interessiert im Folgenden nicht der Ort der Theoriebildung im Werk und nicht die Entstehungsgeschichte, sondern bloß das „technische" Analyseinstrument als solches; insofern bedarf es auch keiner näheren Problematisierung.

19 Ebd., S. 26–29.

densaktivisten denken so besehen den friedenspolitischen Konsens der deutschen Gesellschaft nur konsequent, nämlich wirklich *politisch* zu Ende. Sie ziehen den im Friedensparadigma bereits inhärenten Schluss zum Kampf gegen den Krieg und erklären die soziale Institution des Soldatentums als Repräsentanten des Kriegs zum (bedrohlichen) Feind.[20]

Die gesellschaftliche Feindbildzeichnung wirkt sich im Inneren der Bundeswehr sodann in zweifacher Weise aus, beeinflusst einmal die kollektive Identität der Bundeswehr als Institution und stellt zum anderen nur schwer wieder änderbare Weichen für die berufsethische Prägung der kämpfenden Soldaten.

3. Verhinderte Identitätsbildung

Identitäten stehen in einem vielschichtigen Spannungsverhältnis zwischen Kultur, Gesellschaft sowie Individuen oder Kollektiven und stellen im besten Falle ein einheitliches wie widerspruchsfreies Selbstverständnis bereit.[21] Doch sind sie, wie die Sozialwissenschaften unermüdlich behaupten, keine Universalien, also unveränderliche Entitäten, sondern individuelle bzw. kollektive Konstrukte. Vor diesem Hintergrund unterstreicht die moderne Sozialwissenschaft mit Vorliebe die Kontingenz auch kollektiver Identitäten, die entstehen und vergehen, aber auch: verändert und korrigiert werden können. Je nach normativer Grundstimmung der Gesellschaft entstehen sich dabei harmonische oder konkurrierende, im Falle von gesellschaftlichen Feindbildzeichnungen möglicherweise gar antagonistische Identitäten.

Die theoretische Vorbemerkung erlaubt, für den Fall der Bundeswehr als kollektivem Identitätsträger eine konsequente „Identitätsverhinderung" zu diagnostizieren. *Konsequent*, da das Friedensparadigma der deutschen Gesellschaft eine einsichtig „selbstverständliche" Identität des Kämpfertypus insoweit *verhindert*, dass ein gefährliches Spannungsverhältnis entstände, würde die Bundeswehr anstelle ihrer Einordnung in die „Friedensdienstleister" auf den Typus des Kämpfers setzen. Dieser

---

20 Selbst bei lauteren Motiven widerspricht soldatische Existenz aufgrund der erlernten bzw. ausgeübten Profession dem globalen Telos des Friedens.

21 Vgl. dazu grundlegend die Darstellung bei Liebsch, Katharina: Identität und Habitus, in: Korte, Herrmann / Schäfers, Bernhard (Hg.): Einführung in die Hauptbegriffe der Soziologie, Wiesbaden ⁶2006, S. 67–84.

Umgang ist selbst für westliche Gesellschaften atypisch, insofern pathologisch. Obwohl dadurch als reale Feindschaft gebannt, verbleibt im Verhältnis von Gesellschaft und Militär das Feind*motiv*, das als Warnung begriffen jederzeit in faktische Feindschaft invertieren kann, sollte die Bundeswehr versuchen, sich als kollektive Identität vorwiegend durch Kampf und Kriegstüchtigkeit zu definieren. Denn die bei Schmitt streng außenpolitisch gedachte Freund-Feind-Unterscheidung kann innenpolitisch akut werden, sobald sich der Antagonismus in eine nicht mehr *agonale*, sondern *reale* Divergenz wandelt. Diesen Punkt des latenten Bürgerkriegs gelang der politischen und militärischen Führung der Bundeswehr einzig dadurch zu umgehen, dass sie die Bundeswehr von einem politischen (Herrschafts-)Instrument zu einem Werkzeug des Friedens umdeutete – und dies unbenommen höchst erfolgreich.

Funktionäre und Sachkenner, die von der Notwendigkeit eines ggf. sogar starken Militärs überzeugt sind, teilen in Deutschland diese argumentativen Prämissen. Und die Bundeswehr: Sie baute den Kriegsdienst zum *Friedensdienst* und diesen zur inneren Führungsphilosophie aus.[22] Demgemäß definiert sich die bundeswehreigene Identität bis heute als „Kampf zur Vermeidung von Krieg"[23], wovon nicht nur ein Besuch in der neu konzipierten Dauerausstellung des Militärhistorischen Museums Dresden ein eindrucksvolles Bild vermittelt.[24] Im Sinne einer ausgleichenden Interessenvermittlung zwischen Staat (hier: der Bundeswehr) und Gesellschaft bietet die Verhinderung einer auf den Kampf fokussierten Identität schließlich eine in demokratischen Systemen wünschens-

---

22 Einzig die kategoriale Unterordnung der Institution Bundeswehr unter die große kollektive Idee des Friedens (und der Freiheit) konnte und sollte für ihre Soldaten sinnstiftend wirkend; diese Berufsethik der Inneren Führung wird im nachfolgenden Abschnitt in den Rahmen der vorliegenden Thesenerörterung eingeordnet.

23 Die ministeriellen Vorstellungen sehen in der Bundeswehr eine Interventionsarmee mit der primären Kompetenz zum *peacekeeping* und *peacemaking* an jedwedem möglichen Ort dieser Erde. Vgl. dazu: Bundesministerium der Verteidigung. Weißbuch 2006 zur Sicherheitspolitik Deutschlands und zur Zukunft der Bundeswehr, Berlin 2006. Zur friedenspolitischen Auseinandersetzung vgl. die Beiträge in: Dörfler-Diercken, Angelika / Portugall, Gerd (Hg.): Friedensethik und Sicherheitspolitik. Weißbuch 2006 und EKD-Friedensdenkschrift 2007 in der Diskussion, Wiesbaden 2010.

24 Der Umgang mit Vergangenheit und die Herausprägung, auch Verordnung, eines Traditionsverständnisses bilden einen hinreichend präzisen Indikator für das gegenwärtige Identitätsbild. Vgl. dazu die ausführlicheren Beiträge von Stefan Gerber und Cora Stephan in diesem Band.

werte *win-win*-Situation: die Bundeswehr wird (mehrheitlich) nicht als Feind offen bekämpft, pflegt dafür eine dem großen friedenspolitischen Denken zuträgliche Identitäts*stiftung*.

Der zunächst gewählte Begriff der Identitätsverhinderung scheint insoweit zu hoch gegriffen. Präziser wäre folglich von Identitäts*korrektur* zu sprechen. Denn nur ein spezifisches Identitäts- und Sinnreservoir, das des archaischen Kämpfertypus bzw. (traditionalistisch genannten) Standesdenkens, wurde zu einem demokratisch-reformierten Leitbild korrigiert.[25] Dies lässt sich schnell historisch belegen, zeigte sich beispielsweise in aller Deutlichkeit, als die Bundeswehr im Jahr 2005 ihr 50. Jubiläum feiern konnte. Retrospektiv stellte sie sich medienwirksam unter das politische Motiv: „Entschieden für den Frieden"[26] und ordnete ihre eigene Geschichte und Identität in das bundesdeutsche Sendungsbewusstsein ein. Überblickt man etwa die angstvolle Pathologisierung möglicher identitätsstiftender Faktoren aus dem Ersten und Zweiten Weltkrieg, die soldatischer Profession, nicht aber einer spezifischen Ideologie verwandt sind, so lässt sich diese (an sich pathologische) Abscheu vor *dem Krieger* mit den gegebenen gesellschaftlichen Rahmenbedingungen hinreichend erklären. Sie hat das Soldatsein in der Bundeswehr zweifelsohne zivilisiert, ihm aber zugleich jene Kernigkeit genommen, die im Gefecht mitunter zweckmäßig ist.

4. Ersatzethos Innere Führung?

Mit der Feindbildzeichnung verbindet sich ein zweiter Aspekt, der eng mit der Identitätskorrektur verbunden, von dieser aber analytisch zu trennen ist, da er auf der Handlungsebene den kollektiven Identitätspool der Bundeswehr in ein berufliches Ethos[27] transformiert. Wie der Bundeswehr die Ausprägung einer Krieger- und Kämpferidentität verwehrt

---

25 Zu den idealtypischen Charakteristika vgl. Vogt, Wolfgang: „Berufsbilder des Offiziers im Widerstreit", in: Klein, Paul / Kuhlmann, Jürgen / Rohde, Horst (Hg.): Soldat – ein Berufsbild im Wandel, Bd. 2. Offiziere, Bonn 1993, S. 107–121.

26 Bremm, Klaus Jürgen / Mack, Hans-Hubert / Rink, Martin (Hg.): Entschieden für den Frieden. 50 Jahre Bundeswehr 1955–2005, Freiburg 2005.

27 Das Ethos, im Sinne von Sitte und Brauch, aber auch Lehre vom Charakter deszendiert die berufsethischen Prinzipien des Soldaten auf das individuelle Handeln unter der Kodierung von richtig und falsch. Vgl. dazu ausführlich Bohrmann, Thomas: Grundprinzipien der militärischen Berufsethik, in: Bohrmann, Thomas / Lather,

blieb, so konnte sie auch kein Kriegsethos ausprägen, was in aktuellen multinationalen Einsätzen mit Spannungen verbunden ist. Die Deutschen bilden hier einen Sonderfall, gehen wieder einmal einen Sonderweg. Sie kultivieren anstelle eines, vorgeblich mit dem Nationalsozialismus kohärenten, Kriegerbildes das Leitbild des selbstbestimmten, einsichtsfähigen Soldaten. Dessen letzter Sinn besteht allein im Friedensdienst. Das hat die ausufernde gesellschaftliche Debatte um das militärisch sicher zielführende Handeln von Oberst Klein in Afghanistan erst kürzlich wieder vor Augen geführt.[28] Bei dieser Identitätskorrektur geriet jedoch in Vergessenheit, dass nicht der Friede das primäre „Produkt" des Soldaten darstellt, sondern Ordnung, die zwar die oberste Grundlage für Frieden schafft, mit Frieden aber nicht einfachhin identisch ist. Denn der Soldat kämpft, er tötet zu dem politisch-militärischen Zweck, gewaltsam eine – im besten Falle legitime[29] – Ordnung zu (re-)stituieren, auf deren Grundlage Herrschaft als Machtausübung über Menschen möglich wird.

Die Dienstvorschrift über Innere Führung (ZDv 10/1) hinterlässt dagegen bis in ihre neueste Fassung hinein einen in der Bundeswehr nie erfüllten Wunsch nach einem positiv konnotierten Kämpferethos. In ihr wird auch der Kampf als wesentliches Motiv (nicht Intention oder Wunsch!) und zentraler Bezugspunkt nahezu ausklammert. Dafür zeichnet unter anderen der heute hoch geehrte General Wolf Graf von Baudissin verantwortlich, der sich dem Kriegerethos verweigerte und dessen Werk des „Staatsbürgers in Uniform" fast unhinterfragt als wichtigster Identitätspfeiler der militärischen Berufsethik der Bundeswehr tradiert

---

Karl-Heinz / Lohmann, Friedrich (Hg.): Handbuch militärische Berufsethik. Bd. 1. Grundlagen, Wiesbaden 2013, S. 15–34.

28 Vgl. beispielsweise die zusammenfassende Berichterstattung des Spiegel: http://www.spiegel.de/politik/deutschland/bundeswehr-oberst-klein-schockstopp-einer-musterlaufbahn-a-648729.html (zuletzt aufgerufen 27.01.2013).

29 Über die Frage der Legitimität politischer Ordnungsvorstellungen kann hier nicht entschieden werden. Grundlegend herrschen Menschen aufgrund von persönlichen oder ideellen Vorstellungen und Interessen. Auch die *moralische* Aufladung von Auslandseinsätzen (zur Durchsetzung von Menschenrechten, Demokratie und Frieden) repräsentiert ein solches ideelles Herrschaftskonzept. Vgl. dazu kritisch: Küenzlen, Gottfried: Kämpfer in postheroischer Zeit. Leitbilder für deutsche Soldaten zwischen Vision und Illusion, in: Bohn, Jochen / Bohrmann, Thomas / Küenzlen, Gottfried (Hg.): Die Bundeswehr heute: Berufsethische Perspektiven für eine Armee im Einsatz, Stuttgart 2011, S. 27–43.

wird.[30] 1987 würdigte der damalige Staatssekretär im Verteidigungsministerium, Lothar Rühl, in einem Beitrag für die linksliberale *Zeit* den Schöpfer dieser Traditionslinie als Führungspersönlichkeit damals notwendiger Reformen:

> „Der Appell an das individuelle Gewissen, der Respekt vor der Menschenwürde des Soldaten, verband sich für Baudissin stets mit dem persönlichen Beispiel des Führers und der Vermittlung militärischer Disziplin jenseits des bloßen Formalismus und des Rituals früherer Epochen."[31]

Inhaltlich schlagen sich diese Leitlinien folgerichtig in der zitierten Dienstvorschrift über „Innere Führung" nieder, die es lohnt, im Kontext des hier aufgezeigten Spannungsverhältnisses von Friedensbewegung und Soldatentum zu studieren; auch ihre Rolle, insofern ihr ganzer Sinn ist (ob bewusst oder unbewusst) der bemühte Versuch einer Vermittlung, um die *Legitimation, Integration* sowie *Motivation* der Streitkräfte in der Gesellschaft zu verwirklichen. Eine Problematisierung ihrer Doktrin, das heißt der in ihr beschrieben Zielsetzungen, die bis heute von höherer Relevanz als die Optimierung der Kriegstüchtigkeit der Bundeswehr[32] erscheinen, wird sogar dienstrechtlich untersagt. Lapidar heißt es zur Begründung ihrer Unveränderlichkeit: „In den Nationalsozialismus waren Streitkräfte teils schuldhaft verstrickt, teils wurden sie missbraucht. Eine Wiederholung gilt es *für alle Zukunft* auszuschließen. *Daher war es erforderlich, das Verhältnis von Staat und Streitkräften neu zu bestimmen.*"[33] Als ungenügende, weil euphemistische Grundannahme der gesellschaftlichen Rahmenbedingungen verliert sich die Dienstvorschrift dabei in der Annahme einer pluralen Gesellschaft:

---

30 Baudissin, Wolf Graf: Soldat für den Frieden, München 1969. Ebenfalls zu empfehlen die Darstellung bei von Rosen, Claus: Staatsbürger in Uniform in Baudissins Konzeption Innere Führung, in: Gareis, Sven Bernhard / Klein, Paul (Hg.): Handbuch Militär und Sozialwissenschaft, Wiesbaden ²2006, S. 171–181.

31 Rühl, Lothar: Soldat für Frieden und Freiheit, in: *Die Zeit*, Nr. 20, 08.05.1987.

32 Insbesondere mit Blick auf die zivile ministeriale Führung des Militärs. Vgl. dazu schon Hornung, Klaus: Staat und Armee – Studien zur Befehls- und Kommandogewalt und zum politisch-militärischen Verhältnis in der Bundesrepublik Deutschland, Mainz 1975.

33 Bundesministerium der Verteidigung: ZDv 10/1. Innere Führung. Selbstverständnis und Führungskultur der Bundeswehr, Bonn 2008, Zf. 201 – Kursivierung: L. K.

„In der Bundesrepublik Deutschland besteht eine freiheitliche und pluralistische Gesellschaft, die von vielfältigen Überzeugungen, Lebensentwürfen, religiösen und weltanschaulichen Bekenntnissen, Meinungen und Interessen gekennzeichnet ist. Diese unterliegen einer ständigen Entwicklung und Veränderung und stehen teilweise im Wettbewerb miteinander."[34]

Diese Analysen sind nicht falsch und können sich gewiss auf die Erhebungen des Sozialwissenschaftlichen Instituts der Bundeswehr berufen.[35] Sie verschleiern als Beschreibung der gesellschaftlichen Grundbedingungen des deutschen Soldatenethos jedoch die Probleme, vor denen die Bundeswehr steht, so lange sie die Feindbildzeichnung im Inneren nicht realisiert und als Herausforderung akzeptiert.

Zu dieser Einsicht gehört eine *ent*-täuschende Erkenntnis: Die Spannung zwischen Friedensethos und Kämpferethos lässt sich nicht auf Dauer vermitteln oder gar dialektisch aufheben, sondern nur aushalten. Auch das heißt selbstverständlich nicht, dass die formulierten Grundsätze der Inneren Führung grundsätzlich negiert werden sollten. Sie bedürfen aber einer aufrichtigen Bestandsaufnahme und Normenkontrolle, erfordern eine mutige Ergänzung sowie eine sorgfältig wie konsequente Anpassung an die neuen globalen Sicherheitsprobleme. Ob der folgenreiche Verzicht auf ausdrückliches Kämpfertum im berufsethischen Konzept des *Staatsbürgers in Uniform* (mit dem sicher wünschenswerten Höchstmaß an staatsbürgerlichen Rechten) sowie die identitäre Einordnung in eine pazifistische Gesellschaft dazu geeignet sind, die Notwendigkeit soldatischer Gewaltanwendung konstruktiv zu begleiten, nötigt aber zu einem großen „Fragezeichen".

---

34 ZDv 10/1, Zf. 312.

35 Immer wieder wehrt sich das Sozialwissenschaftliche Institut der Bundeswehr mit seinen periodischen Untersuchungen zur Akzeptanz der Bundeswehr – und man darf ergänzen zu Recht – gegen den sehr einfachen in soldatischen Kreisen angeführten Hinweis auf mangelnde Unterstützung. Vgl. Sozialwissenschaftliches Institut der Bundeswehr: Sicherheits- und verteidigungspolitisches Meinungsklima in der Bundesrepublik Deutschland. Ergebnisse der Bevölkerungsbefragung 2010 des Sozialwissenschaftlichen Instituts der Bundeswehr, Strausberg 2011.

5. Zum Schluss: Die großen Zusammenhänge

Der hier vorgeschlagene, zum Teil gewiss harte Entwurf einer Bestandsaufnahme soldatischer Existenz in Deutschland wollte einen Anstoß
zur gesellschaftlichen und wissenschaftlichen Debatte formulieren. Die
analytische Schematisierung, zugleich eine grobe Vereinfachung, mag
beleuchten, wie sich das Ethos der Inneren Führung aus der gesellschafts-
politischen Feindbildzeichnung und diese wiederum aus dem friedenspolitischen Paradigma herausprägte. Noch einmal sei daher der allein
analytische Anspruch herausgestellt; doch alle Forderungen nach Reformulierung des soldatischen Leitbildes müssen gezogen werden vor dem
Hintergrund einer realistischen Lagebeurteilung.

Es besteht aus dieser Sicht keine Frage, dass die bisherige Strategie der
politischen und militärischen Führung der Bundeswehr, die gesellschaftspolitische Feindbildzeichnung (durch eine Unterordnung soldatischer
Berufung unter den idealen gesellschaftlichen Konsens des Friedens[36]) zu
umgehen, oder besser: zu durchkreuzen, nicht dauerhaft funktionieren
wird. Immer deutlicher zeigt sich schon in den multinationalen Kampfeinsätzen, in denen die Bundeswehr im Namen der Bundesrepublik
Deutschland Verantwortung übernimmt, dass die normative Dichotomie
von *gut* und *böse* die politischen Realitäten eines Einsatzgebietes nicht
selten brachial vergewaltigt. Asymmetrische Konflikte und Neue Kriege
entziehen sich gerade auch deshalb der im Völkerrecht stets latent mit-
schwingenden Paarung mit dem moralisch Guten oder Schlechten, weil
sie ein viel zu komplexes, normativ nicht auflösbares Beziehungsgeflecht
von Konflikt- und Kriegsparteien repräsentieren.

Die Erörterung der großen geistesgeschichtlichen Linien, um die sich
eine abschließende Auseinandersetzung im Anschluss an diese Analyse
mühen müsste, konnte damit freilich nicht geleistet werden. Mit Max
Weber wurde der „metaphysische Grundgehalt" der politischen Legitimitätslegende zwar angedeutet. Allein: die politikwissenschaftlich-soziolo-

---

36 Aktuell operationalisiert sich die Neustrukturierung der Bundeswehr (mit dem Ziel
einer Einsatzarmee) in den Verteidigungspolitische Richtlinien (sowie häufig in der
offiziellen Mandatierung des Bundestages) unter der Maxime der Friedens*erhaltung*
und Konflikt*verhütung*. Dass sich unter einem solchen Duktus die soldatische
Profession des Kämpfens und Tötens verschleiert sowie unterschwellig verflüchtigt,
scheint nur allzu verständliche Konsequenz.

gische Analyse besitzt nicht das nötige methodologische Instrumentarium, um diese Zusammenhänge sinnvoll zu Ende zu denken. Daher muss in erster Näherung die äußerst knappe Andeutung genügen, dass die große Erzählung vom guten Frieden und bösen Krieg spätestens ab jenem Zeitpunkt nicht mehr genügen kann, an dem ihre verheißungsvollen Bilder rissig und ihr Fundament brüchig werden. Die Wirklichkeit selbst zwingt stattdessen zum Umdenken und alle bisherigen Heilungsversuche ihrer Grausamkeit, der Versuch ihrer „metaphysischen Aufhebung" in einer makellosen Zukunft werden sich auf Dauer kaum mehr halten lassen.

Vor diesen Bruchstellen des nachmetaphysischen Heute steht die Legitimität des Soldatentums sodann neu infrage. Ein Ausbruch aus den fragil werdenden Zwängen des Friedensparadigmas und der damit verbundenen Feindbildzeichnung kann nur mit dem Mut zur Emanzipation beginnen. In den politisch verantwortlichen und militärisch führenden Kreisen fehlt jedoch scheinbar die dafür nötige Courage.

MARTIN BÖCKER

Soldat und Partisan als Antibürger

1. Die Suche nach dem neuen Ethos

Die Frage nach dem Soldatentum kann nicht nur systematisch angegangen werden. Die Suche nach der Antwort ist auch die Suche nach einem Gefühl, einer Idee, die nicht nur theoretisch begründbar, sondern auch emotional annehmbar sein muss. Eine Suche dieser Art erfordert auch ein Tasten, ein Vorwagen und sicher auch die Möglichkeit des Irrwegs.

Im *Merkur*, der deutschen Zeitschrift für europäisches Denken, hat der Schriftsteller Thomas Hettche im vergangenen Jahr in dieser Art einen Versuch der Wiederentdeckung des Soldatischen unternommen – obwohl er als Zivilist nicht direkt betroffen ist. Das führte ihn nicht nur zu Ernst Jünger und Carl Schmitt, sondern auch zum Ehrenmal der Bundeswehr nach Berlin, einem wuchtigen Stahlbetonquader, in dem die Namen von rund 3.100 im Dienst gestorbenen Bundeswehrsoldaten regelmäßig wechselnd an eine Wand projiziert werden. Aber: „kein Todestag, kein Lebensalter, kein Rang, kein Familienstand und keine Erzählung"[1] begleiten die Projektionen. Der Gefallene wird auf den Namen des toten Individuums reduziert – und das mit einem Lichtspiel als Sinnbild des absolut Flüchtigen. Unbedeutend, könnte man sagen, denn so ist er nun mal, der „Staatsbürger in Uniform", mit dessen Berufsbekleidung, wie Hettche richtig erkennt, „sich kein Habitus mehr verbinden" soll. Das ist gelungen: „Der Soldat ist in diesem Land keine Gestalt der Imagination mehr." Lange Zeit ist dies als Fortschritt wahrgenommen worden, die Frage ist nun allerdings, ob sich hier nicht eine schmerzende Leerstelle auftut.[2]

Wolf Graf von Baudissin, der „Vater der Inneren Führung", konnte beim Entwurf des Leitbildes des „Staatsbürgers in Uniform" noch von dieser „Gestalt der Imagination" ausgehen, der überwundene National-

---

1 Hettche, Thomas: Feindberührung. Über die vergessene Kunst des Soldatischen, in: Demand, Christian (Hg.): *Merkur. Deutsche Zeitschrift für europäisches Denken*, Heft 6, Juni 2012, S. 472.

2 Vgl. ebd.

sozialismus und der drohende Kommunismus stellten die notwendigen Feindbilder: Die Einheit und Klarheit kultureller, ideologischer und geografischer Grenzen erleichterte die Definition des Bösen. Die Feinde, denen sich die Deutschen stellen mussten, standen fest. Erst damit wurde das Ethos des „Staatsbürgers in Uniform" möglich. Diese Feinde sind allerdings weggebrochen, „die von Baudissin noch behauptete Grenze zwischen Gut und Böse, zwischen Freund und Feind [lässt sich] kaum noch ziehen."[3]

Somit kann die Frage nach dem Ethos des deutschen Soldaten heute nicht mehr per Rückgriff auf alte Antworten erfolgen, die einst zwar gut und richtig waren, aber nun als Begründung nicht mehr ausreichen. In der Vielzahl der Neuerscheinungen zum Thema Bundeswehr fällt Jochen Bohns Aufsatz im 2012 erschienenen Handbuch Militärische Berufsethik auf: „Die Grenzen des Menschenrechts und das Ethos des Soldaten. Überlegungen zur Haltbarkeit einer Idee". Ähnlich wie Hettche hat Bohn sich auf die „Suche nach dem Soldatischen" begeben, allerdings ungleich konsequenter. In den folgenden Überlegungen soll sein gedankliches Wagnis der Ausgangspunkt für eine weitere Expedition sein.

Bohn beschreibt ein Problem des freiheitlichen Rechtsstaates, wie wir ihn derzeit in der Bundesrepublik erleben und für den der Soldat als Instrument einzustehen hat. Er ist bestrebt, den unterschiedlichsten Weltanschauungen gleiche Gültigkeit zu verleihen. So enthält das Menschenrecht auf „Freiheit" einerseits das Versprechen, in einem Staat nach eigener Fasson glücklich zu werden, gleichzeitig beinhaltet es die Forderung, jeder anderen Fasson ebenfalls dieses Recht einzuräumen. Die gleiche Gültigkeit eigener und fremder Rechte innerhalb eines Rechtsgebietes, die sich ihrer theoretischen Grundlage nach vielleicht sogar gegenseitig ausschließen, zwingt zur Aufgabe eines Konsens, der für den Zusammenhalt einer Gesellschaft notwendig ist. Die nicht intendierte Nebenfolge dieser „Gleich-Gültigkeit" individueller Rechte ist das Auseinanderdriften immer kleinteiliger werdenden Milieus.

---

3 Bohn, Jochen: Die Grenzen des Menschenrechts und das Ethos des Soldaten. Überlegungen zur Haltbarkeit einer Idee, in: Bohrmann, Thomas / Lather, Karl-Heinz / Lohmann, Friedrich (Hg.): Handbuch Militärische Berufsethik, München 2012, S. 399–418, S. 401.

Dieses nicht wertende Hinnehmen jeglicher Weltanschauung bedingt den Trugschluss, die freiheitliche Gesellschaft hätte ihr Feindsein überwunden. Doch der Verzicht auf die Unterscheidung zwischen gesellschaftlich toleriert und verpönt, zwischen richtig und falsch, zwischen Freund und Feind hebt nicht etwa die Feindschaft auf, sondern verlegt die äußeren – damit kontrollierbaren – Grenzen ins Innere. Dort begegnen sich nun die „Gleich-Gültigkeiten" in potenzieller Feindschaft und entziehen sich damit dem staatlichen Gewaltmonopol. Der innere Friede wird damit zur Disposition gestellt.

Der Soldat kann nur dann ein Garant dieses inneren Friedens sein, wenn es Grenzen gibt, die er halten kann, gegen einen Feind, der definierbar ist; nur unter diesen Bedingungen ist er ein natürlicher Teil des demokratischen Gemeinwesens. Sollten diese Voraussetzungen des staatsbürgerlichen Ethos weiter im Sinne der „Gleich-Gültigkeit" abgetragen werden, dann stellt sich die Frage, inwiefern nicht auch Baudissins „Staatsbürger in Uniform" hinfällig geworden ist. Es leuchtet daher ein, dass ein Soldat unter den Bedingungen einer vermeintlich feindfreien Gesellschaft nicht mehr für ein „Ideal sittlicher Freiheit" kämpft, sondern für die „Gleich-Gültigkeit pluraler Sittlichkeiten." Zu dieser „Gleich-Gültigkeit" nach innen steht ihr selbstgerechter Drang zur Expansion im krassen Widerspruch. Der deutsche Soldat muss sich folglich damit abfinden, dass er diese Form der Pluralität gewalttätig repräsentiert und ohne klar ersichtliche kulturelle oder nationale Grenze an einem Frontenchaos zu kämpfen hat. Das beinhaltet natürlich auch die Möglichkeit, aktiver und gewalttätiger Teil eines Interventionismus der Menschenrechte, quasi eines Menschenrechtskrieges, zu werden.[4]

Nur, „wer als Soldat unter dem Ethos des Menschenrechts für die Realisierung dieses Ethos ins Feld zieht, der muss einkalkulieren, dass er damit gerade gegen die tragende Vergemeinschaftung, gegen die einigende Lebensform derjenigen streitet, deren Menschenrecht er gewaltsam durchsetzen soll."[5] Das und die fehlende Definierbarkeit machen das Ethos des Menschrechtes brüchig, sodass es vor allem in der Situation des Kampfes, in der Konfrontation mit dem Tod, keinen Halt mehr geben kann. Holzschnittartig formuliert: Der Soldat mag im Hörsaal vielleicht daran glauben, dafür sterben möchte er jedoch nicht.

---

4   Ebd., S. 404–406.
5   Ebd., S. 406.

Solche Kritik kann vielleicht auch die Infragestellung des Systems beinhalten, womit wir beim eingangs angekündigten Tasten, Suchen und der Möglichkeit des Irrweges wären. Im Gegensatz zu Hettche, der seine Überlegungen auf halbem Wege abbricht, indem er drängende Probleme zutreffend beschreibt, sich dann aber mit dem Trugschluss abfindet, dass der Soldat im Tod aus der Dichotomie von Freund und Feind herausgelöst wird,[6] ist Bohn in noch unerschlossenes Terrain aufgebrochen. Er wagt die Infragestellung der Verbreitung der Menschenrechte als letzte Utopie und verzichtet nicht auf daraus sich ergebende Schlussfolgerungen.

Der Drang zu menschenrechtlicher Mission ist dem der christlichen ähnlich. Nach der Enttäuschung des Urchristentums über die ersehnte, aber ausbleibende baldige Rückkehr Christi wurde die Heilserwartung ins Diesseits übertragen und in einer utopischen Weltanschauung ausgebildet, die in ihrer „hochmittelalterlichen Naturrechtslehre und der Legitimation des Kreuzzuges ihren ideologischen und imperialistischen Höhepunkt"[7] erreicht und dann an Reformation und Aufklärung zerbricht. Säkular-religiöse Ideen versuchen diesen Raum zu füllen, doch auch diese Versuche scheitern, und mit der Idee der Menschenrechte und „Gleich-Gültigkeit" scheint auch die letzte abendländische Heilsutopie an das Ende ihrer Wirksamkeit gekommen zu sein.[8]

Wenn jedoch die Idee der weltweiten Verbreitung der Menschenrechte als letzte Utopie aufgegeben werden muss, bleibt keine wirkmächtige Ideologie mehr, die als Idee Gemeinschaft stiften kann. Was dem Westen noch bliebe, sei die Abkehr von der utopischen, und stattdessen die Heimkehr zur

„apokalyptischen, enthüllenden Weltanschauung des ersten Christentums: Die Welt und der Verlauf der Wirklichkeit müssten wieder von ihrem Ende her angeschaut und ausgedeutet werden. Es würde nicht mehr nach glücks- und heilsverheißenden Lebensstrategien gesucht. Es

---

6 Vgl. Hettche, Thomas, a.a.O., S. 483.

7 Bohn, Jochen: Die Grenzen des Menschenrechts und das Ethos des Soldaten. Überlegungen zur Haltbarkeit einer Idee, in: Bohrmann, Thomas/Lather, Karl-Heinz/Lohmann, Friedrich (Hg.): Handbuch Militärische Berufsethik, München 2012, S. 399–418, S. 409.

8 Vgl. ebd., S. 409–411.

würde nur noch danach gefragt, wie das Leben in der Wartezeit zu gestalten, wie die heillose Welt bis zum Ende der Wirklichkeit zu gestalten wäre. […] Das imperialistische Ethos der Weltverbesserung ließe sich nach dieser Wende jedoch nicht mehr halten. Es müsste verdrängt werden durch ein katechontisches Ethos, durch ein Ethos des Aufhaltens und der nüchternen Weltbewältigung."[9]

Nicht nur der Soldat, auch der nachutopische Mensch stünde an der Grenze zwischen seiner Welt und ihrem Untergang, ein uns unbekannter Zustand, der schlimmstenfalls illusionslos bis zur Verzweiflung ist, keinen Halt gibt, aber Haltung einfordert. Jedenfalls – und das ist für die Suche nach dem Soldatentum von Relevanz – bietet die nachutopische Weltsicht dem Soldaten ein Bild vom Feind, das ohne den Rückgriff auf Modelle möglich ist, die einst funktioniert haben, heute aber zumindest infrage gestellt werden:

„Das Proprium einer Politik nach dem Ende der Utopien, einer katechontischen Politik der Weltbewältigung wäre die Unterscheidung zwischen dem, was das Ende aufhält und dem, was den Zerfall beschleunigt. Der Zerfall wäre ihr Feind."[10]

Und an diesem Punkt sollen die folgenden Überlegungen ansetzen: Wie manifestiert sich dieser abstrakte Feind in der sicherheitspolitischen Realität? Wie können wir von diesem Feind auf den Soldaten schließen und eine Idee des Soldatentums bekommen?

Baudissin hat für eine Gesellschaft mit wahrnehmbaren Feinden gedacht, nämlich den Nationalsozialisten in der noch überdeutlich spürbaren Vergangenheit und den Kommunisten im Osten. Über die Feinde entwarf er das Gegenbild einer Armee, deren Soldaten sich eben nicht durch blinden Gehorsam zum Instrument von Totalitarismen degradieren lassen. Stattdessen schwören sie, der „Bundesrepublik Deutschland", also den Werten, die in dieser Wendung inbegriffen sind, „treu zu dienen

---

9 Bohn, Jochen: Die Grenzen des Menschenrechts und das Ethos des Soldaten. Überlegungen zur Haltbarkeit einer Idee, in: Bohrmann, Thomas / Lather, Karl-Heinz / Lohmann, Friedrich (Hg.): Handbuch Militärische Berufsethik, München 2012, S. 399–418, S. 410.

10 Ebd., S. 412.

und das Recht und die Freiheit des deutschen Volkes tapfer zu verteidigen", mitunter sogar „so wahr mir Gott helfe."

Wenn aber diese Werte sich gewandelt haben, der Begriff des deutschen
Volkes unklar geworden ist und der Glaube an die Hilfe von Gott keine
Klammer mehr bildet, dann muss der „Staatsbürger in Uniform" hinter-
fragt, vielleicht abgetan, vielleicht aber auch nur neu gedacht werden. So
wie Baudissin von der Gesellschaft auf den Feind und vom Feind auf den
neuen Ethos der Bundeswehr kam, soll an dieser Stelle von der Gesellschaft einer katechontischen Politik des Aufhaltens auf ihren Feind und
von ihm auf ihren Soldaten geschlossen werden.

2. Zerfall ist der Feind

Der Feind dieser katechontischen Gesellschaft sei der Zerfall, schreibt
Bohn. Daraus ergibt sich, dass Soldaten „Aufhalter" wären: An „der
Grenze zwischen Ende und Zerfall stehend, würden sie sich gegen jene
Ideen und Mächte zur Wehr setzen, die den Untergang beschleunigen."[11]
Um ein genaueres Bild dieses Soldaten zu erhalten, müsste der Feind ge-
nauer bestimmt werden. Was bedingt den Zerfall? Was zerfällt über-
haupt?

Die Entwicklung des modernen Staates ist nach Max Weber dadurch in
Fluss gekommen, dass der Verwaltungsstab von den sachlichen Betriebs-
mitteln getrennt wurde. Der Beamte bestreitet seinen Lebensunterhalt
nicht mehr aus dem von ihm verwalteten Gut, sondern durch ein festge-
legtes Gehalt der Verwaltungsmacht. Ähnlich entwickelte sich die Politik:
„Berufspolitiker" traten in den Dienst der Fürsten, um einerseits in deren
Sinne politisch zu handeln, andererseits aber auch, um mit diesem Stellver-
treterdasein ihren Lebensunterhalt zu bestreiten. Das deutsche Gemeinwesen (ebenso wie die der anderen EU- und NATO-Staaten) zeichnet sich
unter anderem dadurch aus, dass Politiker für ihre Tätigkeit als solche ent-
golten werden, sie ihre Macht also nicht zur Sicherung des eigenen Lebens-
unterhalts gebrauchen müssen.[12]

Im deutlichen Gegensatz dazu stehen die Gemeinwesen, gegen die sich
die militärischen Einsätze der EU oder der NATO richten. Einige der
jüngeren Konflikte zeigen deutlich die Bedeutung der „Kleinkriegsunter-

---

11 Ebd., S. 413.
12 Vgl. Weber, Max: Politik als Beruf, Stuttgart 2006 [1919], S. 12 ff.

nehmer"[13], aber auch die Bedeutung nichtstaatlicher Solidaritäten: Wie zum Beispiel im Libyen-Konflikt, dessen Konfliktlinien entlang der Stammesunterschiede verliefen; in Mali, wo verschiedene, international aufgestellte islamistische Kampfverbände einerseits und Tuareg-Milizen sowie bewaffnete Gruppen anderer regionaler Ethnien andererseits ein schwer durchschaubares Koalitionsgeflecht eingegangen sind, ohne dabei an einen staatlichen Machthaber gebunden zu sein; ebenso Afghanistan oder Kosovo, wo die Solidaritäten zu großfamiliären oder mafiösen Strukturen nicht wirksam durch ein staatliches Gewaltmonopol gebrochen werden können.

Die erfolglosen Versuche, zum Beispiel mittels EULEX im Kosovo oder ISAF in Afghanistan, die „vorrationale" Herrschaft durch die „rationale" eines Rechtsstaats zu überlagern und demgegenüber die Gegenwehr zeigen einen Konflikt auf, der schlagwortartig mit der Wendung „Stamm gegen Staat" beschrieben werden könnte. Im Gegensatz zum Staat mit seinen Berufspolitikern hängt der Lebensunterhalt in den großfamiliären oder mafiösen Strukturen (also „Stamm" im weitesten Sinne) eng mit dem verwalteten Gut zusammen, was den Widerstand gegen Demokratisierung und Verrechtsstaatlichung schon allein aus ökonomischen Gründen sinnvoll macht – von den kulturellen, religiösen oder sonstigen Gründen ganz zu schweigen.

Die mit der Trennung von verwaltetem Gut und Verwalter verbundene Ausdifferenzierung technischer, bürokratischer, ökonomischer und eben politischer Prozesse verschaffte dem Okzident die Überlegenheit, die man an der Zahl der Patentanmeldungen, Rechtssicherheit, Reichtum sowie militärischer und politischer Macht ablesen kann. Damit verbunden war natürlich auch der Abschied von der emotionalen, pathetischen oder abhängigen Bindung an den Fürsten. Der Nationalismus konnte solche Gründe für Treue zeitweilig ersetzen. Aber wie eingangs schon beschrieben gibt der moderne, auf „Gleich-Gültigkeit" ausgerichtete Rechtsstaat wenig Anlass zu emotionaler Bindung oder Treue zum Staat.

Die Stärke des bürokratischen Abendlands bedingt also dessen Schwäche, während die Schwäche der „Stämme" im weitesten Sinne deren Stärke bedingen, so wäre die Kriegführung waffentechnisch hoffnungslos unterlegener Truppen ohne ein hohes Maß an „vorrationaler" Treue unmöglich.

---

13 Vgl. Münkler, Herfried: Die neuen Kriege, Reinbek bei Hamburg 2002, S. 7.

Die gegenseitige Bedrohung ergibt sich in der Begegnung dann, wenn die jeweils andere Ordnung infrage gestellt wird: Nämlich, wenn die Stammesstruktur durch Demokratie und Rechtsstaatlichkeit gebrochen werden soll; umgekehrt aber auch, wenn Demokratie und Rechtsstaatlichkeit durch Stammesstrukturen unterwandert werden. Aus Sicht der rechtsstaatlichen Demokratie heißt Zerfall somit nicht nur das Auseinanderdriften der Individuen oder kleiner Milieus im Sinne der „Gleich-Gültigkeit", sondern auch die Bildung großfamiliärer oder mafiöser Strukturen, die aufgrund der festen Bindung ihrer Mitglieder in der Lage sind, den Rechtsstaat von sich und ihrem Umfeld fernzuhalten, was einer allmählichen Auflösung gleichkommt.

Dieser sich scheinbar auf die Innenpolitik beschränkende Aspekt kann jedoch nicht auf das eigene Territorium reduziert werden. Der Erhalt der ausdifferenzierten, modernen Gesellschaft – auch die katechontische wird so eine sein – ist auf kostengünstigen und verlässlichen Rohstoffnachschub und freie Handelswege angewiesen, wobei, rein technisch betrachtet, irrelevant ist, ob der Nachschub oder die Wegesicherheit in Kooperation mit staatlichen oder Stammesstrukturen gewährleistet wird.

Wenn diese Versorgung gefährdet wird, einerlei ob von „Stämmen" oder Staaten, dann bedingt auch dieses den Zerfall. Tatsächlich wird dieser Nachschub seit Jahren allerdings nur von Stammesstrukturen gefährdet, wie vor der Küste Somalias oder jüngst im Norden Malis oder im Süden Algeriens.

Im Okzident sind militärische und gesellschaftliche Disziplin miteinander verwandt,[14] anhand oben angedeuteter Beispiele kann jedoch auch der Umkehrschluss gezogen werden, nämlich dass die spezielle Art der großfamiliären oder mafiösen Disziplin eng mit der ihrer kämpfenden Elemente, den Partisanen, verwandt ist. Während das innenpolitische Gegenüber dieser Form des Zerfalls (wohlgemerkt: aus Sicht der rechtsstaatlichen Demokratie) der Polizist ist, ist das außenpolitische Gegenüber der Soldat.

Die sich gegenseitig verstärkenden Aspekte des Zerfalls manifestieren sich also innen- wie außenpolitisch in Stammesstrukturen sowie in der

---

14 Vgl. Weber, Max: Militärische Disziplinierung und gesellschaftliche Rationalisierung, in: Wachtler, Günther (Hg.): Militär, Krieg, Gesellschaft. Texte zur Militärsoziologie, Frankfurt a. M. 1983, S. 107–116, S. 107.

bindungslosen „Gleich-Gültigkeit", die diesem Zusammenhalt nur technische Überlegenheit entgegenstellen kann.

3. Partisan, Bürger, Soldat

Dieser Feind der aufhaltenden Gesellschaft, dessen Lebensweise allerdings auch durch das Ausgreifen des „Menschenrechts" bedroht wird, manifestiert sich gewalttätig konkret im Partisanen. Dieser Begriff geht, wie er hier gebraucht wird, weit über seine militärwissenschaftliche Bedeutung hinaus, was insofern legitim ist, als dass Partisanenkampf immer auch politisch ist, von einer nicht kämpfenden Bevölkerung getragen werden muss und auch ohne offen auszubrechen geführt werden kann.[15]

Damit dieser Feind in theoretischer Hinsicht für den Rückschluss auf den Soldaten der katechontischen Gesellschaft handhabbar wird, ist ein Blick auf Herfried Münklers Gegenüberstellung zweier Arten von Partisanen notwendig, den progressiven einerseits, wie Mao Tsetung oder Che Guevara; den konservativen andererseits, wie Ernst Jüngers Waldgänger oder Carl Schmitts tellurischer Partisan.

Münkler zeigt, dass sowohl die konservativen als auch die progressiven Partisanen sich – bei allen Unterschieden – in ihrer Unbedingtheit gleichen, die partisanische Existenz ist eine Grundentscheidung, sie ist immer bedingungslos: „Deswegen auch ist die partisanische Form der Kriegführung nicht kompromißfähig, nicht verhandelbar, nicht durch Interessenausgleich zu pazifizieren – was heißt, daß sie in bürgerlichen Augen Wahnsinn, Irrsinn ist."[16]

Der Bürger hingegen ist der „Inbegriff sekuritätsorientierter Kalkülrationalität. Bürgerliches Handeln ist bedingtes Handeln, Handeln in Wenn-dann-Relationen, die dem Imperativ der Nutzenmaximierung unterworfen sind."[17] Anders als die Betrachtung des Partisanen anhand seines Hauptmerkmals der Irregularität nahelegt, ist also nicht der Soldat aufgrund seiner Regularität das Äquivalent des Partisanen, sondern

---

15 Vgl. Rentzsch, Hellmuth: Partisanenkampf. Erfahrungen und Lehren, Frankfurt a. M. 1961, S. 60–62, S. 110 ff.

16 Münkler, Herfried: Gewalt und Ordnung. Das Bild des Krieges im politischen Denken, Frankfurt a. M. 1992, S. 125.

17 Ebd.

der Bürger aufgrund seiner Rationalität.[18] Nicht ohne Grund gibt es „geeignete" und „ungeeignete" Bevölkerung für einen Partisanenkrieg, wobei „hochzivilisierte und städtische Bevölkerungen", also Gesellschaften in einem ausdifferenzierten Umfeld der Rationalität, eindeutig zu der ungeeigneten[19] gehören:

> „Der Partisanenkrieg, militärisch charakterisierbar als Kampfweise der Schwachen, ist sozio-politisch faßbar als die spezifische Kampfform nicht-bürgerlicher Schichten, insonderheit der Bauern und der sozial entwurzelten Intellektuellen."[20]

Münklers Schlussfolgerung gibt den entscheidenden Hinweis auf die Frage nach dem Soldatentum innerhalb des katechontischen Ethos: Nicht der Soldat wendet sich gegen den Partisanen, sondern der Bürger. Weil der Bürger selbst jedoch nicht zum Kampf befähigt ist, bedient er sich des Soldaten als Instrument, welches, „in freier Variation der Clausewitz'schen Formel, zu verstehen ist als ein Mittel zur Durchsetzung seines Willens"[21].

Der Soldat als Gestalt hätte innerhalb dieses Ethos also Werkzeugcharakter. Das kommt einer Versachlichung gleich, die seinem Menschsein und der damit verbundenen unveräußerbaren Würde widerspricht. Ähnlich wie Baudissins „Staatsbürger in Uniform" mit der Spannung zwischen soldatischem Gehorsam und bürgerlicher Freiheit konfrontiert war, steht dieser neue Soldat zwischen seinen Eigenschaften als Mensch und als Werkzeug. Ihm kann unterstellt werden, dass er Interesse am Erhalt des ihn verwendenden Systems hat, sein Beitrag dazu ist seine Funktionalität, die sich durch täglich neue, vielleicht auch eingeschliffene, aber freie Willensentscheidungen ergibt.

Somit ist die primäre Eigenschaft des Soldaten, dass er auch dann als Instrument im Sinne des Bürgerwillens handelt, wenn er als Mensch die-

---

18 Vgl. ebd., S. 123–126.
19 Vgl. Rentzsch, Hellmuth: Partisanenkampf. Erfahrungen und Lehren, Frankfurt a. M. 1961, S. 51–52.
20 Münkler, Herfried: Gewalt und Ordnung. Das Bild des Krieges im politischen Denken, Frankfurt a. M. 1992, S. 125.
21 Ebd.

sem Willen widerspricht. Setzte er seinen Widerspruch in die Tat um, würde er disfunktional und verlöre damit seine Eigenschaft als Soldat.

Daraus ergibt sich eine schwerwiegende Dissonanz: Die Aussagen, dass der Soldat Mensch, aber auch Instrument ist, passen nicht zusammen, weil er seine Würde ja nicht einmal per freier Willensentscheidung ablegen könnte. Zur Konsonantmachung braucht es also einen paradoxen Ausweg: Der Soldat behält seine Würde nicht trotz der Instrumentalisierung, sondern wegen ihr, was allerdings nur über den Dienstgedanken eines Ordens und der Fügungsbereitschaft einer Kaste möglich wäre. So ein Eintreten in eine streng reglementierte, abgewandte Welt erfordert eine bedingungslose Grundentscheidung. Er wäre demzufolge – wie der Partisan – „Antibürger", was möglicherweise in Ansätzen auch schon bei der Bundeswehr beobachtet werden kann, wenn zum Beispiel bestimmte Aufnahmerituale, die in der Truppe Akzeptanz haben, in der Bevölkerung jedoch für Befremden sorgen oder der neue Habitus eines jungen Rekruten dessen alten Freunden seltsam vorkommt.

Die Frage nach dem Soldatentum, bezogen auf den Ethos des Aufhaltens, lässt sich also nur mit dem Nichtbürgerlichen, dem Besonderen, dem Dienenden beantworten. Er unterscheidet sich insofern vom Partisanen, der sich selbst den Auftrag zum Kampf gibt, den Kampf und die Entscheidung dazu also in sich vereint, als dass er sich auf ersteres beschränkt. Im Gegensatz zum „Staatsbürger in Uniform", dem ob seiner Bürgerlichkeit Mitleid für sein Opfer entgegengebracht wird, könnte der „Antibürger in Uniform" Adressat von Anerkennung sein, weil der Dienstgedanke seiner Instrumentalisierung die Entwürdigung nimmt, im Gegenteil, ihr erst Würde verleiht.

Freilich ließe das Antibürgerliche in Verbindung mit Kasten- und Ordensgedanken den Soldaten für den Bürger zu einer Bedrohung im Sinne der Wendung vom „Staat im Staate" werden. Die Kontrollierbarkeit dieser Bedrohung müsste sich durch den Eid des Soldaten ergeben; dieser ist ja kein reiner „Antibürger", sondern „Antibürger in Uniform". Der Anzug ist damit nicht nur Zeichen seiner Regularität, sondern auch die Erinnerung an die Abhängigkeit vom Bürgerwillen. Im Gegenzug zeigt die Position des Soldaten an der „Grenze zwischen Ende und Zerfall"[22] dem Bürger, dass er auf den Waffenträger angewiesen ist, dem

---

22 Bohn, Jochen: Die Grenzen des Menschenrechts und das Ethos des Soldaten. Überlegungen zur Haltbarkeit einer Idee, in: Bohrmann, Thomas / Lather, Karl-Heinz /

wiederum bewusst ist, dass er ohne seinen zivilen Verwender kein Soldat mehr wäre.

4. Annäherung an einen neuen Ethos

Die Abgesondertheit des Antibürgerlichen ließe den Soldaten der kate-chontischen Gesellschaft wieder zur „Gestalt der Imagination" werden, im Gegensatz zum „Staatsbürger in Uniform" müsste er seine Eigen-schaft als Kämpfer nicht verbergen und könnte aufgrund dieser beson-deren, dem Bürger abgehenden Qualität bedeutend sein. Baudissins Thema, die Spannung zwischen Bürgerrechten und Gehorsam, wäre zugunsten des Gehorsams entschieden; das Thema der katechontischen Gesellschaft, die Spannung zwischen Instrument- und Menschsein, zugunsten des Menschseins. Töten und Sterben bezögen sich konkret auf den Erhalt der Gesellschaft, die Feinde wären trotz ihrer irregulären Kampfweise klar zu benennen.

Dieses vorläufige Ergebnis beendet die Expedition, die sich hier aufge-macht hat, um weiter nach dem „Soldatentum" zu suchen. Die Methode sollte sich an der Baudissins orientieren, der von der Gesellschaft auf den Feind, und vom Feind auf den Soldaten geschlossen hat.

Die Überlegungen gingen von Bohns nur gedachter Gesellschaft unter dem katechontischen Ethos aus, deren Feind der Zerfall ist. Dieser Zer-fall manifestiert sich im Partisanen, dessen „vorrationalen" Strukturen imstande sind, die „rationale" Ordnung des Rechtsstaates innenpoli-tisch zu unterwandern, beziehungsweise die wirtschaftlichen Lebens-grundlagen (Rohstoffnachschub und Handelswege) außenpolitisch zu gefährden.

Das Gegenüber dieses Partisanen ist jedoch nicht, wie spontan vermu-tet werden könnte, der Soldat aufgrund seiner Regularität, sondern der Bürger aufgrund seiner Rationalität. In diesem Konflikt Bürger gegen Partisan ist der Soldat nur ein Instrument, eine Versachlichung, die sei-ner unveräußerbaren Würde widerspricht. Er kann seine Würde nicht zurückgewinnen, indem er den notwendigen Umstand seiner Instru-mentalisierung durch Bürgerlichkeit zu verbergen versucht. Er kann sie jedoch aufgrund dieser Instrumentalisierung erhalten, indem er sie aus

---

Lohmann, Friedrich (Hg.): Handbuch Militärische Berufsethik, München 2012, S. 399–418, S. 413.

seiner Eigenschaft als Diener heraus definiert, sich also tatsächlich dem Dienst verschreibt – eine Entscheidung, die in ihrer Unbedingtheit der des Partisanen entspricht, wenn er sich in den Kampf begibt. Der Soldat ist also dem Partisan ähnlicher als dem Bürger, beide sind Antibürger, der eine mit, der andere ohne Uniform.

Diese Herleitung des Soldaten als „Antibürger in Uniform" kann nicht unmittelbar die Frage nach Identität und Berufung des deutschen Soldaten im Hier und Jetzt beantworten, weil die Idee des katechontischen Ethos unbekannt und die der Menschenrechte zu wirksam ist. Für eine weitere Prüfung dieses Gedankens könnte jedoch untersucht werden, wie weit die deutsche Politik oder die der europäischen Staaten, nicht schon längst aus purer Notwendigkeit heraus eine Politik des Aufhaltens betreibt, die den Großteil ihrer Kraft (trotz aller menschenrechtlichen Rhetorik) in den Erhalt eines Status quo investiert, der gegen boomende ehemalige Drittweltländer verteidigt werden muss. Falls wir uns schon in einer Gesellschaft unter katechontischem Ethos befinden, vielleicht auch ohne es zu wissen, dann müsste hier erfolgte Annäherung an den „Antibürger in Uniform" fortgesetzt werden.

Nachwort der Herausgeber

Selbstbild, Fremdbild, Feindbild: Allein die Überschriften der einzelnen Abschnitte deuten auf die Bedeutung des Abstrakten bei der Suche nach „Identität und Berufung" hin: Die Autoren des vorliegenden Sammelbandes haben nicht etwa konkrete, militärisch-praktische Fragen zu beantworten versucht, sondern das Soldatentum als Idee aus unterschiedlichen akademischen Richtungen eingekreist. Sie haben damit auf das Ersuchen der Herausgeber reagiert, sie beim Anstoß einer Debatte zu unterstützen.

Jochen Bohn stellt in seiner Hinführung zum Thema dieses Bandes, einer „weltanschaulichen Lagefeststellung in politischer Absicht", fest, dass spätestens „seit 1989, dem Ende des Kalten Krieges, […] die weltanschaulichen Selbstverständlichkeiten des Rechtsstaates ihre erste Leichtigkeit verloren [haben]. Unter veränderten Dienstbedingungen kann das soldatische Bedürfnis nach Gesinnungsrückhalt kaum noch mit alten Gewissheiten befriedigt werden."

Er hat die Frage nach der „guten Sache" der Politik gestellt und ist zu dem trostlosen Ergebnis gekommen, dass sich diese kaum noch fassen lässt. Der Rechtsstaat verlangt aus gutem Grund von uns Soldaten, dass wir uns auch weltanschaulich mit ihm identifizieren. Unsere Gesinnung ist relevant, weil wir den Staat als Instrument konkreter Gewaltausübung vertreten. Darum ist die Herausgabe dieses Buches mit dem Appell verbunden, die weltanschauliche Lage neu zu reflektieren, und uns „neu Aufklärung darüber zu verschaffen, was die politische Logik derzeit eigentlich betreibt."

Sicher ist auch der Wunsch nach Anerkennung ein wichtiger Antrieb für diesen Schritt an die Öffentlichkeit. „Anerkennung" meint in diesem Fall nicht die Bitte nach mehr „Würdigung, Lob, Achtung, Respektierung", erst recht nicht das Mitleid gegenüber traumatisierten und versehrten Soldaten und auch nicht die Solidarität mit den Familien der Gefallenen. Alle Punkte sind zwar verständliche und begrüßenswerte Reaktionen, aber doch keine Anerkennung im Sinne dieser Überlegungen.

Gemeint ist das Verlangen nach Bejahung des Militärischen mit seinen besonderen, mitunter gewalttätigen Eigenschaften als selbstverständlicher Teil der deutschen Demokratie. Die Anerkennung betrifft damit also auch die Akzeptanz seiner Andersartigkeit, die sich nicht nur im immer noch besonderen Habitus des einzelnen Soldaten zeigt, sondern sich vor allem aus seiner Pflicht zu kämpfen und zu töten ergibt.

In den Überlegungen zum Selbstbild des Soldaten hat Felix Springer gezeigt, dass nämlich die Ausübung von Gewalt keinesfalls eine ungewollte Nebenfolge der Staatlichkeit ist, sondern ihr konstituierendes Element: Nicht der Verzicht, sondern der Gebrauch und die Zentralisierung von Gewalt bedingen den inneren Frieden. „Der Soldat ist das Sinnbild der Staatsmacht", und die Entwicklung kämpfender Truppen vom Dreißigjährigen Krieg bis zu den Armeen des Zweiten Weltkrieges ist die einer immer stärkeren und umfassenderen Integration, bis hin zum „Bürger-Krieger", der für eine Idee in den Krieg zieht. Seit 1945 hat sich diese Entwicklung jedoch umgekehrt, in Deutschland hat sich, zuletzt mit der Abschaffung der Wehrpflicht im Jahr 2011, eine Entwicklung der Desintegration des Soldaten ergeben. Es ist beinahe so, als ob er in einen Kabinettskrieg zöge, an dem sein Volk weder Anteil noch Interesse hat.

Die Loyalität des Kabinettskriegssoldaten gilt dem König oder dem Sold zahlenden Feldherrn, er hat keine Gesellschaft, die ihm gemeinsam mit dem Auftrag zum Kampf auch die Leitideen und Werte mitgibt. Carlo Masala hat allerdings die Frage gestellt, ob der Soldat sich überhaupt an Werte gebunden fühlen muss, um seinen Auftrag effizient zu erfüllen, ob also ein Söldner hinsichtlich der Effizienz seines Kriegsdienstes dem Soldaten überlegen ist. Sein Fazit ist allerdings eindeutig: Eine Rückbindung soldatischen Handelns an demokratische Werte und Normen zieht zwar Nachteile in der Ausübung seiner Pflicht nach sich, sie werden jedoch bei Weitem durch die Vorteile dieser Verortung übertroffen. Es ist wenig verwunderlich, dass Masala damit den Konsens aller Beiträger zusammengefasst hat, warum sonst sollte die Frage nach Identität und Berufung gestellt werden?

Die Dichotomie zwischen Soldat und Söldner ist jedoch nicht der einzige Reibungspunkt. Mit Marcel Bohnert hat ein als Truppenführer im Einsatz erfahrener Offizier dargelegt, dass unterschiedliche Tätigkeitshorizonte und unterschiedliches Einsatzerleben Spannungen innerhalb der deutschen Streitkräfte entstehen lassen. Diese Unterschiede und Reibungspunkte sind nicht in Gänze vermeidbar. Die Frage nach dem

Umgang mit ihnen muss jedoch dringend Antworten zugeführt werden, die dem Empfinden der Truppe genauso wie den Grundsätzen militärischer Menschenführung entsprechen. Bleiben die Antworten aus, werden sich die Tendenzen der Entfremdung der Soldaten untereinander fortsetzen und Risse bilden, die die gesamte Bundeswehr durchziehen. Bohnert trifft die Diagnose dieser strategischen Herausforderung, begegnet ihr jedoch nicht ohne auf die Möglichkeit eines vorsichtigen Optimismus hinzuweisen: Der gegenwärtige Wandel der Bundeswehr schreitet mit vereinzelt wahrnehmbaren Fortschritten voran.

Als Selbstblockade in der „Kampfzone" der Erinnerungen beschreibt Stefan Gerber die Haltung der Bundeswehr zur deutschen Militärgeschichte. Sie ist von Angst und Unsicherheit bestimmt, formt Tradition nicht als gelebtes Bedürfnis nach Vergangenheit und Gemeinsamkeit, sondern als von oben herab befohlene Pflichtübung und als Vehikel einer politisch-weltanschaulichen Absicherungsmentalität der militärischen Führer. Was die Bundeswehr sich selbst als Tradition gestattet, ist eine kleine Sammlung isolierter Geschichten, denen im Alltag keine emotionale Bindungskraft zukommt, kein Kraftschöpfen aus dem Fluss der Geschichte. Vorherrschend ist eine Erinnerungskultur, zu deren Beschreibung Gerber den Begriff der „negativen Erinnerung" aufgreift: Eine Haltung, die vor allem Abstandsgewinnung betreibt und Tabus etabliert. Die Wehrmacht ist das Zentrum dieser Tabuisierungen, die negative, angstbestimmte Fixierung des militärgeschichtlichen Denkens auf die Streitkraft des nationalsozialistischen Staates verhindert die Entwicklung eines positiven und lebbaren Verhältnisses zur eigenen Geschichte. Den „Ausbruch aus dem Leerlauf negativen Erinnerns" zu wagen – das ist der geschichtspolitische Auftrag, vor den Gerber die Führung der Bundeswehr stellt.

Diese Überlegungen zum Selbstbild des Soldaten teilen die Ablehnung des Söldnertums als Alternative für die deutschen Streitkräfte. Die Frage nach der Rolle des Soldaten in der Gesellschaft und damit seine Integration bleibt allerdings unbeantwortet, ebenso wie der Umgang mit dem Problem einer hochtechnologischen Streitkraft mit sich immer mehr ausdifferenzierenden Aufgabenbereichen, die ihre Soldaten sehr unterschiedlich belastet.

Das Fremdbild des Soldaten ergibt sich in der „Realität der Massenmedien" (Luhmann) aus seiner Darstellung in diesen, erklärt Sascha Stoltenow. Mit Aspekten wie Kameradschaft, Tapferkeit, Gehorsam haben

Soldaten jedoch einen ganz anderen Wissensvorrat als die Zivilgesellschaft: Für die Verständigung über das Soldatentum ist daher nicht allein
entscheidend, was Soldaten tun, sondern was sie darüber erzählen. Diese
Erzählung nach außen sollte nicht der Öffentlichkeitsarbeit des Verteidigungsministeriums überlassen werden, sondern durch einen eigenständig
handlungsfähigen, militärischen Kommunikationschef in einem streitkräftegemeinsamen Kompetenzverbund, unter Aufhebung der künstli-
chen Trennung zwischen Presse- und Öffentlichkeitsarbeit, interner Kommunikation und Operativer Information.

Gottfried Küenzlen behandelt die Frage nach dem Fremdbild, indem
er sich stellvertretend für die Gesellschaft die Frage stellt, wozu der Soldat
da ist und wie er sein soll – allein schon das Primat der Politik verpflichtet
sie zur Lösung dieses Problems. Dabei geht es nicht darum, ob sie die
Frage nach dem Kämpfer beantworten will oder nicht: Es sind die Reallagen, „die ganz neu die Frage nach dem soldatischen Leitbild *heute*
unausweichlich machen." Küenzlen findet zwar vier Antworten, aber
trotzdem nimmt er den Soldaten die Hoffnung auf Gewissheit: Er soll
Kämpfer sein; für sein Land; eingebunden in eine Tradition; die daraus
sich ergebenden Tugenden müssen eingeübt werden. Nur die kulturelle
Indifferenz seiner Heimat, zumal im Vergleich mit den derzeitigen Ein-
satzländern, verhindert die Vertiefung der von Küenzlen bestimmten
Begriffe.

Fabian Schmidt argumentiert ganz in Küenzlens Sinne, er konzentriert
sich aber auf den Punkt „für sein Land" und stellt die Frage, was der
Soldat konkret dafür tut: Schmidt fordert ein ressortübergreifendes
politisch-militärisches Konzept, also eine nationale Sicherheitsstrategie. Denn ansonsten bleibt die deutsche Außen- und Sicherheitspolitik
Stückwerk und der Soldat bleibt über die Zielrichtung seiner Verwendung im Unklaren.

Auch Cora Stephans Beitrag kann als Konkretisierung Küenzlens Überlegungen gelesen werden, sie geht detailliert der Traditionsfrage nach. Sie
stellt fest, dass die Diskussion über diese Art von Sinnstiftung in Deutschland nur sehr schwer und unter dem wachsamen Auge einer leicht zu
empörenden Öffentlichkeit stattfindet. Stephan schließt die Geschichte
der beiden anderen deutschen Armeen des 20. Jahrhunderts, die NVA
und die Wehrmacht, als traditionsstiftende Erzählungen aus: „Mit diesen
beiden möglichen Traditionslinien hat die heutige Bundeswehr erkennbar nichts zu tun."

Diese Überlegungen zum Fremdbild haben den Gedanken miteinander gemein, dass den Soldaten von Seiten der Gesellschaft, die ihre Parlamentsarmee in den Einsatz oder den Krieg entsenden, nicht nur eine realistische und konkrete Definition ihres Auftrags gegeben werden muss. Für die Erfüllung dieses Auftrages benötigen sie ein ebenso realistisches und konkretes Leitbild, welches sich aber, im Gegensatz zum gegenwarts- und zukunftsbezogenen Auftrag, auch aus einer Tradition ergeben muss, die emotionale Saiten klingen lässt und als von Soldaten wiedergegebene Erzählung auch nach außen getragen werden kann.

Dass die Voraussetzungen für eine offene Diskussion über Auftrag, Leitbild und Tradition in Deutschland allerdings kompliziert sind, erklärt Larsen Kempf in seinen Überlegungen zum „Soldaten als Feindbild im Inneren". Eine der immer noch wirksamen Leitideen der jungen Bundesrepublik war die Grundstimmung, dass nie wieder Krieg von deutschem Boden ausgehen soll. Sie fand ihre Konkretisierung in den Friedensbewegungen und ihren scheinbar natürlichen Widerpart, ihr Feindbild also, im Soldaten der Bundeswehr, weil dieser ja als Symbol für Krieg steht. Um sich in die herrschende pazifistische Leitidee einzuordnen, übernahm die Bundeswehr das Friedensparadigma und entwarf das Oxymoron des Kämpfers für den Frieden, welches die Etablierung eines glaubwürdigen soldatischen Leitbildes zumindest erschwert.

Verwandt mit dieser Philosophie des Friedens-Soldaten ist die Idee des „Staatsbürgers in Uniform". Nur, die Bedingungen, unter denen Wolf Graf von Baudissin den „Staatsbürger in Uniform" entwarf, sind heute nicht mehr gegenwärtig, stellt Martin Böcker in seinem Beitrag fest. Insbesondere sah sich der Soldat der Bundeswehr zu dieser Zeit einem ideologisch und geografisch klar bestimmten Feindbild gegenüber, heute hingegen verfließen die Grenzen und Begriffe und vor dem Horizont dieser Wandlungen fällt es dem deutschen Soldaten immer schwerer, sich seiner eigenen Stellung in der Welt und im Staate bewusst zu werden. Die Eindeutigkeiten früherer Zeiten sind verschwunden und damit muss auch der „Staatsbürger in Uniform" weitergedacht und einer neuen geistigen Form zugeführt werden. Der Feind hat einen solchen Wandel schon vollzogen: Nicht als Werkzeug eines feindlichen Staates, sondern in Gestalt des Partisanen, als Stammeskrieger, Gläubiger, Mafiosi, Milizionär oder Söldner steht er dem Bundeswehrsoldaten gegenüber. Partisan und Soldat stehen sich jedoch selbst in der tiefsten Feindschaft noch in einer Hinsicht sehr nahe, beide nämlich kennzeichnet die Entscheidung zu Kampf und Opfer – eine Entscheidung, die den Prinzipien des Bürgers entgegensteht. Martin Böcker zeigt, dass der „Staatsbürger in Uniform", wo er kämpft, tötet und fällt, eher ein „Antibürger" im Dienste einer bürgerlichen Ordnung ist – und dass sein Sinngehalt nach diesem Maßstab einer neuen Bestimmung bedarf.

Eine andere Herangehensweise hat Bernhard Schreyer gewählt, er begründet die Notwendigkeit von Feinden – auch für demokratische Systeme. Diese sind zwar nicht auf Feindschaft ausgerichtet und in vielen Fällen auch zur Eingliederung potenzieller Feinde in der Lage, aber dennoch nicht feindlos: Sie werden zu Feinden auserkoren, was sie in die Dichotomie zwischen Freund und Feind zwingt. Ihr Interesse am Selbsterhalt bedingt die Annahme der Rolle als Feind und dementsprechend auch den Kampf. Und in diesem konkreten Zusammenhang können auch Demokratien ihre prinzipiell richtige Feindlosigkeit nicht mehr aufrechterhalten, sondern müssen dem Soldaten mitteilen, wer der Feind ist. Ansonsten würde er gegen etwas nicht Feindliches kämpfen, was außerhalb der Notwehr und -hilfe nur kriminell sein kann.

Michael Wolffsohn stellt fest, dass das Militär zwar hauptsächlich einen bestimmten Typus anzieht, um aber überhaupt anziehend zu sein, müssen – auch für Anwärter mit ehrenwerten Motiven – die Faktoren Geld, Macht und Sozialprestige als realistische Anreize dienen. Vor diesem Hintergrund leitet er her, dass die Rekrutierungswirklichkeit der Bundeswehr das Potenzial für gesellschaftliche Spannungen bietet: Sozialökonomische Selektion führt dazu, dass sich bestimmte Milieus oder Schichten vermehrt für den Militärdienst bewerben, was dazu führt, dass eben diese Gruppen ein höheres Todesrisiko eingehen als andere. Unter dem Aspekt der Gerechtigkeit ist das zumindest schwierig. Dazu erhöht gerade der Wandel von der Wehrpflicht- zur Berufsarmee die Gefahr der Entkopplung von Staat und Armee; Bürger mit und ohne Uniform sind gefordert, dieser Entfremdung entgegenzuwirken.

Für die dazu notwendige Debatte wurde mit dem vorliegenden Buch ein Anstoß gegeben. In diesem Sinne stehen die hier gesammelten Überlegungen nicht am Ende, sondern am Beginn einer Suche nach Identität und Berufung des deutschen Soldaten heute. Die Leser sind eingeladen, die hier vorgestellten Thesen zu verbreiten, sie weiterzudenken oder – sehr gern – ihnen zu widersprechen.

Der besondere Dank der Herausgeber gilt den Autoren, erst durch die Zusage ihrer Beiträge konnten wir es wagen, uns mit diesem Projekt an die Öffentlichkeit zu wenden. Für die Verwirklichung der Publikation bedanken wir uns herzlich beim Olzog Verlag, insbesondere bei Christiane Reinelt von der Programmleitung Buch für ihre Geduld und ihr beharrliches Insistieren, wenn es notwendig war. Dank gebührt weiterhin der Karl-Theodor-Molinari-Stiftung, hier insbesondere Christian Singer, für die finanzielle Unterstützung des Projekts. Ebenfalls General a. D. Klaus Naumann sowie dem Vorsitzenden des Deutschen Bundeswehrverbandes, Oberst Ulrich Kirsch, für ihre Geleit- und Grußworte. Professor Dr. Carlo Masala unterstützte die Herausgeber als Ideengeber und mit wertvollen Hinweisen, ebenso wie Dr. Bernhard Schreyer, der das Projekt von Beginn an mit Wohlwollen und guten Ratschlägen begleitet hat; auch hier begründet sich unser Dank darin, dass ohne sie vieles nicht möglich gewesen wäre.

Martin Böcker   *Larsen Kempf*   *Felix Springer*

Autoren

MARTIN BÖCKER ist Oberleutnant der Pioniertruppe, hat Staats- und Sozialwissenschaften an der Universität der Bundeswehr München studiert und versieht seinen Dienst gegenwärtig im Jägerregiment 1 in Schwarzenborn.

DR. JOCHEN BOHN ist Oberstleutnant der Reserve und lehrt als Wissenschaftlicher Mitarbeiter an der Professur für Evangelische Theologie und Ethik an der Universität der Bundeswehr in München, Bohn hat bereits mehrere wissenschaftliche Artikel zum Thema militärische Berufsethik veröffentlicht.

MARCEL BOHNERT ist Hauptmann der Panzergrenadiertruppe und hat Einsatzerfahrung als Kompaniechef der *Task Force Kunduz III*, Bohnert hat bereits mehrere wissenschaftliche und journalistische Texte zum Thema Bundeswehr verfasst.

DR. STEFAN GERBER ist Wissenschaftlicher Mitarbeiter am Historischen Institut der Universität Jena.

LARSEN KEMPF ist Oberleutnant zur See, hat Staats- und Sozialwissenschaften an der Universität der Bundeswehr München studiert und versieht gegenwärtig seinen Dienst im Kommando Strategische Aufklärung in Bonn.

PROFESSOR DR. GOTTFRIED KÜENZLEN ist Professor für evangelische Theologie, bis zu seiner Emeritierung 2010 hat er 15 Jahre an der Universität der Bundeswehr München gelehrt. Küenzlen ist Mitherausgeber der Zeitschrift *zur sache.bw – Evangelische Kommentare zu Fragen der Zeit*, der Zeitschrift der evangelischen Militärseelsorge.

PROFESSOR DR. CARLO MASALA ist Professor für Internationale Beziehungen an der Universität der Bundeswehr München und der Hochschule für Politik in München, Masala hat bereits mehrere Beiträge zu militärischen Themen, unter anderem *Counterinsurgency*, verfasst.

FABIAN SCHMIDT ist Leutnant der Jägertruppe und studiert derzeit Staats- und Sozialwissenschaften an der Universität der Bundeswehr München.

DR. BERNHARD SCHREYER ist Wissenschaftlicher Mitarbeiter der Görres-Gesellschaft in Passau und Dozent für Politische Theorie an der Hochschule für Politik in München, davor hat er zwölf Jahre als Wissenschaftlicher Mitarbeiter der Professur für Politische Theorie der Universität der Bundeswehr München gelehrt.

FELIX SPRINGER ist Oberleutnant der Panzergrenadiertruppe, seit dem Abschluss seines Studiums der Staats- und Sozialwissenschaften an der Universität der Bundeswehr München versieht er seinen Dienst an der Panzertruppenschule in Munster.

DR. CORA STEPHAN ist freie Publizistin, ihre Hauptthemen sind die Geschichte und Politik Deutschlands, in diesem Zusammenhang hat sie mehrere journalistische Essays zum Thema Bundeswehr veröffentlicht.

SASCHA STOLTENOW ist Hauptmann der Reserve und Kommunikationsberater, in seinen zwölf Jahren Dienst als Zeitsoldat hat er mehrfach Einsatzerfahrung gesammelt, Stoltenow betreibt den *www.bendler-blog.de.*

PROF. DR. MICHAEL WOLFFSOHN ist Professor für Neuere Geschichte, bis zu seiner Emeritierung 2012 hat er 22 Jahre an der Universität der Bundeswehr in München gelehrt, er schreibt regelmäßig journalistische und wissenschaftliche Artikel zum Thema Bundeswehr, von 1967 bis 1970 absolvierte er seinen Wehrdienst in der israelischen Armee.